한국어와 중국어의 합성어 구조 연구

한국어와 중국어의 합성어 구조 연구

종 결(鍾 潔)

역락

머리말

    한국과 중국은 지리적으로 서로 인접하고 있을 뿐만 아니라 오랜 기간에 걸쳐 사회 문화적으로 교류가 많았기 때문에 한국어에는 중국어와 동일한 어휘가 많다. 한국의 한자어는 중국어에서 비롯된 것이므로 기원적으로는 중국어와 일치한다. 그러나 한자어와 달리 한국어의 고유어는 단어 형성 방식이 중국어와 커다란 차이를 보인다. 이러한 차이는 한국어와 중국어의 언어 계통적 차이를 보여주는 중요한 근거가 되기도 한다.

    이 책은 한국어와 중국어의 합성어를 대상으로 대조연구를 통해 그 구조, 특히 형태구조와 의미구조의 특징을 살펴보는 것이 목적이다. 이 책의 구성은 합성어의 대조 분석을 위한 논의와, 합성어를 분류 기준에 따라 품사별로 형태적 내심합성어, 의미적 내심합성어, 형태적 외심합성어, 의미적 외심합성어, 결론의 순서로 이루어졌다.

    제1장에서는 합성어 대조 분석을 위해 논의의 필요성을 제시하였다. 2절에서 선행연구에 대한 검토가 이루어질 것이다. 합성어가 무엇인지를 정리하고 이에 따라 연구의 대상을 분명히 한정하고 관련 논의를 검토함으로써 이 책의 논의를 본격적으로 진행하는 데 필요한 토대를 마련할 것이다.

    제2장에서는 이론적 배경을 검토할 것이다. 본 논의의 배경으로 사용될 이론에 대해서 기본적인 이해를 제공할 것인데 내심·외심 구조와 핵

어를 제시하였다. 합성어의 형태구조와 자질삼투규약, 합성어의 의미구조와 의미변화 유형으로 나누어 살펴본 것이다. 이를 통해 제3장과 4장의 유형 분류 및 구조 분석에 대한 기초를 제공할 수 있을 것이다.

제3장과 제4장은 본격적인 연구를 다루고 있는 부분인데, 제3장에서는 내심적 합성어에 대하여 살펴보았고 제4장에서는 외심적 합성어에 대하여 살펴보았다. 제3장에서는 한국어와 중국어의 내심적 합성어가 보이는 형태구조 특징과 의미구조 특징을 분석하였는데 한국어와 중국어의 형태적 내심합성어의 특징은 다음과 같았다.

합성어의 형태구조에 대한 분석을 통해 확인할 수 있었던 것은 한국어가 핵 뒤언어(head-final language)라는 사실의 증명이었다. 한국어의 내심합성어는 예외 없이 형태구조에서 우핵심규칙이 적용되었기 때문이다. 그러나 중국어의 내심합성어는 이와 달리 합성어의 핵어 위치가 정해져 있지 않고 선행요소가 핵어가 되는 경우가 존재한다는 사실을 확인할 수 있었다. 이러한 사실은 내심합성명사나 내심합성동사, 내심합성형용사 등에서 모두 확인된다.

또한 한국어의 내심합성어는 형태구조를 분석하는 데 있어서 그것을 구성하는 구성 요소의 심층적 통사관계가 언제나 동일하게 분석되는 일대일의 대응관계를 보이지만, 중국어의 내심합성어에서는 형태적 핵어가 어떤 것으로 정해지느냐에 따라 합성어의 형태구조가 여러 가지로 해석될 수 있고 그에 따라 전체 합성어의 품사범주가 달라질 수 있다.

의미적 내심합성어의 분석을 통해 한국어와 중국어는 대부분은 의미적 우핵어를 지니고 있음을 확인할 수 있었다. 그러나 의미상 좌핵어를 지니는 내심합성어도 존재하는데 중국어에 많이 존재하지만 한국어의 경우에는 내심합성명사에 없고 내심합성동사와 내심합성형용사에만 그

것도 제한적으로 존재하여 차이를 드러내고 있다.

의미적 내심합성어 의미관계에 따라 대등관계, 종속관계, 종합관계로 나눌 수 있다. 대등관계는 다시 중첩관계, 상부관계, 근접관계, 편의관계로 나눌 수 있는데 특히, 편의관계는 중국어에만 존재하는 형식이다. 종속관계로 형성된 내심합성어에서는 비유법으로 형성된 합성어가 많은데, 특히 이 유형의 합성어는 한국어와 중국어 모두에서 살필 수 있는 것으로서 두 언어 화자의 인지 방법이 비슷하다는 사실을 증명하는 것이다. 또한 종합관계를 보이는 내심합성어는 특히 구성 요소가 '목술관계/술목관계'를 나타내는 합성어에서 발견되는데 이런 구조를 보이는 내심합성명사와 내심합성동사는 두 언어에서 모두 발견되지만 이런 구조를 취하는 내심합성형용사는 중국어에만 보인다.

제4장에서는 한국어와 중국어의 외심합성어의 구조에 대한 분석을 다루었다. 여기서도 외심합성어의 형태구조와 의미구조를 구별하여 살펴보았다.

중국어보다 한국어 외심합성어가 제한적이다. 형태적 외심합성어를 분석할 때, 한·중 외심합성어는 품사의 전성이나 통용으로 설명할 수 있는데 중국어보다 한국어가 품사 전성이 많이 일어나지 않는 편이다. 한국어는 교착어인 만큼 품사의 분류가 비교적 명확하기 때문이다. 중국어는 고립어이기 때문에 형태변화가 풍부하지 않기 때문에 품사 사이에서 통용이나 전성이 활발하게 일어난다.

의미적 외심합성어에 대한 분석은 주로 의미의 확대와 전이가 나타나는 합성어가 대부분이다. 주로 논리적 분류, 사회·심리적 분류, 수사법적 분류로 해서 합성어의 의미를 분석해 보았다. 수사법 기준에서 살펴볼 때 대부분의 합성어는 다양한 수사법이 적용되어 형성된 것을 확인할 수 있었는데 그 가운데에서도 한국어에 수사법이 적용된 합성동사가 없다는 점은 특이한 것이었다. 또한 사회·심리적 기준에서 외심합성어는 한국과 중국에서 공통적인 사회문화적 특성을 반영하기도 하고 각각 고유한 특성을 반영하는 경우도 확인할 수 있었다. 따라서 이러한 외심합성어를 이해하기 위해서는 무엇보다 그 사회의 문화적 속성에 대한 이해가 중요하다는 점도 아울러 확인하였다.

이 책은 2012년 전북대학교 대학원에 제출했던 필자의 박사 학위논문을 다듬은 것이다. 합성어의 구조에 관심을 갖고 대조언어학의 관점에서 한·중 합성어의 형태적과 의미적 내부구조를 살펴보고 그들의 공통성과 이질성을 밝혀보고자 노력했으나 여러 가지 면에서 부족한 점이 많다. 특히, 좀 더 다양하고 세밀하게 두 언어의 어휘 자료를 활용하지 못한 점이 아쉽다. 다만, 이 책이 합성어의 대조 연구를 통해 한·중 합성어의 구조의 특징을 파악하는 데 도움이 되었으면 한다.

마지막으로 지도교수이신 한국 전북대학교의 윤석민 교수님께 진심으로 감사의 말씀을 드리고자 한다. 타국에서 많은 어려움을 이겨낼 수 있도록 격려해주시고 논문의 구성부터 작성에 이르기까지 꼼꼼히 지도해 주셨다. 그리고 아낌없이 지도해 주신 이태영 교수님, 고동호 교수님, 윤평현 교수님, 채현식 교수님께도 심심한 사의를 전한다. 엄마가 없는 동안에도 예쁘게 자라준 딸과 공부하는 내내 묵묵히 성원해 준 남편에게도 고맙다는 말을 하고 싶다.

2014년 가을
저자 씀

차 례

제3장 한국어와 중국어의 내심적 합성어 / 53

제4장 한국어와 중국어의 외심적 합성어 / 167

제5장 합성어 구조와 어휘화 / 227

제1장

연구 목적 및 방법

1. 연구 목적 및 구성

이 책은 한국어와 중국어의 합성어를 대상으로 대조연구를 통해 그 구조, 특히 형태구조와 의미구조의 특징을 살펴보는 것이 목적이다. 합성어의 존재는 언어 보편적인 것으로서 단어 형성의 중요한 부분을 차지하고 있다. 그러나 합성어의 형성 과정은 언어마다 같지 않다. 교착어와 고립어의 유형론적 차이, 사회 문화적 맥락의 차이, 합성어의 형성규칙 등에 따라 단어 형성의 과정이 다를 수 있기 때문이다. 한국어와 중국어의 경우도 마찬가지이다. 한국과 중국은 지리적으로 서로 인접하고 있을 뿐만 아니라 오랜 기간에 걸쳐 사회 문화적으로 교류가 많았기 때문에 두 언어 간의 상호 영향이 적지 않다. 그로 인해 한국어에는 중국어와 동일한 어휘가 많다. 한국에서 사용되는 대부분의 한자어는 중국어에서 비롯된 것이므로 기원적으로는 중국어와 일치한다.[1] 그러나 한자어와 달리 한국어의 고유어는 단어 형성 방식에서 중국어와 커다란 차이를 보인다. 이러한 차이는 한국어와 중국어의 언어계통적 차이를 보여주는 중요한 근거가 되기도 한다. 그리하여 이 책에서는 무엇보다 한국어 고유어 합성어와 중국어 합성어 사이의 대조를 통해 형태구조와 의미구조의 공통점과 차이점을 밝히는 데 우선적인 목적을 두기로 한다.

한국어와 중국어의 합성어 사이에서 발견되는 공통점과 차이점은 매우 다양하다. 언어적 간섭에 따른 유사성이 발견되는 한편, 언어의 차이에 바탕을 둔 이질성도 드러나기 때문이다. 이러한 다양성을 제대로 연구하기 위하여 이 책에서는 형태 구조적 측면과 의미구조적 측면으로 나누어 살펴보고자 한다. 합성어의 형성은 일반적으로 형태론적 과정이라고 할 수 있겠지만 거기에 관여하는 방식은 단순히 형태론적이라고만 할 수 없으며 구성 요소 간에 보이는 심층의 통사관계에 대한 분석과 합성어 형성과정에 보이는 의미의 변환 등에 대한 분석도 요구되기 때문이다. 한·중 합성어의 구조를 분석해보면 여러 가지 면에서 공통성과 이질성이 발견된다. 다음 예를 보자.

(1) 가. 손발, 듣보다, 굳세다 ; 花草, 帮助, 灿烂
　　나. 산울림, 겁나다, 버릇없다 ; 地震, 心疼, 面熟
　　다. 밤손님, 뒤북치다, 개코같다 ; 骨肉, 露馅, 盲目

---

1) 물론 동일한 기원을 가진 한·중 양국의 어휘라고 오랜 시간이 흘러가는 동안 그 기능과 의미가 달라지기도 하여 서로 다른 자격을 가지기도 한다. 예를 들어, '모순(矛盾)'은 한국어에서는 단일어로 처리되는 것이 일반적이지만 중국어에서는 여전히 합성어로 취급된다. 그러나 이러한 차이는 근본적으로 한자어의 분석에 대한 관점의 차이라고 생각된다. '모순(矛盾)'과 같이 분리해서 사용되지 않는 어휘들은 각각 다른 어휘와의 결합이 비교적 자유롭지 않기 때문이다. 이에 대하여는 다른 논의가 더 필요하다. 이 책에서는 이러한 차이에 대하여는 다루지 않기로 한다.

(2) 가. 낯가림, 꼴보다 ; 认生, 裁员, 惊人
　　나. 갈림길, 빌어먹다, 희디희다 ; 汽车, 安歇, 狂热
　　다. 고깃배, 귀엣말, 눈엣가시 ; 回信, 存款, 捕食

　한·중 합성어를 분석해보면 (1)의 경우처럼 두 언어에 모두 보이는 공통적 특성을 발견할 수 있다. (1가)는 모두 접속관계를 보이는 합성어로서 예를 들어 '손발'과 '花草'의 경우는 그 구성 요소들이 접속의 관계로 합성어가 구성되어 있다. 이처럼 접속관계로 구성되는 합성어는 한국어와 중국어뿐만 아니라 다른 언어에서도 쉽게 볼 수 있는 조어 방식으로서 합성명사의 경우뿐만이 아니라 합성동사(듣보다), 합성형용사(굳세다)에도 많이 나타난다. (1나)는 합성어의 구성 요소들이 주술관계를 보이는 경우이다. 예를 들어 '산울림'과 '地震'의 경우 각각 '산이 울리는 것'이나 '땅(地)이 움직이는 것(震)'의 뜻을 나타내는데 이는 두 구성 요소가 주술관계로 형성되어 있기 때문이다. 이 역시 한국어와 중국어의 합성명사, 합성동사, 합성형용사에서 모두 보이는 구성 방식이다.

　(1다)는 구성 요소들의 의미 분석만 가지고는 합성어의 의미를 도출할 수 없는, 즉 의미전성이 일어난 합성어라는 점에서 다른 것들과 구별된다. 이러한 방식은 한국어와 중국어의 합성명사, 합성동사, 합성형용사에 모두 보이는 구성방식이다. 예를 들어, '밤손님'과 '骨肉'은 각각 '도둑'과 '부모자식 또는 형제자매'의 뜻으로 전이되어 원래 구성 요소가 가지는 의미인 '밤에 온 손님' 또는 '뼈와 살' 등의 의미가 찾아지지 않는다.

　그러나 (2)의 경우처럼 한국어와 중국어 합성어 구성방식이 다른 모습을 보이기도 한다. (2가)는 구성 요소가 모두 목적어와 서술어 관계를 보이는 경우인데 이것이 놓이는 순서가 다르다. 즉, 한국어는 OV순서이고 중국어는 반대로 VO순서이다. 물론 이러한 분석은 심층의 통사 관계를 분석한 것으로서 합성어의 구성 방식 상 한·중 합성어의 차이를 보여주고 있다. 예를 들어, '낯가림'은 '낯을 가리는 행위' 정도로 해석되므로 구성 요소의 관계는 목술관계로 환원할 수 있다. 이에 비해 '认生'은 '낯(生)을 가리다(认)' 정도로서 서술어와 목적어의 순서, 즉 술목관계로 볼 수 있다. 한국어 합성형용사 가운데 이런 유형의 합성어가 없는 것도 형용사 서술어가 목적어를 가지지 못하는 한국어의 특성을 반영하고 있는 것이다.

(2나)의 경우는 한국어가 교착어이고 중국어가 고립어라는 유형론적 차이에서 비롯된 합성어 구성 방식의 차이를 보여주는 예이다. 예를 들어, '갈림길'과 '汽车'는 합성어의 구성 요소들이 모두 수식관계를 보인다는 점에서는 동일하지만 한국어의 경우 먼저 동사 '갈리-'를 명사로 만들기 위해 파생접사 '-ㅁ'을 사용하고 있는 점이 특징적이다. 이런 파생을 거쳐 형성된 명사 '갈림'과 '길'이 합성되어 '갈림길'이 형성된 것이다. 그러나 중국어의 경우 고립어이기 때문에 '-ㅁ'과 같은 접사의 관여 없이 '汽'가 그대로 후행하는 '车'를 수식하여 '汽车'를 만들고 있다. 이런 구성 방식을 보이는 합성어는 합성명사, 합성동사, 합성형용사 모두에서 발견된다.

(2다)에 보이는 경우는 각각 한국어와 중국어에서 대응되는 구성방식을 찾을 수 없는 것들이다. 예를 들어 '고깃배'는 구성 요소 사이에 '사이시옷'이 첨가된 합성명사인데 이처럼 사이시옷이 삽입되는 합성명사의 구성방식은 한국어만의 독특한 특징이다. 반면 중국어의 합성어 구성방식에는 한국어에는 보이지 않는 구성 방식이 있는데 동형이구(同型异构)의 방식이 그것이다. 이는 하나의 합성어가 서로 다른 구조를 지

닌 것으로 해석되는 경우에 해당되는데, 예를 들어 '回信'은 두 가지 구조, 즉 수식관계인 경우와 술목관계인 경우로 해석될 수 있는데 전자의 경우에는 '답장'의 뜻이 되고 후자의 경우에는 '온 편지에 대답하다'의 뜻이 된다. 수식관계의 '回信'은 합성명사이고 술목관계의 '回信'은 합성동사가 된다. 이와 같이 하나의 합성어가 두 가지 구조를 지니면서 두 가지 품사로 기능하는 경우는 한국어 합성어에서 거의 발견되지 않는다.

이 책에서는 이와 같은 공통성과 이질성이 구체적으로 어떤 모습을 보이고 있으며 또 그러한 공통성과 이질성의 원인을 종합적으로 규명해 보고자 한다. 합성명사, 합성동사, 합성형용사 등 각각의 형태품사적인 특성과 대등관계, 종속관계, 결합관계 및 논리적, 수사적, 사회·심리적 의미구조적인 특성을 포괄하여 하나의 이론적 틀을 제시할 것이다. 여기에 가장 중요한 이론적 바탕으로서 내심구조와 외심구조에 대한 이해를 사용할 것인데 이는 합성어 전체의 형태 및 의미구조와 해당 합성어의 구성 요소가 보이는 형태 및 의미구조의 관계를 설명하는 데 이 이론이 포괄적으로 적용될 수 있기 때문이다. 이와 같은 연구 방법을 적용하여 이 책에서 연구를 진행할 순서는 다음과 같다.

먼저 제1장에서는 연구 목적과 합성어의 개념과 연구 대상 및 선행연구에 대한 검토가 이루어질 것이다. 합성어가 무엇인지를 정리하고 이에 따라 연구의 대상을 분명히 한정하고 관련 논의를 검토함으로써 이 책의 논의를 본격적으로 진행하는 데 필요한 토대를 마련할 것이다.

제2장에서는 이론적 배경을 검토할 것이다. 본 논의의 배경으로 사용될 이론에 대해서 기본적인 이해를 제공할 것인데 내심·외심 구조와 핵어, 합성어의 형태구조와 자질삼투규약, 합성어의 의미구조와 의미변화 유형으로 나누어 살펴볼 것이다. 이를 통해 제3장과 4장의 유형 분류

및 구조 분석에 대한 기초를 제공할 수 있을 것이다.

　제3장과 제4장은 한·중 합성어에 대한 본격적인 논의가 이루어질 것인데, 내심적 합성어(제3장)와 외심적 합성어(제4장)로 구분하여 각각 형태적 합성의 경우와 의미적 합성의 경우로 세분하여 논의를 진행할 것이다. 이를 통해 한·중 합성어에 대한 새로운 분류와 이해가 가능해질 것이다.

　제5장은 본 논의의 결론에 해당하는데 한·중 합성어의 종합적인 구조를 요약적으로 제시하고 이를 바탕으로 합성어의 어휘화 정도를 추론해 볼 것이다.

2. 합성어의 개념과 연구 대상

　단어는 전통적으로 크게 단일어와 복합어로 나뉘고 복합어는 다시 파생어와 합성어로 분류된다. 그러나 무엇을 합성어로 보느냐 하는 관점은 학자에 따라 다르기 때문에2) 이에 대한 개념적 정의는 무엇보다 중요하다. 더욱이 한국어와 중국어의 합성어를 대조 연구하기 위해서는 합성어에 대한 동일한 기준을 적용해야 한다. 따라서 이에 대한 정리가 먼저 필요하다.

---

2) 전통적으로 복합어와 합성어는 각각 'Complex word'와 'compound word'의 번역 술어인데 학자들에 따라 복합어와 합성어를 바꾸어 사용하기도 하여 아직 그 용어가 통일되어 있지 않다. 'compound word'의 번역 술어로 '복합어'를 사용하는 학자는 이희승(1955), 이익섭(1965), 임홍빈(1983), 이석주(1989) 등이 있고, '합성어'를 사용하는 학자로는 고영근·남기심(2011), 서정수(1981), 김창섭(1996) 등이 있다. 이 액에서는 학교문법의 분류 방식에 따라 후자의 체계를 따라 기술하기로 한다.

　중국어는 뜻글자(표의문자)이기 때문에 한자를 구성하는 최소 단위인 글자 하나하나가 음과 뜻이 결합된 형태소라고 볼 수 있다. 이런 관점에서 보면 중국어의 한 글자는 그대로 하나의 형태소로 이루어진 단일어이고, 두 개 이상의 글자로 이루어진 단어는 둘 이상의 형태소로 이루어진 복합어로 볼 수 있다. 이에 비해 한국어는 음성언어이기 때문에 형태소가 하나의 음절로 이루어질 수도 있고 둘이나 그 이상으로 이루어질 수도 있다. 물론 고립어인 중국어의 경우에도 둘 이상의 한자로 되어 있지만 하나의 형태소인 경우가 있지만3) 이런 경우는 극히 제한적이다.

　이러한 특성으로 인하여 한국어와 중국어에서 합성어에 대한 정의는 약간 차이를 보인다. 이를 구체적으로 보이면 다음과 같다.

　　(2) 한국어 합성어와 파생어의 정의
　　　　가. 합성어(compound word) : 어기와 어기의 결합에 의해 구성된 단어. 즉, 직접구성성분 분석의 결과, 어기가 두 개인 단어. (예 : 봄비, 논밭, 값싸다)
　　　　나. 파생어(derived word) : 어기와 접사의 결합에 의해 구성된 단어. 즉, 직접구성성분 가운데 하나가 접사인 단어. (예 : 생방송, 왕초보, 닫히다.)

　　(3) 중국어 합성어와 파생어의 정의
　　　　가. 복합어(compound word)4) : 두 개나 두 개 이상의 어기의 결합

---

3) 중국어에도 두 개나 두 개 이상의 음절로 이루어진 단일어가 있으나 양이 많지 않다. '葡萄, 玻璃, 咖啡, 逍遙, 麦克风, 奧林匹克' 등이 있다.
4) 중국어에서 합성어는 복합어와 파생어를 모두 포괄하는 상위 개념이다. 朱德熙(1984) 참조. 그러나 이 책에서는 한국어의 개념 분류에 따라 합성어를 파생어의 상대 개념

에 의해 구성한 합성어의 하위분류. (예 : 马车, 斗争, 存款)
나. 파생어(derived word) : 어기와 접사의 결합에 의해 구성된 단
   어. 즉, 직접구성성분 가운데 하나가 접사인 단어. (예 : 总动员,
   老虎)

위 개념 정의를 보면 파생어의 경우에는 그 지칭 의미가 다르지 않은
것을 알 수 있다. 그러나 합성어의 경우에는 차이가 크다. 한국어에서
는 합성어가 파생어의 상대 개념으로서 직접 성분 가운데 접사가 없는
단어를 지칭하는 것임에 비하여 중국어에서는 같은 개념으로 '복합어'라
는 용어를 쓴다.5) 그러나 이 책에서는 한·중 합성어를 일관된 기준으로
비교하는 것이 필요하기 때문에 일반적인 한국어의 논의를 따라 합성어
를 파생어의 상대 개념으로 사용하기로 한다. 이에 따라 이 책에서 사
용할 합성어의 정의는 다음 (4)와 같다.

(4) 한·중 합성어의 정의
   합성어 : 직접성분 분석의 결과 어기가 두 개인 단어. 곧, 의미가 특수
         화되어 단일 개념을 나타내는 두 어기(단어)로 구성된 단어

다음으로 본 연구의 연구 대상이 무엇인지 분명히 할 필요가 있다.
왜냐하면 한국어에서는 합성어를 구성하는 어휘 계열이 다양하기 때문
이다. 한국어 합성어를 구성 어휘 계열을 중심으로 구분하면 '고유어＋
고유어'로 구성된 합성어, '고유어＋한자어'로 구성된 합성어, '한자어＋
한자어'로 구성된 합성어 등이 있다.6) 본 연구에서 대상으로 삼는 한국

을 지칭하는 용어로 사용하기로 한다.
5) 일부 한국어 연구에서도 같은 논의를 발견할 수 있다. 예를 들어, 이익섭 (1965) 등.

어 합성어는 이 가운데 주로 '고유어＋고유어'로 이루어진 합성어이다. 이들은 한국어의 합성어가 가지는 특징을 전형적으로 보여주고 있다고 생각된다. 이에 비해 한자어로 이루어진 합성어의 경우는 대부분 그 기원이 중국어와 일치하고 따라서 그 특성 역시 중국어의 경우와 같기 때문에 대조의 의의가 상대적으로 떨어진다.7) 또 중국어 합성어의 경우에는 2음절 합성어를 대상으로 할 것인데 이 경우에도 외래어 음차어들은 제외할 것이다. 중국어의 경우 대부분의 합성어가 2음절로 되어 있어 이에 대한 분석은 중국어 합성어의 전형적인 특성을 밝히는 데 중심적이라고 생각되기 때문이다.

이 책에서 다루고 있는 합성어들은 선행연구에서 다룬 것을 기본적으로 포함한다. 선행연구의 대상을 이 책의 이론적 틀로 재분석하고 그 분류의 타당성을 검증하는 것이 이 책의 일차적인 작업이 될 것이기 때문이다. 그러나 이 책의 증명 과정을 보완하고 사례를 보충하기 위하여 한·중 양국의 주요 사전에 등재된 것도 활용할 것이다. 한국어의 경우 『표준국어대사전』을 중심으로 『연세한국어사전』과 『우리말 큰 사전』 등을 참고하였으며, 중국어의 경우는 주로 『현대한어사전(現代汉语词典)』을 참조하였으나 합성어에 대한 이견이 있는 경우에는 『現代汉语八百词』, 『中国汉语水平考试词汇大纲 汉语8000词词典』, 『汉语大辞典』 등도 참조하였다.

---

6) 이 밖에 외래어가 사용된 합성어(스마트폰)도 있다. 그러나 이러한 합성어는 그 숫자가 매우 제한적이다.

7) 이 책은 주로 고유어로 중심으로 하되 '고유어＋한자어', '한자어＋고유어'로 구성된 경우도 필요한 경우 일부 다룰 것이다. 물론 그 경우에 사용된 한자어는 한자어끼리의 결합으로 이루어진 합성어라기보다는 고유어끼리의 결합 특성을 보이는 경우이다. '장미꽃', '감옥살이', '풍년거지' 등.

한편, 합성어의 선택과 관련하여 자주 문제가 되어온 것은 합성어와 파생어 또는 합성어와 구의 구별 문제였다. 합성어에 대한 논의를 진행하기 전에 파생어나 구와의 구별 문제가 선결되어야 한다. 이에 대하여는 그동안 다양한 주장이 제기되어 왔다. 그러나 이러한 문제는 이 책의 중심 논의에서 비켜 있는 것이기 때문에 여기에서는 합성어와 구 또는 합성어와 파생어의 구별 문제에 대하여 논의된 선행연구를 간략히 정리하고 한·중 합성어의 분석 과정에 동시적으로 적용할 수 있는 합성어의 변별기준을 제시하기로 한다.

성기철(1969)은 복합어와 구가 구별되는 특징은 음운론적으로는 '연접, 비분절음운(강세와 장단), 음운변동' 등을, 의미상으로는 '의미의 축소, 제한' 등을 들고 있다. 남기심·고영근(1985)은 '띄어쓰기, 쉼, 분리성'을 합성어의 성립 조건으로 제시하며 모든 합성어에 두루 적용되는 기준을 설정하기 쉽지 않다고 설명하고 있다. 서정수(1990)에서는 '내적 비분리성, 외적분포관계, 의미적 융합관계'를 주된 구별기준으로, '음운변화, 휴지와 연접, 강세, 어순' 등은 보조 기준으로 제시하고 있다.

이런 논의를 점검해 보면 합성어와 파생어 사이의 논란은 어근과 접사에 대한 판별기준, 영파생, 직접구성성분 분석 방법의 차이에 따라 야기되고 있음을 알 수 있다. 대부분의 경우, 합성어와 파생어에서 직접구성성분 분석 방법을 적용하는 것에 별로 어려움이 없지만 구성성분 가운데 후행 요소가 용언의 어근과 명사화 접미사 '-이, -음, -기'와의 결합 형태를 분석하는 것은 그리 간단하지 않다. 이 책에서는 이들이 결합된 경우도 합성어로 본다. 이것이 우선 결합하여 어기를 형성한 후 다른 어기와 결합한 것으로 보기 때문이다.[8]

지금까지 양국의 논의에서 합성어를 판별하는 데 사용된 기준을 모아

보면 다음 〈표 1〉과 같다.

〈표 1〉 한·중 합성어의 변별 기준[9]

기준			한국어	중국어
음운적	음소변화	음운탈락 : 소나무		dōng xi, lì hai 성조변동 : 东 西, 利 害
		음운의 첨가 : 살코기		얼화(儿化) : 围脖儿
		음운의 변화 : 안팎		
형태적	내적 비분리성 : 큰집 ≠ 큰 집			내적 비분리성 : 铁路 ≠ 铁的路
	사이시옷 : 콧물, 좁쌀			×
	구성성분의 배열순서 : 봄가을, *가을봄			구성성분의 배열순서 : 朋友, *友朋
통사적	외적 분포 관계 : 나의 큰집(합성어) 가장 큰 집(구)			외적 분포관계 : 心疼, *心十分疼(합성어) 心痛 : 心十分痛(구)
의미적	의미의 간접성 : 밤낮, 빌어먹다			의미의 전문성 : 黑板

　이를 보면 음운적 변화는 합성명사에 주로 많이 적용한다. 중국어에서는 성조변동이 일어나면 합성어라고 할 수 있다. 예를 들어, '东西'는 모두 성조가 있는 경우에 '东과 西'로 합쳐진 명사구이고 합성어인 후행 요소가 '轻声'인 경우에, '물건'의미이고 합성어가 된다. 물론 의미의 변화도 동반되지만 그러한 차이를 음운적 변동이 직접적으로 보여주고 있는 것이다. 형태적 기준으로 한·중 합성어 모두에 적용되는 기준은 내적 비분리성을 들 수 있다. 즉, 합성어는 단어의 자격을 갖고 있으므로

---

8) 이에 대한 자세한 논의는 제3장 1.1. 합성명사를 참조하기 바란다.

9) 여기서 제시한 합성어의 변별기준은 하나만 만족하면 합성어가 되는 것도 아니고 둘 이상 만족하면 합성어도 아니고 종합적으로 적용되기 때문이다. 이 기준들이 한 단어가 모두 적용되는 것이 아니다. 예를 들어, '큰집' 같은 경우는, 다른 기준보다 내적 비분리성이 더 중요하기 때문이다.

중간에 다른 성분이 끼어들 수가 없다. 특히, 한국어의 경우 합성명사에 보이는 사이시옷은 구와 합성어를 변별하는 기준으로 적극 활용할수 있다. 즉, 사이시옷이 삽입된 명사는 합성명사로 볼 수 있지만 그것이 없으면 아직 구의 단계에 머물고 있다고 판단할 수 있다. 합성어 판별의 의미적 기준으로는 의미의 간접성(indirectness)을 들 수 있다. 예를 들어 중국어 합성어 '黑板'인 경우에, '검정색의 板'의 뜻이 아니다. '(교육용으로 쓰이는) 칠판'의 뜻을 나타낸다. 이미 의미 전성이 일어나구성 요소의 의미가 간접적으로 적용될 뿐 직접적으로 해석되지 않는다. 따라서 이런 경우 '黑板'은 합성어로 볼 수 있다.

물론 이러한 합성어 판별 기준은 개별적으로 적용되기도 하지만 여러기준들이 종합적으로 적용되기도 한다. 하나의 단어가 합성어로 기능하기 위해서는 다양한 특성들이 복합적으로 나타날 수 있기 때문이다.

3. 선행연구에 대한 검토

합성어에 대한 연구는 한국과 중국에서 비교적 이른 시기부터 많은논의가 있어 왔다. 다만, 한·중 합성어에 대한 대조연구는 상대적으로많지 않으며 그 논의가 시작된 지도 그리 오래되지 않았다. 여기서는이 책의 합성어 대조 연구에 필요한 선행연구들을 간단히 검토하기로한다.

3.1. 한국어 합성어에 대한 선행연구

한국어 합성어에 대한 연구는 전통 문법에서의 연구, 구조 문법에서의 연구, 변형생성 문법에서의 연구 등 세 경향으로 나누어 볼 수 있다.

전통 문법에서의 단어 형성법 연구는 주로 주시경(1910)과 최현배(1937), 이희승(1955) 등의 연구에서 찾아볼 수 있다. 먼저 주시경(1910)은 단어구조에 대하여 '기몸박굼, 기몸헴, 기뜻박굼'으로 기술하고 있는데, 이곳의 '기몸헴'은 오늘날의 합성법에 해당된다. 그는 '기몸헴'에서 단일형태소로 된 단어와 복합형태소로 된 단어를 구분하면서 복합형태소에 대하여 어휘적인 면뿐만 아니라 형태, 통사적인 면도 함께 다루고 있다. 이 논의는 전통문법에서 체계적인 단어형성법 연구의 출발점이 되었다는 점에서는 의의가 있으나, 파생과 굴절을 구분하지 않고 모두 '기몸박굼'이라는 하나의 범주로 처리하여 결과적으로 파생접사와 전성어미를 구분하지 못하는 점은 오늘날 관점에서 쉽게 받아들이기 어려운 측면이 있다.

최현배(1937)는 단어에 대한 연구를 씨갈에서 다루고 있는데, 단어의 구조를 '홑씨'와 '겹씨'로 나누고 겹씨는 다시 녹은 겹씨(融合夏词), 가진 겹씨(有属夏词), 벌린 겹씨(并列夏词)로 분류하고 있다. 이러한 합성어의 세 가지 분류는 이후 많은 학자들에게 합성어의 구조와 의미를 연구하는 데 많은 단서를 제공해 주었다. 그러나 이러한 분류는 형태통사적인 기준과 의미적인 기준이 함께 사용되어 합성어를 분석하는 데 어려움을 준다. 이 책에서는 이를 형태적인 측면과 의미적인 측면으로 나누어 살핌으로써 이러한 문제를 극복해 볼 것이다.

이희승(1955)은 단어를 단일어와 합성어로 나누고, 합성어는 다시 복합어, 첩어, 파생어로 나누고 있다. 합성어의 개념을 분명히 하고 있지만 오늘날 합성어의 개념과 달리 그 아래 복합어와 파생어를 포괄하는 상위개념으로 설정하고 있는 점은 문제이다. 더욱이 첩어를 별도의 분류로 구분하고 있는 점은 첩어 역시 합성어의 한 하위분류로 처리하는 오늘날의 일반적 견해에서 벗어난다고 할 수 있다.

이상의 전통문법적 연구는 합성어에 대한 연구의 기초를 제공하고 있다는 점에서 의의를 가진다. 단어의 형성을 품사론에서 다루고 형태의 결합, 의미의 변동 등에 따라 단어를 하위 분류하고 있으나 그 기준이나 정밀한 분석은 이루어지지 못하는 한계를 나타낸다.

구조문법에서의 합성어 연구는 구조언어학적 방법에 의한 합성법과 파생법의 구별에 특히 많은 관심이 놓여 있었다. 이런 관점의 연구로는 이익섭(1965), 김규선(1970), 유목상(1974), 김계곤(1996) 등이 있다.

이익섭(1965)에서는 단어의 조어법을 논의하면서 직접성분(IC, Immediate Constituent)의 개념을 도입하여 '복합어'10)를 'IC가 모두 어간이거나 어근인 단어'라고 정의함으로써 본 논의의 합성어와 파생어의 구별을 명확히 하고 있다. 개념상의 혼란을 가져오기도 하였지만 합성어와 파생어의 구별 및 복합어(비단일어)와 구별에 IC분석을 활용하는 것이 효과적임을 보여준 것은 이 연구의 기여라고 할 수 있다. 본 논의에서 사용하는 내심·외심 구조 역시 기본적으로 IC분석에 의존하고 있다고 할 수 있다.

김규선(1970)은 합성어의 분류에서 통사적 합성어, 반통사적 합성어, 비통사적 합성어로 세분하고 있다. 이 분류는 합성어의 분류에서 통사

---

10) 이익섭(1965)에서 사용하는 '복합어'의 개념은 본 논의에서는 합성어에 해당된다.

적 기준의 중요성을 강조할 필요성을 제기하였다. 이 책에서도 이 점을 빌려서 한·중 합성어를 대조할 때 기준의 한 가지로 통사적 관계를 설정하였으며 특히 내심합성어의 의미구조를 분석할 때에는 구성 요소 간의 통사관계를 많이 고려하였다.

유목상(1974)은 IC 개념의 분석 외에 예컨대, '살림살이'의 '이'는 '살-'의 내부변화만 일으키는 접미사에 불과하다고 보아 '살림＋살이'로 분석하고 있다.

김계곤(1996)은 구조문법적 연구에서는 주어진 합성어의 IC분석에 의해 합성어 구조를 밝혀보려는 시도가 많았으며, 특히 국어 단어형성론에서 어근 개념의 중요성이 인식되었다는 사실이 중요하다고 생각된다. 이 글은 합성어의 형태구조를 분석할 때, 구성 요소의 품사별로 분류하는 것은 이 분류 방식을 많이 참고하였다.

이 시기의 연구는 무엇보다 한국어 형태론 특히 합성어에 대한 기술에서 IC분석을 중요한 방법으로 활용하고 있는 점이 특징인데 이를 통해 어기와 접사, 어근과 어미 등의 개념이 분명하게 확립된 시기라고 할 수 있다. 단어에 대한 형태론적 분석 작업도 활발하여 형태소를 식별하는 데에도 큰 기여를 했다고 할 수 있다.

생성문법적 연구에서는 구조문법적 시각에 더해 구성성분의 통합으로 합성어가 형성되는 데 초점을 맞추는 연구가 많아졌는데, 이런 연구들은 특히 형식적인 기준 외에 의미적 기준을 중시하고 있다는 점이 특징이다. 생성문법적 연구에서는 'V₁-어 V₂' 또는 'N₁-N₂'와 같은 형식들에 대한 통사론적 연구와 형태론적 연구가 늘 함께 진행되었다. 그러한 연구들은 대개 형식들의 분포와 성분 간의 공기 제약, 전체로서의 의미 등에 대한 고려를 그 방법으로 하여 어느 정도의 성과를 거두었다고 할 수 있다. 그러나 아직도 이런 표현들이 구인지 아니면 통사적 합성어인 지를 구별하는 데 필요한 분명한 기준은 마련되지 못하고 있어 이들 통 사적 합성어들의 단어 형성 규칙의 기술도 본격적으로 시도되지 못하고 있다.

한편, 합성어의 구조를 분석하던 지금까지의 연구 경향과 달리 합성 어에 대하여 의미적 측면에서 검토하려는 시도 역시 합성어의 주된 연 구 경향이 되고 있다. 이러한 연구들로는 서정수(1981), 정동환(1991), 김창섭(1996), 전상범(1999), 최규일(1989) 등을 들 수 있다.

서정수(1981)에서는 합성어의 기준으로 '어떤 두 성분의 연결체가 구 를 이룰 때와 다른 의미를 가지면 그것을 합성어로 본다'는 단일 기준이 제안되었고 이에 따라 의미융합을 합성어의 변별기준으로 삼았다. 여기 서 말하는 의미융합의 개념은 이 글에서 의미적 외심합성어의 변별 기 준과 같다. 다만, 서정수(1981)에서 말하는 의미 융합은 구성 요소 가운 데 하나만 의미 변화를 경험한 경우도 가리키지만 이 책에서는 구성 요 소 가운데 어떤 것도 원래의 의미로 사용되지 않아야 외심적 합성어로 본다는 점에서 차이가 있다.11)

최규일(1989)은 합성어의 형태 결합 방식에 따라, 합성법의 유형과 합성어의 분류를 했다. 합성어를 통사적 합성어와 비통사적 합성어로 분류하면서 합성어 형성의 문제점을 지적하였으며 합성어의 의미변화 는 후행요소의 변화(몸살), 선행요소의 변화(빈말), 구성 요소의 의미가 모두 변화하는 유형(바지저고리) 등 세 가지를 나누었다.

---

11) 이 책의 외심적 합성어가 가리키는 의미론적 기준에 대해서는 4.2의 의미적 외심합 성어 부분을 참조하기 바란다.

정동환(1991)은 합성어 전체의 의미특성을 밝혀 합성어를 구성하는
앞뒤 조각들의 의미관계를 밝혔다. 또한, 합성어 각각의 부분적 의미관
계 분석에서 벗어나 합성어의 구체적인 의미관계를 종합적, 체계적으로
나누고 있는데 이는 합성어 전체를 포괄적으로 분류하는 것이 중요하다
는 이 책의 작업과 기본적으로 태도를 같이한다고 할 수 있다.

한편, 김창섭(1996)은 사이시옷의 존재 여부를 합성어의 판별에 중요
한 기준으로 사용하는 것이 합당한 이유를 밝히고 있다. 즉, 통사론적
기능을 가졌던 'ㅅ'이 현대국어에서는 주로 합성명사 내부에 출현함으로
써 형태론적인 합성명사 형성 과정에 관여하게 되었다는 것이다. 이러
한 주장은 이 책에서 사이시옷을 가지고 있는 표현을 합성어로 보는 견
해와 같다.

전상범(1999)에서는 합성어가 통사론적인 특성과 형태론적인 특성을
아울러 갖고 있고 합성어 형성은 형태론과 통사론의 대표적인 경계현상
(interface phenomenon)이라고 할 수 있다. 합성어가 구나 문장과 마찬
가지로 성분구조를 갖고 구성 요소들은 문장이나 구의 구성 요소들이
갖는 것과 동일한 상호관계를 갖는다는 사실이다. 구에서 볼 수 있는
핵심어와 수식어관계, 서술부와 논항의 관계, 동격관계 등을 말할 수
있다.

최근 들어서는 합성어의 전반에 대한 포괄적인 작업이 눈에 띄는데
김정은(1995)과 김일병(2000) 등이 여기에 해당된다. 김정은(1995)은 합
성어뿐만 아니라 파생어의 형성을 포괄적으로 다루면서 합성어를 통사
적 합성어와 비통사적 합성어를 분류하면서 하위분류를 시도하였으며,
김일병(2000)에서는 합성어의 형성원리로 어휘화의 원리, 유추의 원리,
의미의 합성·융합의 원리, 언어 외적 형성원리를 내세워 각각 하위 분류

하고 있다.

합성어의 형성 과정을 유추로 보는 대표적인 연구로는 채현식(2000)과 송원용(2005)도 있는데 이들은 합성어의 형성 과정을 유추 개념으로 다루고 있다. 이들에 따르면 유추적 단어 형성은 어휘부에 등재되어 있는 단어들을 기반으로 이루어진다. 특히, 어휘부에 저장된 단어의 한 직접성분 또는 한 단어군의 공통된 직접성분을 주축으로 삼고 나머지 직접성분을 적절한 요소로 대치하는 형태론적 조작을 통해 이루어진다는 것이다. 이때 이런 유추 과정을 통해 이루어지는 단어 형성 가운데, 주축이 되는 성분의 문법적 지위가 어근 또는 단어 이상의 문법 단위인 것들이 결합되어 단어를 형성하는 과정이 합성이라는 것이다. 이러한 유추의 개념은 이 책에서 특히 '갈림길'이나 '해돋이' 등을 합성어로 보고 이를 분석할 때 아주 유용하게 활용될 것이다. 다만, 이 책에서 합성어의 형태적 구성을 논의할 때 유추의 개념을 활용하는 것은 이들과 같다고 할 수 있으나 의미구조의 분석에서도 유추의 개념을 활용하여 통사론적 관계를 살필 수 있다고 보는 점은 이 책이 이들과 다른 견해이다.12)

3.2. 중국어 합성어에 대한 선행연구

현대 중국어 연구에서 합성어에 대한 연구는 呂叔湘(1942)부터 본격적으로 시작되었다고 할 수 있다. 여기에서는 단어를 '단순성'과 '복합성'의 기준에 따라 '단일어'와 '복합어'로 나누고 있고 단어의 구성을 분석

---

12) 이 책에서 본 관점을 따라서 한국어 합성명사를 분석할 때 적용했다.

할 때 실사(实词)간의 관계에 의해서 연합관계, 통합관계, 결합관계로
나누고 연합관계와 통합관계는 복합어와 이와 관련된 구를 같이 논의하
였다.

赵元任(1968)에서는 구성성분의 관계에 따라 합성어의 분류를 시도하
고 있다. 중국어에서 대부분의 합성어는 문장과 비슷한 구조를 가지고
있지만 어떤 합성어는 구성성분 간의 관계가 명확하지 않은 비통사구조
〔非句法式〕의 합성어라고 분류한다. 이 연구는 문장의 통사구조측면에서
합성어의 구조를 분석하는 방식으로 이후 연구에 많은 영향을 끼쳤다.

朱德熙(1982)는 단어가 단일어와 합성어로 구성되어 있고 합성어는
복합어, 파생어과 중첩어로 나뉜다고 한다. 복합어는 두 개 이상의 어
근으로 만들어진 합성어의 구성방식이고 복합형식의 합성어는 복합어
라고 한다. 중국어의 경우, 복합어의 구조관계와 문장의 통사구조와 일
치하는 것이 많다. 중국어 문장의 통사관계는 주로 '주어+서술어', '서
술어+부사어', '관형어+핵어', '핵어+핵어'형식이 있고 대부분의 복합
어도 이와 같은 구조 유형으로 만들어진 것이다.

1980년대에 들어와서 중국의 학자들이 복합어 내부의 의미관계에 관
심을 가지기 시작했고 원래 있던 주술식, 병렬식 등 구조 유형을 바탕
으로 어순에 어긋난 새로운 유형을 추가했다.

徐通锵(1997)에서 복합어의 어근과 어근 사이의 의미관계 규칙은 의
미적 형성법이라고 강조하였다. 복합어 내부의 비유 관계를 강조한다.
이의 분석방식은 의미를 강조하는 동시에, 구성 요소 간에 통사관계를
간과하는 경향이 있다.

葛本仪(2001)는 복합어의 어근은 통사구조의 규칙대로 통합되었다고
할 수 있고 연합식, 편정식, 보충식, 동빈식, 주술식, 중첩식으로 나뉘

고 지금까지 복합어에 대한 분류는 통사구조의 분석은 주류로 삼았다. 이 점은 朱德熙(1982)에서 제시한 합성어의 구성방식과 비슷하다.

한편, 내심과 외심으로 이론으로 합성어를 연구하는 시도는 한편, 내심과 외심의 이론으로 합성어를 연구하는 시도는 朱德熙(1984), 陆丙甫 (1993), 顾阳・沈阳(2001), 杨梅(2006), 颜红菊(2007) 등이 있다. 朱德熙 (1984)에서 구(句)를 분석할 때 단순하게 통사구조로 내심과 외심을 나누는 데 한계가 있으며, 의미의 구조를 고려해야 합성어에 대한 명확한 분석을 할 수 있다. 陆丙甫(1993)에서 합성어는 두 가지 핵심, 즉 문법적 핵심과 의미적 핵심이 있다고 했으며, 주로 구(句)의 구성 요소 범위 내에서 내심과 외심의 이론으로 합성어를 분석해 보고자 했다. 이러한 견해는 이 책에서도 적용될 것이다. 문법적 핵심은 주로 형태적 합성어의 분류에, 그리고 의미적 핵심은 주로 의미적 합성어 분류에 활용된다.

顾阳・沈阳(2001)에서도 내심구조와 외심구조의 이론으로 합성어를 분석하였다. 내심구조는 내부 구성형식과 합성어의 기능이 동일하거나 중심 성분이 있는 구조라고 하고, 외심구조는 내부 구성형식과 합성어의 기능이 동일하지 않거나, 중심성분이 없는 구조라고 했다. 杨梅(2006)에서 중국어 2음절 이상의 복합어의 단어 형성원리를 품사 속성과 연관시켜 복합어의 품사를 결정하는 내적 요소가 무엇인지를 내심구조의 핵어의 투사원리를 도입하여 분석하였다.

颜红菊(2007)에서 내심과 외심의 이론으로 합성어의 구성 요소와 합성어의 의미관계를 분석하는 데 적용했다. 외심구조는 '주어+서술어', 개사(介词)구조, 연사(连词)구조가 있고 내심구조는 병렬 구조와 종속 구조가 있다. 내심구조 중에 하나의 구성성분은 합성어의 전체기능과 같고, 그 구성성분은 핵어(head)가 된다고 하였다. 앞에서 논의한 내용을 통해서 지금까지 내심과 외심의 이론은 주로 문법적과 의미적 차원에서 적용했다는 것을 볼 수 있다.

지금까지 살펴본 중국어 합성어 연구를 개괄하면 다음과 같다. 중국어 합성어는 다양할 뿐만 아니라 형태 변화가 없는 중국어의 특성 때문에 이질적 통사구조를 가질 수도 있고 품사의 통용현상도 빈번하게 일어난다. 이런 이유로 중국어 합성어를 다룰 때에는 형태구조는 물론이고 심층의 통사관계 및 의미관계를 살피지 않을 수 없다. 또한 중국어 합성어에 대한 연구는 주로 문장의 구조를 중심으로 이루어진 것이 대부분이어서 문장의 일반적인 구조와 맞지 않는 유형의 합성어에 대해서 연구가 상대적으로 부족하다. 이 책에서는 중국어 합성어를 다루면서 이들도 중요한 연구대상으로 다룰 것이다.

3.3. 한국어와 중국어 합성어 대조연구

지금까지 한·중 합성어에 관한 대조연구는 주로 한국 한자어와 중국어의 대조인 경우가 많았다. 한국어 고유어와 중국어를 대조한 연구는 상대적으로 많지 않다. 그 가운데 朴愛阳(2000), 장승(2010), **韩春梅**(2010), 오충신(2010) 등은 주목할 만하다.

朴愛阳(2000)에서는 한국어 합성어를 『우리말분류사전』에서 수록된 합성어를, 고유어끼리 결합한 것, 한자어끼리 결합한 것, '고유어＋한자어'로 형성된 것으로 유형화한 후 『현대한어사전』에 보이는 중국어의 2음절 합성어와 비교하고 있다. 그런데 이 논문에서는 합성어의 심층관계를 인정하지 않고 의미를 중심으로 살피면서 주로 대등관계로 형성된 합성어를 빈도수, 결합 순서에 따라 구분하였다. 그리고 '고유어＋한자어'의 결합 순서에 대해서 제약을 많이 받지 않는 것도 논의했다. 한국어에는 단위개념을 나타내는 합성명사의 유형이 '车辆, 花朵'과 이합사(离合词)[13]도 한국어에 없는 유형으로 판정하고 논의했다. 이 논문은 주로 한국어와 중국어 합성어의 구조상의 유사성과 차이성에 대해 논의했지만 구성 요소 간에 의미관계를 다루지 않았다.

장승(2010)에서 한국어 합성명사는 선행연구에 따라 통사적 합성명사와 비통사적 합성명사를 분류해서 중국어 합성명사와 대조하여 분석했지만 대조할 만한 접점을 잘 파악하지 못했다. 이 논문에서 두 나라의 합성명사는 상보관계, 근접관계, 포섭관계를 나누어서 구조를 비교했고 한국어 한자어와 중국어 합성명사의 구조는 중국어 합성어의 분류기준으로 논의했지만 두 언어 합성어의 대조는 같은 기준을 찾지 않는 것 같다. 그리고 상보관계, 근접관계, 포섭관계는 구조를 비교할 때 쓰는 것보다 의미를 논의하는 데 적용해야 하는 유형이라고 본다.

韓春梅(2010)에서 중・한 합성명사의 형태구조와 구성 요소간의 통사관계를 따져보았고 한・중 합성어의 연구에 새로운 발전이라고 할 수 있다. 다만, 합성명사의 의미관계를 분석할 때, 중국어의 합성명사를 중심으로 하기 때문에 한국어 합성명사의 의미유형을 제대로 분석하지 못했다. 그리고 한・중 합성명사의 구성 요소와 합성어의 의미관계를 따져보는 것은 전이된 의미, 즉 제3의 의미를 연구 범위에서 제외하는 것이다. 즉 이 논문에서 합성요소로 의미를 추출할 수 없는 유형을 다루지 않았다.

---

13) 이합사(离合词)는 지금 중국에서 단어로 인정해야 하는지에 대한 논란이 많다. 한국어와 대조연구가 할 만한 대상이 아니라고 생각된다. 이합사는 분리성이 있으므로 합성어의 변별기준으로 보면 합성어로 판단할 수 없기 때문이다.

오충신(2010)은 한·중 합성어는 생성기제와 구조차원에서 대조를 했다. 한국어는 주로 통사적 합성어와 비통사적 합성어로 다루었고 중국어는 주로 지금까지 논의하던 방식으로 '접속, 수식, 주술, 술목' 등을 나누고 구조적 측면에서 나름대로 대조를 했으나 한·중 대조할 만한 접점을 찾지 못한다. 즉, 한국어 통사적과 비통사적 합성어를 분류하는 기준과 중국어 '접속, 수식, 주술, 술목'의 분류기준은 같은 기준으로 볼 수 없다. 그리고 이 논문에서도 합성어의 의미유형은 다루지 않았다.

이들을 종합해 보면 지금까지 한·중 합성어 연구는 주로 한국 한자어와 중국어 한자어에 대한 대조 연구인 것이었다. 그러나 한국어 고유어와 중국어 합성어에 대한 연구는 아직 많이 이루어지지 못한 형편이다. 특히, 한·중 합성어의 대조연구는 형태구조를 논의한 것이 많지만 형태구조, 의미구조에 대한 연구는 부족하다. 의미변화의 유형 역시 제대로 논의되지 않았다. 따라서 이 책에서는 이런 문제점을 극복하기 위하여 한·중 합성어의 대조·연구할 때 합성어의 구성상 특징을 형태구조와 의미구조 차원에서 구체적으로 분석할 것이다.

제2장

이론적 배경

　이 책에서는 크게 내심·외심구조 및 핵어, 자질삼투규약 및 품사 전성, 의미구조와 변화 유형의 세 가지 이론적 틀을 바탕으로 논의를 전개한다. 특히, 내심·외심 구조 및 핵어의 개념은 이 책의 전체적인 이론적 토대로서, 한·중 합성어의 형태구조와 의미구조의 분석에 모두 적용될 것이다. 이를 바탕으로 자질삼투규약과 품사의 전성은 합성어의 형태 구조를 분석하는 데에 적용될 것이고 합성어의 의미구조를 분석하는 데에는 구성 요소간의 의미관계와 의미변화유형의 개념이 적용될 것이다. 따라서 이 장에서는 이들 이론적 배경의 기본 개념과 합성어 분석의 적용 방식에 대하여 살펴보기로 한다.

1. 내심·외심구조와 핵어

　내심구조(endocentric construction)와 외심구조(exocentric construction)

의 이론을 최초로 제시하고 있는 것은 Bloomfield(1933)이다. 이후 이 개념은 구조주의 문법론 시기에 크게 발전하였으며 문법적 차원에서 통사 구조를 분석하는 데 반드시 적용해보아야 하는 분석 도구로 간주되었다.[1]

Aronoff & Fudeman(2005)는 이 개념을 통사 구조의 분석에서 나아가 합성어의 분류에 적용함으로써 단순히 통사 구조의 분석이 아니라 형태론 즉 단어 구성의 차원에서도 이 개념이 유용하게 사용될 수 있음을 보여주고 있다. 이 책에서도 이러한 연구 경향을 받아들여 합성어를 분석할 때, 일차적인 분석의 도구로서 이 개념을 활용하여 그 합성어가 내심구조인지 외심구조인지를 확인할 것이다. 이를 위해서 먼저 내심구조와 외심구조가 무엇인지 알아볼 필요가 있다. 이에 대한 각 연구자의 정의는 다음과 같다.

(1) 내심구조와 외심구조의 정의
　　가. Bloomfield(1933)
　　　　ㄱ. 내심구조 : 구성의 통사 범주가 그것의 직접구성 요소 중 하나의 통사범주와 동일한 구조
　　　　ㄴ. 외심구조 : 구성의 통사 범주가 그것의 직접구성 요소 중 어떤 것의 통사 범주와도 동일하지 않은 구조
　　나. 전상범(1999)
　　　　ㄱ. 내심합성어 : 구성 요소들이 핵어와 수식어의 상호관계를 보이는 합성어
　　　　ㄴ. 외심합성어 : 구성 요소들이 서술어와 논항의 상호관계를 보

---

1) 더 구체적인 논의는 다음 논의를 참고하기를 바란다. Bloomfield(1933 : 194-196), Hockett(1958 : 183-198), Robins(1964 : 234-237), Lyons(1968 : 321-25). 특히, Cronk(1994)에는 내심구조와 외심구조에 대한 최근까지의 연구가 종합적으로 논의되어 있다.

이는 합성어

ㄷ. 등위합성어 : 구성 요소들이 동격관계의 상호관계를 보이는
합성어

마. M. Aronoff & K. Fudeman(2005)

ㄱ. 내심합성어 : 합성어의 핵이 전체 합성어의 어휘범주와 동일
한 어휘범주에 속하는 합성어

ㄴ. 외심합성어 : 합성어의 핵으로부터 어휘범주나 의미를 결정
할 수 없는 합성어2)

위 (1)의 정의를 보면 모두 내심구조와 외심구조를 다루고 있지만 그
적용 대상은 다름을 알 수 있다. Bloomfield(1933)에서는 구성, 단어의
결합 구조를 대상으로 내심구조와 외심구조를 판별하는 기준을 제공하
고 있으나 뒤의 전상범(1999)나 Aronoff & Fudeman(2005)의 정의는
그 대상이 합성어로 전환되고 있음을 알 수 있다. 이처럼 내심구조와
외심구조의 개념은 처음 단어의 결합체, 즉 그것이 구이든 절이든 구성
차원에서 논의되었으나 점차 합성어의 경우까지 확대 적용할 수 있는
것으로 확대되고 있다.

전상범(1999)과 Aronoff & Fudeman(2005)의 견해에서도 약간 다른
모습을 확인할 수 있다. 전상범(1999)에서는 내심구조와 외심구조의 구
별에 두 구성 요소의 상호 관계를 문제 삼고 있는데 여기에 사용된 개

---

2) Aronoff & Fudeman(2005)에서는 핵어의 설정 여부를 통사적 차원에서 설정하고 있
기 때문에 외심합성어의 경우에도 핵어가 있는 것으로 본다. 예를 들어 'Figurehead'
의 경우 이 합성어의 통사 구조상 'head'가 핵어가 된다고 보는 것이다. 다만, 이 합
성어의 의미는 '꼭두각시'로서 'head(머리)'가 아니기 때문에 의미가 변화한 것이므로
외심합성어라고 본다. 그러나 이 글에서는 이처럼 의미변화가 일어난 것은 특정 구성
요소와 상관없는 별도의 의미변화 요인에 따른 것이므로 각각의 구성 요소는 핵이라
고 할 수 없다고 본다.

넘들이 '핵어-수식어' 관계, '서술어-논항' 관계, '동격관계' 등 통사적 차원에 걸려있다. 이에 비하여 Aronoff & Fudeman(2005)에서는 내심 구조와 외심구조를 정의하면서 합성어의 어휘범주와 의미를 핵어와 관련시켜 논의하고 있는데 이는 내심구조와 외심구조의 개념을, 형태론적 개념의 핵어와 의미론적 개념의 핵어로 확장하고 있음을 보여준다. 이 책에서도 내심구조와 외심구조는 전체 합성어와 핵어 사이의 형태적, 의미적 상관관계를 모두 살펴 결정해야 한다는 관점을 취한다.

다만, 전상범(1999)에서 논의한 등위합성어에 대해서는 미리 언급할 필요가 있다. 등위합성어는 이 책의 개념으로 보면 대등관계로 구성된 내심합성어에 해당한다. 이 관계로 구성한 합성어의 구성 요소들은 모두 핵어로 볼 수 있기 때문이다.3)

다음으로 핵어(head)의 개념에 대하여 살펴보자.4) 핵어에 대한 일반적인 정의는 Bloomfield(1933)에서 보이는데 여기에는 '내심구성에서 그 구성 요소 가운데 전체 구성과 같은 분포를 가지는 구성 요소'와 같이 구조적인 관점에서 정의되는 것이다. 이러한 구조적 정의는 비록 구성 단위에서 논의된 것이지만 합성어 차원에서도 적용할 수 있을 것으로 생각된다. 합성어에도 직접구성성분이 존재하기 때문이다. 따라서 이를 고려하여 핵어의 개념을 정리하면 다음과 같다.

---

3) 중국어 대등합성어에 대한 논의는 施关淦(1981), 朱德熙(1984), 陆丙甫(1993), 司富珍(2002) 등을 참고하기를 바란다. 접속관계로 형성된 합성어에 대한 논의 중에 朱德熙(1984), 陆丙甫(1993)는 구성 요소가 합성어와 기능과 일치하므로 모두 핵어로 볼 수 있고, 쌍 핵어유형이라고 부르기도 한다. 따라서 전상범(1999)의 등위합성어는 이 책에서 접속관계로 형성된 합성어로서 내심합성어에 속하는 것으로 간주한다. 이에 대해서는 제3장 참조.

4) 핵어에 대한 논의는 시정곤(1994)과 김영석·이상억(1992)을 참조하여 정리한 것이다. 자세한 논의는 해당 논의를 참조하기 바란다.

(2) 핵어의 정의
　가. 형태적 정의 : 구성 요소 가운데 전체 합성어의 품사정보를 결정
　　　하는 어기 형태소
　나. 의미적 정의 : 구성 요소 가운데 전체 합성어의 중심 의미를 결
　　　정하는 어기 형태소

위 (2)의 정의를 보면 합성어의 형태 정보와 의미 정보를 결정하는데 결정적인 역할을 하는 요소를 핵어라고 볼 수 있다. 예를 들어, 한국어의 '소나무'나 중국어의 '汽车' 등은 구성 요소 가운데 하나가 다른 하나를 수식하는 관계이다. 형태적으로 여기서 핵어로 기능하는 것은 각각 '나무'와 '汽车'인데 이 요소는 전체 합성어 '소나무'와 '汽车'의 품사 정보와 중심의미를 결정하는 역할을 하고 있다.

이 책에서는 위에서 살핀 내심구조와 외심구조 및 핵어의 개념을 이용하여 한국어와 중국어의 합성어가 가지는 형태적 구조와 의미적 구조를 분석할 것이다.

2. 형태구조와 자질삼투규약

앞 절에서 우리는 내심구조와 외심구조 및 핵어의 개념이 형태적 차원과 의미적 차원에서 모두 논의될 수 있음을 살펴보았다. 이를 합성어의 구조 분석에 적용하면 합성어의 형태적 측면과 의미적 측면이 좀 더 명시적으로 설명될 수 있다. 다음 예를 보자.

(3) 한국어 : $[[논]_N + [밭]_N]_N$, $[[잘]_{Ad} + [못]_{Ad}]_N$

중국어 : 〔〔打〕$_V$+〔扫〕$_V$〕$_V$, 〔〔开〕$_V$+〔关〕$_V$〕$_N$

(3)의 '논밭'과 '打扫(청소하다)'는 그 구성성분 중 핵어로 기능하는 요소와 전체 합성어의 어휘범주와 같고 의미를 구성 요소로 추출될 수 있기 때문에 모두 내심합성어라고 할 수 있다. 이에 비하여 '잘못'과 '开关'은 그 구성성분 중 어느 하나도 전체 합성어의 어휘범주와 같지 않기 때문에 형태적 측면에서 볼 때 외심합성어이다. 그러나 의미적 측면에서 볼 때 '잘못'의 경우 비록 '잘'의 의미는 생략되고 '못'의 의미만 남지만 그래도 구성 요소인 '못'에서 그 뜻을 추출할 수 있다는 점에서 의미적 내심합성어라고 할 수 있다. '开关'의 경우도 비록 형태적 차원에서는 외심합성어이지만 의미적 차원에서는 전체 합성어의 의미를 구성 요소의 의미로부터 추론할 수 있으므로 의미적 내심합성어라고 할 수 있다.

그런데 이러한 내심구조와 외심구조 및 핵어의 이론에 따른 합성어의 분석은 모두 합성어의 구성 요소 가운데 핵어로 기능하는 것과 전체 합성어의 상호 관련성을 기초로 하고 있다. 이 가운데 형태적 차원의 핵어와 전체 합성어의 어휘범주의 관련성은 자질삼투 원리에 의하여 더 자세하게 설명될 수 있다. 언어학에서 '삼투(percolation)'의 개념은 일반적으로 '하위자질이 상위로 이동하는 현상'을 가리킨다.

생성형태론에서 처음 논의되기 시작한 자질삼투의 특성은 Lieber (1980)를 비롯하여, Williams(1981), Selkirk(1982) 등에서 지속적으로 논의, 발전되어 왔는데 이들 연구에서는 핵의 자질들이 삼투된다는 점에서는 큰 차이가 없다. Selkirk(1982)에서는 특히 핵심자질삼투규약 (head-feature percolation)을 설정하고 있는데 이를 이용하면 합성어의 형태구조 분석에 한층 효과적인 결과를 도출할 수 있다. 이 책에 적용할 자질삼투규약을 정리하면 다음과 같다.

> (4) 자질삼투규약 : 합성어의 핵어의 어휘범주는 어휘범주 자질을 포함
>   하여 첫 분지 교점으로 삼투되어 올라간다.

위 (4)의 특징은 두 가지로 요약할 수 있다. 하나는 자질삼투의 출발점은 합성어의 구성 요소 가운데 핵어로 기능하는 요소라는 점이다. 즉, 핵어의 자질이 전체 합성어의 자질로 삼투된다는 것이다. 다른 하나는 삼투되는 자질이 어휘범주를 결정하는 자질, 즉 품사적 특성이라는 점이다. 따라서 자질삼투규약은 합성어의 분석에 적용될 때 주로 형태적 내심합성어를 확인하는 데 유용하게 활용될 것이다.

자질삼투규약을 적용하여 분석할 때 한·중 합성어의 특성이 더욱 두드러지게 드러난다. 두 언어에 자질삼투규약이 적용되는 방식을 비교하면 두 언어의 합성어 구성 사이에 보이는 공통점과 차이점이 쉽게 파악될 수 있기 때문이다. 예를 들어, 한국어의 내심합성어에서 보이는 형태구조상 핵어는 각각의 구조에서 오른쪽에 위치하는 특성을 갖고 있다. 따라서 한국어의 내심합성어에서 언제나 오른쪽에 위치하는 구성 요소가 핵어로 기능하며 이 핵어의 어휘범주가 전체 합성어의 어휘범주가 된다. 이러한 특성은 자질삼투규약과 관련해서 Williams(1981)가 말한 대로 '우핵심규칙(Right Head Rule)'에 해당된다. 즉, 한국어 내심합성어는 그 어휘범주가 언제나 오른쪽에 위치하는 구성 요소에 의해 결정된다는 것이다. 아래 〈그림 1〉의 'ㄱ, ㄴ'의 경우가 이를 보여 준다.

대조적으로 중국어의 내심합성어에서는 이런 우핵심규칙은 언제나 적용되는 것이 아니다. 대부분의 내심합성어는 여전히 우핵심규칙이 적

용되지만 핵어가 구성 요소의 왼쪽 요소인 경우도(〈그림 1〉, 'ㄷ'의 예) 있기 때문이다. 아래 〈그림 1ㄷ〉의 '车辆'은 형태적 어휘범주가 명사인데 이는 구성 요소 가운데 왼쪽 요소인 '车'(명사)의 특성이 합성어로 삼투된 것이다. Selkirk가 제시한 자질삼투규약의 삼투과정을 한·중 합성어의 예로 들어보면 다음 〈그림 1〉을 통해 알아볼 수 있다.

〈그림 1〉 합성어의 형태 핵어의 삼투과정

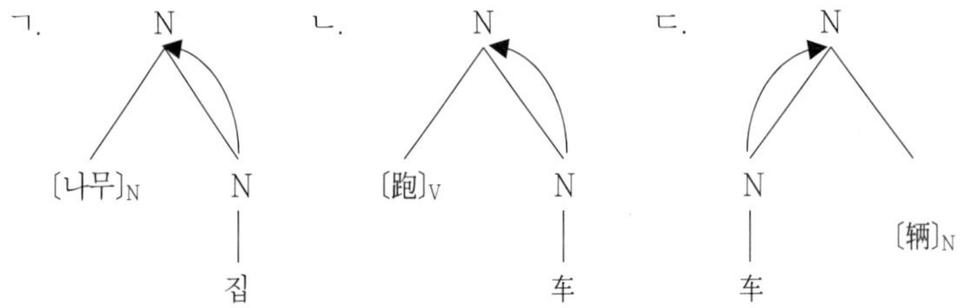

위 〈그림 1〉 가운데 'ㄱ'은 '나무집'은 후행요소 '집'이 가진 명사의 자질이 삼투되어 합성명사를 형성한다. 'ㄴ' '跑车'에 대한 후행명사의 자질은 전체 합성어에 삼투하여 합성어의 품사를 결정한다. 그리고 위에서 말했듯이 'ㄷ'은 원래 '명사+명사'로 구성된 것으로 '车辆'이 명사라는 점을 고려하면 선행요소의 명사가 형태적과 의미적 핵심어이고 명사 자질이 삼투하여 합성명사를 형성한 경우이다. 즉, 좌핵심 삼투규약이 적용된 것이다.

합성어의 품사정보가 핵어의 품사정보를 삼투하여 결정된다고 할 때 이는 내심합성어에 해당하는 기술이지만 구성 요소 가운데 형태적 핵어가 없거나 핵어의 품사정보가 합성어에 삼투되지 않는 합성어는 형태적 외심합성어이다. 즉, 자질삼투규약과 관련하여 논의할 때 외심합성어는 그 대상이 되지 않는다. 형태적 외심합성어가 형태적 핵어가 있는 경우에 핵어를 판정할 때는 합성어를 이루는 구성 요소 간의 통사관계를 논의하는 것이 중요하다.

합성어의 형태 구조를 논의할 때 구성 요소의 형태적 특성에 대한 고려와 함께 구성 요소 간의 통사관계를 따지는 것이 필요하다는 주장은 일찍부터 있어 왔다. 예를 들어 Givon(1971)은 '오늘의 형태론은 어제의 통사론이다'라고 하여 합성어내부의 통사구조와 문장의 통사구조가 밀접한 관련성이 있음을 시사하였으며 Baker(1985) 역시 경상원리(the Mirror Principle)를 제시하고 단어의 구성 요소 간에 관계는 통사구조에 의해 결정된다고 주장했다. 특히, 변형이론에서 합성어의 통사관계에 주목하는 연구들이 많았는데, Chomsky(1965)에서는 '단어구조는 통사구조와 동일한 형태상의 특징이 있으며, 게다가 단어구조는 통사부에서와 동일한 종류의 규칙 체계에 의해 생성된다'는 주장을 하고 있다. 이는 합성어가 통사론적인 특성과 형태론적인 특성을 아울러 갖고 있음을 지적한 것이다. 이러한 주장은 영어뿐만 아니라 한국어와 중국어의 합성어 연구에도 적용될 수 있다. 특히 주술관계, 접속관계, 수식관계, 술목관계로 형성된 통사구에서 의미의 단일화나 특수화를 거쳐 단어로 굳어진 합성어의 경우는 이러한 통사관계를 살피는 것이 중요하다.

한·중 합성어는 문장의 통사구조에 맞게 형성된 유형이 모두 큰 비중을 차지한다.5) 통사구조에 따른 합성어의 형성관계를 살펴보면, 우선 대등관계로 형성된 합성어의 경우는 두 구성 요소가 모두를 형태적 핵어로 볼 수 있다. 그리고 '수식언+명사'와 '부사어+용언' 관계로 형성

---

5) 周荐(2005)에 따르면 중국어 32,346개 어근이나 어간으로 이루어진 2음절 합성어 중 통사구조로 분석할 수 있는 것은 31,237개로, 전체의 96%이다.

된 합성어는 수식을 받는 요소를 핵어라고 볼 수 있다. 또 '목술관계/술
목관계'의 유형은 동사구에서 굳어진 것으로서 목적어를 논항으로 가지
는 것이 동사이기 때문에 동사를 핵어로 볼 수 있다. 주술관계의 합성
어 유형은 구성요소 중에 동사가 핵어로 판정할 수 있다.

특히 중국어의 경우는 형태의 차이로 형태론적 품사범주를 확인할 수
없는 분석형 언어이므로 형태적 핵어를 변별할 때, 의미와 구성 요소
간의 관계를 참고하는 것이 필요하다. 예를 들어 한국어 합성어의 경우
'작은아버지'의 구성 요소인 '작은'이 관형어 구성으로 되어 있어 후행요
소 '아버지'를 핵어로 보는 것이 쉽게 판별된다. 그러나 중국어 합성어
의 경우에는 *存款*은 수식관계와 술목관계에 따라 합성명사가 되기도
하고 합성동사가 되기도 한다.6) 이를 도식화한 〈그림 2〉에서 'ㄱ'의 '작
은아버지'는 심층의 '작은 아버지'의 통사구조로 의미를 추측할 수 있고
'ㄴ'의 *存款*는 심층의 통사관계가 수식이냐 술목에 따라 합성명사도 될
수 있고 합성동사도 될 수 있다.

〈그림 2〉 '작은아버지'와 '*存款*'의 구조도

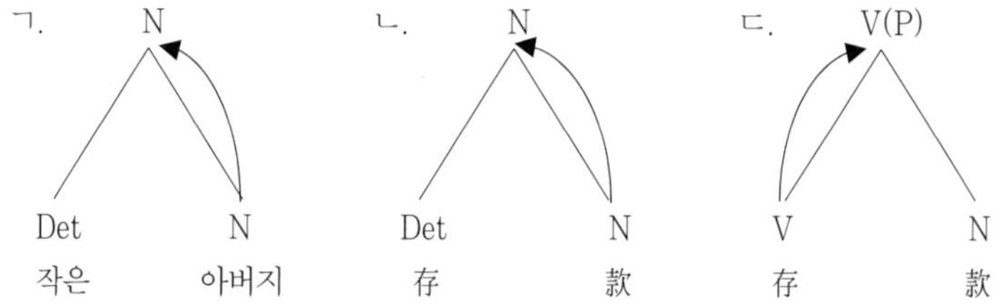

---

6) 이러한 중국어 합성어의 특성을 동형이구(同型异构)라고 한다. 이에 대하여는 제1장
1. 연구 목적 및 구성의 관련 부분을 참조하기 바란다.

3. 합성어의 의미구조와 의미변화 유형

합성어의 의미구조에 대한 분석을 위해서 무엇보다 먼저 생각해볼 수 있는 것은 구성 요소의 의미와 합성어의 의미 사이의 상관관계이다. 이는 합성성의 원리(compositionality principle)로 설명할 수 있는데, 합성성의 원리란 '언어표현 전체의 의미는 그것을 구성하는 부분들이 결합하는 통사규칙에 의하여 결정된다'는 것이다. 합성성의 원리는 원래 문장의미론에서 사용되었다. 즉, 문장의미는 문장을 구성하는 성분들의 통사적 의미에서 도출된다. 여기서 말하는 언어표현이란 문장에만 국한되는 것이 아니고 합성어나 구와 같은 언어 단위까지 포함한 것이기 때문에 합성성의 원리는 구성 요소와 구조의 관계에 있는 것들에는 광범위하게 적용될 수 있다.7) 합성어의 의미 도출을 위해 구성 요소의 의미를 살펴야 한다는 것이다.

이석주(1989)에서도 합성어의 구성성분들 간의 의미관계를 통사관계로 파악하는 것이 유용하다고 하여 합성어의 구성성분을 통사관계를 파악하고 있다. 이처럼, 합성어의 형성과정에는 단어와 단어의 결합뿐만 아니고 문장성분도 들어있기 때문에 형태적 논의뿐만 아니라 통사적 관련성, 의미적 관련성이 모두 논의되어야 한다. 이 책에서도 합성어의 의미구조를 분석하기 위해 구성 요소의 의미 또는 구성 요소 간에 통사적 의미를 아울러 살펴볼 것이다.

이 책에서 논의할 의미적 내심합성어는 다시 의미 핵어가 한 개인가 두 개인가에 따라 대등관계, 종속관계, 결합관계로 나뉜다. 여기서 논의

---

7) 이에 대하여는 윤평현(2009 : 223)에도 같은 생각이 보인다.

할 대등관계는 주로 접속관계의 통사구로 굳어져서 형성된 관계이고 두 구성 요소가 모두 의미핵어로 볼 수 있다. 종속관계로 형성된 '수식어－체언'과 '부사어－용언'통사관계로 형성된 유형이며, 수식받는 요소가 의미적 핵어이기 때문에 종속관계는 의미적 핵심은 하나인 경우이다.

지금까지 합성어의 의미관계를 논의할 때 문장의 주술관계와 목술관계로 형성된 유형은 많이 논의하지 않았다. 예를 들어, 합성동사 중에 '겁나다, 야단치다' 등의 의미구조를 많이 다루지 않는다. 이에 이 책에서 문장의 통사관계 중에 '주술관계'와 '목술/술목관계'로 형성된 합성어는 두 구성 요소가 합성어의 의미를 종합적으로 기능을 하고 모두 의미핵어로 볼 수 있다.

합성어는 통사적 속성을 갖는 동시에 독특한 어휘적인 속성을 가지고 있다. 이에 이 책에서는 합성어의 의미구조를 분석하기 위해 구성 요소로 의미의 합이 될 수 있는 유형과 합이 될 수 없는 유형으로 나눈다. 구성 요소로 의미를 유추할 수 없는 경우는 의미 핵어가 없고 의미적 외심합성어로 본다. 이 책의 의미적 내심합성어와 외심합성어는 다음과 같이 정립할 수 있다.

    (6) ㄱ. 의미적 내심합성어 : 구성 요소로 의미가 합이 될 수 있는 합성어
          예 : 군밤⇒〈구워서 먹는 밤〉, 地震⇒〈땅울림〉
      ㄴ. 의미적 외심합성어 : 합성어의 의미와 구성 요소 간에 직접적인
          관계가 보이지 않아서 통사구조로 해석할 수 없는 합성어
          예 : 뜯어먹다[8] ⇒〈남의 재물 따위를 억지로 빼앗아 가지다〉,
          骨肉⇒〈자식〉

---

[8] '뜯어먹다'와 같이 구 구성으로 이루어졌을 경우에만 '뜯어서 먹다'의 의미를 가질 수 있다. 합성동사로 쓰였을 경우에는 '(풀 따위를) 뜯어서 먹다'의 의미를 가질 수 없다.

(6ㄱ) 중에, '군밤'은 환원하는 통사구조로 의미를 도출할 수 있지만 의미적 외심합성어는 구성 요소로 의미를 도출할 수 없다. (6ㄴ) 중에, '뜯어먹다'는 '뜯어서 먹다'의 뜻으로 해석하지 않고 제3뜻으로 해석되고, '骨肉'도 '뼈와 고기'로 해석되지 않고 '자식'의 뜻이므로 의미적 외심합성어로 볼 수 있다. 의미적 외심합성어는 구성 요소가 모두 핵어가 아니다.

합성어의 의미구조를 분석하는 데 또 하나 필요한 개념은 의미변화 유형이다. 합성어의 의미구조를 분석하기 위해서는 구성 요소의 의미와 합성어의 의미를 비교 분석해야 하는데 이때 구성 요소의 의미가 어떻게 합성어의 의미로 바뀌었는지를 살피는 것이 유용하기 때문이다. 위에서 살핀 의미적 내심합성어란 결과적으로 의미변화가 구성 요소로부터 도출될 수 있기 때문에 상대적으로 의미변화가 나타나지 않는다. 그러나 외심합성어의 경우에는 구성 요소의 의미에서 합성어의 의미를 이끌어내기가 어렵다. 그렇기 때문에 합성어의 의미가 어떻게 이루어졌는지를 확인하기 위해서는 합성어의 의미구조를 분석할 필요가 있고 이때 구성 요소가 보이는 의미변화를 논의할 필요가 있기 때문이다.

의미변화와 관련하여 이 책에서 주된 기준으로 삼고 있는 기준은 주로 Stern(1931)의 경험적 분류와 Ullmann(1962)의 기능적 분류이다.9) Stern(1931)에 따르면 의미변화란 어떤 단어가 비교적 다수의 화자에 의해, 전에는 가리킨 적이 없던 하나 이상의 지시물을 새롭게 가리키게 되거나 하나 이상의 지시물을 인지하는 새로운 방법을 표현하는 경우를 말한다. 이를 간단히 '전통적 의미영역의 습관적 변경'이라고 하였다. 그

---

9) 이에 대한 논의는 최창렬 외(1994) 제4장을 참조하였다.

러한 의미변화가 발생된 원인은 크게 논리적 원인과 수사적 원인 그리
고 사회·심리적 원인으로 정리할 수 있다. 이들에 따라 외심합성어의 의
미구조 분석에 사용될 수 있는 세부 기준을 좀 더 자세하게 제시하면
다음과 같다.10)

[1] 논리적 분류

1) 의미의 확대 : 단어가 지닌 개념적 내포가 감소되고 그 적용범위인
   외연이 증가·확대되는 경우를 말한다. 부분에서 전체로의 확대, 특
   수에서 일반으로의 확대, 고유명사에서 보통명사로의 확대가 여기
   에 해당된다.

2) 의미의 축소11) : 단어가 지닌 내포는 증가, 확대되고 외연이 축소
   되는 경우를 말한다. 전체에서 부분으로의 축소, 일반에서 특수로
   의 축소, 보통명사에서 고유명사로 축소가 여기에 해당한다.

3) 의미 전이 : 유사나 인접으로 인한 연상관계에 의해 한 의미에서
   제3의 다른 의미로 옮아가는 현상을 말한다.

[2] 수사적 분류

1) 은유(metaphor) : 비교될 수 있는 두 단어의 공통(共通)자질에 의
   해 한쪽의 명칭을 다른 쪽에 적용하는 비유법을 말한다.

2) 환유(metonymy) : 원인의 변화의 뜻으로 원인과 결과, 시·공간과

---

10) 이곳의 논리적, 수사적, 사회·심리적 유형은 주로 최창렬 외(1994) 101쪽 이하의
    내용을 참고하여 재분류한 것이다.
11) 이 책에서 다루는 예 중에 의미의 축소 때문에 형성한 의미적 외심합성어의 예가
    보이지 않았다. 나중에 더 깊은 연구를 통해서 축소의 예를 보면 추가하기로 한다.

사물, 추상과 구상의 관계처럼, 일정한(불변의) 긴밀한 관계에 있는 두 말을 바꾸어 쓰는 비유법을 말한다.

3) 과장(hyperbole) : 지시물을 실제보다 과장하여 표현함으로써 익살스러운 효과를 도모하는 비유법으로 향대 과장과 향소 과장으로 나뉜다.

4) 직유(simile) : 원천어와 비유어를 직접 연결하여 표현하는 방법으로 '-처럼', '-같이' 등을 사용하는 비유법을 말한다.

[3] 사회·심리적 분류

1) 금기어 : 불쾌감, 공포감, 수치심이나 경외감 때문에 직접 가리키는 것이 금지된 대상을 대신 가리키는 말이다.

2) 단축 : 언어 사용에 경제성을 도모하려는 심리에 의해서 단어의 일부분을 생략시켜 전체를 나타내는 말을 가리킨다.

3) 사회가치관 : 어떤 대상이나 사회 현상에 대한 언중의 특정 가치관을 반영하고 있는 말을 가리킨다.

4) 경어(敬語) : 상대에 대하여 공경의 뜻을 나타내기 위해 대신 쓰는 말이다.

이러한 의미변화의 유형 기준은 합성명사의 경우에 특히 자세하게 적용되는 특징을 보이지만 합성동사나 합성형용사의 경우에는 상대적으로 적용이 구체적이지 않다. 이는 한국어 합성어의 경우에나 중국어 합성어의 경우에 모두 동일하다. 이러한 특성은 합성명사의 빈도가 합성동사나 합성형용사보다 훨씬 많은 것에서 비롯된다. 그만큼 합성명사의 경우에 세밀한 기준 적용이 많았던 것을 의미하는 것으로 보인다.

제3장

한국어와 중국어의 내심적 합성어

본 장에서는 2장에서 제시한 이론적 배경을 바탕으로 한·중 합성어 가운데 내심적 합성어를 분석해 보려고 한다. 내심합성어는 형태적 내심합성어와 의미적 내심합성어로 나눌 수 있다. 형태적 내심합성어는 구성 요소 중 하나가 핵어가 되어 그 핵어의 품사자질을 삼투함으로써 전체 합성어의 품사를 결정하는 합성어를 말한다. 의미적 내심합성어는 구성 요소 간의 상호관계에 대한 분석을 통해 전체 합성어의 의미를 추출할 수 있는 합성어를 말한다. 이 책에서 형태적 내심합성어를 논의할 때에는 품사별 합성어의 형태구조를 중심으로 한·중 두 언어의 유형론적 차원에서 분석하여 합성어의 형태적 특징을 살필 것이다. 또한 의미적 내심합성어를 살필 때에는 합성어의 구성 요소 간의 의미관계를 살펴보고자 한다.

1. 형태적 내심합성어

여기서 우선 형태적 내심합성어의 유형을 합성명사, 합성동사, 합성
형용사로 구분하여 살펴볼 것이다. 특히 형태적 합성어의 분석에서는
합성어의 형태적 핵어가 무엇인지를 규명하고 핵어의 품사 범주가 합성어
의 품사로 반영되는 관계를 자질삼투규약을 적용하여 규명해 볼 것이다.

또한, 합성어의 형태구조를 분석할 때, 통사부의 어순에 대한 고려할
필가 있다. 합성어 내부의 어순과 통사부에서의 어순 사이에는 직접적
인 관계가 있기 때문이다. 한국어의 경우 합성어 내부의 어순은 대부분
통사부의 어순인 SOV를 따르고, 중국어에서는 SVO의 어순을 따른다.
두 언어 모두 합성어 내부의 어순이 통사부 내부의 어순을 따르고 있는
것이다. 본 절에서는 합성어의 형태구조를 논의할 때, 필요할 경우 구
성 요소 간에 통사적 관계도 참고할 것이다.

1.1. 합성명사

한 · 중 합성어 모두에서 합성명사는 큰 비중을 차지한다. 김정은(1995)
에서 다룬 합성어에 대한 통계에 따르면 한국어의 경우, 합성명사는 총
1,471개이고 합성동사, 합성형용사, 합성부사는 모두 합해 총 957개이
다. 합성명사가 나머지 다른 품사의 합성어를 모두 합친 것보다 더 많
다. 중국어의 경우도 비슷하다. 杨梅(2006)에서 제시한 중국어 합성어에
대한 통계를 따르면 중국어 합성어 가운데 합성명사는 60% 이상으로
다른 품사의 합성어를 모두 합친 것보다 많다.

한국어의 내심적 합성명사에서 구성 요소 가운데 후행요소는 항상 명

사로서 합성어 전체의 품사범주를 결정한다. 후행명사와 관계를 맺고 있는 선행요소에는 다양한 품사가 나타난다. 이에 반해 중국어 합성명사의 내심적 합성명사는 합성어의 품사범주를 결정하는 요소가 후행요소만으로 한정되지 않는다. 즉, 선행요소가 핵어인 경우도 존재한다. 여기서 한·중 내심 합성명사의 구성 요소의 형태적 특징을 살펴본다.

1.1.1. 공통구조

여기서 논의하는 공통구조의 합성명사는 합성어의 공통구조를 지닌 경우와 이질구조를 지닌 경우로 나누어 구성된 유형을 가리킨다. 한·중 합성명사에 모두 있는 유형으로는 '명사+명사', '동사+명사', '형용사+명사', '부사+명사' 등이 있다. 다음에서 구체적인 분석을 통해 형태적 특징을 살펴보기로 한다.

[1] 명사+명사

'명사+명사'로 형성된 합성명사는 한국어와 중국어뿐만 아니라 영어나 다른 언어에서도 쉽게 볼 수 있는 단어의 구성양식이다. 한국어에는 명사의 종류도 많고 특히 새로운 단어 생성의 필요에 따라 동사에 명사 파생접사를 첨가하여 명사로 바꾸는 경우가 있어 이 유형에 속하는 합성명사가 매우 다양하다. 먼저 명사나 잠재명사가 결합하여 형성된 유형은 다음과 같다.

(1) 일반명사+일반명사 : 가시덤불, 마소, 소나무, 안팎, 까막까치, 이튿날
(2) 잠재명사+일반명사 또는 일반명사+잠재명사 : 갈림길
(3) 잠재명사+잠재명사 : 얼음찜, 오름내림, 배움배움

앞의 (1)은 핵어가 후행요소이고 명사인 이 요소의 품사정보 자질이 합성어에 삼투하여 합성명사를 만들고 있다. 이 유형에 속하는 합성명사들은 대부분 접속관계와 수식관계로 구성되어 있는 특징을 보인다. 먼저 '논밭, 손발' 등처럼, 명사와 명사가 대등하게 결합하여 합성명사를 구성하는 것은 접속의 방식은 합성어를 만드는 가장 손쉬운 방법이다. 이 경우 접속관계로 구성된 합성명사는 두 구성 요소가 모두 형태적 핵어라고 할 수 있지만 한국어가 일반적으로 우핵심규칙을 따르는 것을 고려하면 이 경우도 우핵심규칙이 적용되어 이루어진 합성명사라고 볼 수 있다.1) 한편, 명사가 직접 다른 명사를 꾸미는 수식관계로 구성된 합성어에는 '개미허리, 거미줄, 개구리헤엄' 등이 있다. 이들 가운데 선행요소인 '개미, 거미, 개구리' 등은 후행요소인 '허리, 줄, 헤엄' 등을 꾸미는 역할을 한다.

그러나 (2)과 (3)의 경우는 (1)의 유형과 조금 다른 양상을 보인다. '갈림길'의 경우 선행요소 '갈림'은 동사어간 '갈리-'에 명사파생접미사 'ㅁ'를 첨가되어 형성된 잠재명사이다. 이것이 후행요소 '길'과 수식관계로 결합하여 합성명사를 만들고 있다. 핵어가 후행요소 '길'이고 이것의 명사자질이 상위합성어에 삼투되어 '갈림길' 역시 명사성을 띤다. 이처럼 잠재명사를 선행요소로 가지는 합성어에는 '비빔냉면, 뜀틀, 디딤돌, 꾸밈말' 등이 있다.

(3)과 같은 합성명사를 분석해보면 그 타당성을 분명히 확인할 수 있다. (3)은 잠재명사들로만 구성된 합성명사의 경우이다. 예를 들어 '얼

---

1) 선행요소가 핵어로 기능하여 전체 합성어의 품사를 결정한다고 볼 수도 있으나 그럴 경우 왜 이 경우만 좌핵심규칙이 적용되는지에 대해 설명해야 한다. 따라서 현재의 논의에서는 후행요소의 자질이 삼투되는 것으로 보기로 한다.

음찜'의 경우 '얼음'과 '찜'은 각각 '얼-'과 '찌-'에 파생접사 '-(으)ㅁ'이 결합된 잠재명사로서 이들이 먼저 이루어진 다음 합성의 과정이 적용된다고 보아야 한다. 왜냐하면 어근끼리 결합된 '얼찌-'가 없고 '얼음찌-'도 없으며 이들과 파생접사의 결합형 '얼찜' 등이 존재하지 않는다는 사실은 합성 과정 전에 '얼음'과 '찜'이 먼저 형성되었다고 해야 하기 때문이다.2)

지금까지 논의된 합성명사 유형의 형태구조를 도식화하면 다음과 같다.

〈그림 1〉 '일반명사와 일반명사'와 '잠재명사＋일반명사'의 구조도

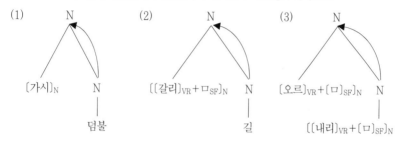

다음 유형은 합성어의 구성 요소로 의존명사나 명사의 속격형, 또는 명사의 특수형이 사용된 합성명사이다.

(4) 명사＋속격＋명사 또는 명사의 속격형＋명사 : 꿩의밥, 시냇물
(5) 의존명사＋의존명사 : 연놈
(6) 의존명사＋일반명사 : 길눈,3) 짝눈, 쪽김치, 치수, 푼돈

---

2) '얼음찜'의 경우 선행요소인 '얼음'이 이미 어휘화되어 사용되고 있으므로 잠재명사가 아니라고 볼 수도 있다. 그러나 '오름내림'의 경우 '오름내리-'가 불가능하다는 사실은 '오름'과 '내림'이 먼저 결합된다는 점을 분명히 알 수 있다.
3) 이 경우는 뜻이 '한 길이 될 만큼 많이 쌓인 눈'이다. '가본 적이 있는 길을 잘 기억하

(7) 대명사의 속격형＋명사/의존명사 : 제힘, 제바람
(8) 일반명사＋의존명사 : 물결, 바람결, 옷가지

(4)의 '꿩의밥' 등과 같은 유형의 합성명사는 통사부에서 도출된 통사적 원리와 규칙의 적용을 받아서 형성된 통사구조가 형태부로 넘어가 합성명사로 재구조화된 것이다. 이때 '꿩의밥'처럼 '명사＋속격'형이 그대로 굳어진 것도 있고 '쇠고기'처럼 기원적 속격형을 보이는 경우도 있다. 그리고 이 유형에 속하는 것으로 특별히 강조할 것은 명사와 명사가 사이시옷으로 결합되어 합성어를 만드는 경우이다. '시냇물' 등의 경우가 그러한데 이런 유형은 속격의 기능을 하는 사이시옷을 첨가함으로써 두 명사를 결합시키고 있다. 이처럼 속격조사 '의'가 사용되거나 명사의 속격형 또는 사이시옷이 사용되어 합성어를 형성하는 방식은 한국어에만 보이는 특수한 유형으로서 중국어에서는 이런 방식의 합성어 형성이 없다. 이는 중국어가 고립어로서 속격조사나 속격형을 가지지 않는데 비하여 한국어에서는 이런 조사나 속격형 또는 사이시옷이 있기 때문이다.4) 물론 이 경우에도 핵어는 후행하는 요소이다. 즉, 각각 '꿩의밥'의 '밥', '쇠고기'의 '고기', '시냇물'의 '물'이 핵어로서 이들이 가진

는 눈썰미'라는 뜻의 '길눈'과는 다른 합성어이다. 후자의 합성어는 '일반명사＋일반명사'로 이루어진 합성명사이다.

4) 다만, '웃음엣소리'나 '귀엣소리' 같은 합성어의 경우는 좀 더 논의가 필요하다. 여기에도 물론 사이시옷이 사용되고는 있지만 그것이 붙는 선행요소가 명사가 아니라 '웃음에' 또는 '귀에'처럼 명사에 처격조사 '에'가 결합한 형태이기 때문이다. 이들에 대하여 김정은(1995)이나 김계곤(1996)에서는 선행 명사에 처소격 조사 '-에'가 붙고 여기에 사이시옷이 결합된 것으로 보았는데 이 책에서도 그런 주장을 따르기로 한다. 즉, 명사＋처격조사라는 통사구조가 먼저 재구조화되어 명사처럼 기능하고 있는 것으로 판단한다.

명사 자질이 삼투되어 합성명사를 만든 것이다.

　(5~8)은 의존명사가 합성어의 구성 요소로 참여하고 있는 경우이다. (5)는 두 구성 요소가 모두 의존명사인 경우('연놈' 등)이고 (6)은 의존명사가 선행요소로 참여하는 경우이다. 그리고 (7)과 (8)은 후행하는 구성 요소가 의존명사인 경우인데 (7)은 선행요소가 대명사의 속격형인 경우('제' 등)이고 (8)은 일반명사인 경우이다. 이들 합성어에서도 핵어는 여전히 후행 요소이다. 이 유형의 핵어 자질삼투는 아래 <그림 2>의 '길눈'에서 제시한 방식과 동일하다.

<그림 2> '명사의 속격형+명사', '의존명사와 의존명사'의 구조도

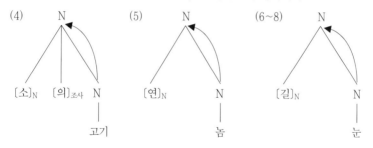

　다음으로 중국어의 합성명사에 대하여 살펴보기로 하자. 중국어는 고립어이기 때문에 이런 특성이 합성어의 형성과정도 영향을 미친다고 지적하고 있다. 그래서 중국어 합성어는 복잡한 형태변화가 없고 각 형태소가 독립적이기 때문에 합성명사를 구성하는 방식이 한국어에 비해 상대적으로 단순하다.5) 이렇게 각각의 구성 요소가 독립적인 단어로 분

---

5) 안상철(1998)에서는 중국어 합성어의 경우 구성 방식이 단순함을 지적하면서 그 이유의 하나로 의존형태소가 사용되지 않는다고 주장하고 있다. 그러나 이는 사실과 다르다. 중국어 합성어에서도 다른 형태소와 결합해야 쓰이는 경우가 존재한다. 예

석될 수 있다는 점에서 중국어를 '분석형 언어(analytic language)'라고
부른다. 다음 논의에서 구체적인 예를 통해 분석해보고자 한다.

한국어와 마찬가지로 중국어 합성명사에서도 '일반명사+일반명사'의
형태를 취하는 것이 가장 일반적인 합성법이다. 이 유형의 합성명사가
가장 많이 발달한 이유는, 명사는 다른 명사와 결합함으로써 별 큰 제
약 없이 쉽게 단어화할 수 있기 때문이다. 이들의 합성방식은 한국어의
경우처럼 우핵심규칙이 적용된다. 〈그림 3〉의 (9~11)의 구조도 참조할
수 있다.

(9) '일반명사+일반명사' : 花草, 人民
(10) '일반명사+일반명사' : 汽车, 皮包, 网球
(11) '수량명사+일반명사' : 百姓, 八方, 百货

중국어 '명사+명사'의 유형도 한국어와 마찬가지로 접속관계와 수식
관계로 구성된 두 가지 유형이 있다. 위 (9)의 예의 '花草'와 '人民' 등은
접속관계로 구성된 유형으로서 두 구성 요소를 모두 핵어로 볼 수 있지
만 두 요소와 합성어의 의미를 고려할 때 후행요소가 더 큰 영향을 주
므로 후행명사를 핵어로 보는 게 더 타당하다고 보인다. 따라서 이것의
자질삼투규약을 적용해서 합성명사를 만들었다고 할 수 있다. 선행요소
로 오는 명사가 직접 후행명사를 수식할 수 있기 때문에 (10)의 '汽车,
皮包, 网球' 등은 선행명사가 후행명사를 수식하는 관계를 구성된 유형
이다. (11) '百姓'도 후행명사의 자질은 삼투하여 합성명사를 형성한다.

를 들어 '植物, 驱逐'은 합성어이지만 '植'과 '物'은 의존형태소이며, '驱', '逐'도 의존형
태소이다. 의존형태소가 사용되는 중국어 합성어 구성 방식에 대해서는 Chao.Y.R
(1968), 朱德熙(1982) 등에서도 확인할 수 있다.

그런데 중국어 합성어에는 다음에서 보이는 것처럼 일반적인 합성어 결합방식과 다른 유형이 존재한다. 즉, 이 두 가지 유형은 모두 형태적으로 좌핵심규칙의 적용을 받는 합성명사이다. (12)는 의미탈락으로 형성된 '명사+명사'유형이고 (13)은 '명사+단위명사'의 유형이다.

(12) '명사+명사' : 窗户, 国家, 妻子
(13) '명사+단위명사' : 船只, 花朵, 尺寸, 行列, 纸张

앞에서 논의했듯이, 형태적 핵어를 판정할 때, 합성어의 구성 요소간의 통사관계와 의미관계를 참고로 하여야 한다. (12) 중에 '窗户'는 후행요소의 의미가 탈락하거나 쇠약해져 형태와 의미의 기능이 거의 없으므로 핵어가 선행요소가 되는 '좌핵심'인 구조이다. 이 유형들이 후행요소가 명사로 나오지만 실질적인 의미가 없으므로 이들은 합성어에 실질적인 기능을 하지 못하는 것으로 생각된다. 당연히 형태적 핵어의 기능도 할 수 없는 것이다.

(13)의 '일반명사+단위명사'의 유형에서도 핵어는 선행요소이다. 후행요소는 선행요소를 가리킬 때 쓰는 단위를 나타내는 명사로서 합성어의 의미와 실질적인 관계가 없다. 예를 들어, '船只'는 '선박(들)' 정도에 해당되는 것인데 후행요소인 '只'는 단지 선행요소인 '船'을 셀 때 사용되는 단위일 뿐이다. 따라서 후행요소로서 단위명사인 '只'가 선행명사 '船'을 수식하는 기능을 하기 때문에 선행요소가 핵어가 되는 '좌핵심' 구조를 보인다고 판단할 수 있다. 이를 다음 〈그림 3〉의 (12), (13)의 구조도로 확인할 수 있다.

〈그림 3〉 중국어 '명사+명사'형의 구조도

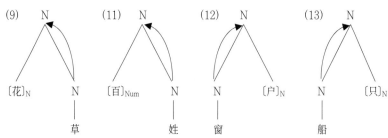

[2] 동사+명사

한·중 합성명사에는 '동사+명사'로 형성된 구조도 있다. 한국어는 목
적어가 선행하는 언어이므로 명사가 후행하는 경우는 선행동사를 수식
받는 유형이다. 이 유형의 합성명사는 다시 '동사(관형형)+명사'와 '동사
어간+명사6)'의 두 가지로 나누어진다. 한국어에서 동사가 명사를 수식
하기 위해서는 동사 어간에 관형사형 어미 '-ㄴ, -는, -ㄹ' 등이 와야 한
다. 이 형태가 합성어로 굳어지면 통사적 합성법의 '동사+명사'구조를
가진 합성어가 되고, 관형사형 어미들은 그 자신의 문법적 기능이나 의
미를 그대로 반영하면서 합성어를 형성한다.

이에 비해 중국어는 합성어의 구성 요소 간에 형태변화가 없기 때문
에 '동사+명사'로 형성된 합성명사의 경우에도 구성 요소 간의 통사관
계가 다를 수 있다. 일반적으로 중국어에서 '동사+명사'의 구성을 보일
경우에는 '서술어-목적어'의 통사 관계를 나타내기 때문에 이들이 합성
어를 형성하면 합성동사가 되는 것이 일반적이다.7) 그러나 '동사+명사'

---

6) 한국에 통사관계에 맞게 형성된 합성어는 통사적 합성어라고 하고 '동사어간+명사',
   '형용사어간+명사'로 형성된 유형은 한국어의 통사구조에 맞지 않은 비통사적 합성
   어라고 부르기도 한다.

의 구성이 합성명사가 될 때는 형태적 내심합성어가 되고 이때 선행동
사는 후행명사를 수식하는 관계를 나타낸다. 이런 합성명사는 후행명사
가 핵어이고 따라서 명사의 자질이 합성어에 삼투하여 합성어의 품사를
결정하게 된다.

(14) ㄱ. 뜬눈, 볼일, 날숨, 빨판
　　　ㄴ. 감발, 접칼, 덮밥
　　　ㄷ. 跑车, 流水

(14ㄱ)의 '날숨, 볼일' 등은 동사의 관형형과 명사로 형성된 합성명사
이다. 즉, 선행요소는 동사의 관형형이나 연결어미, 종결어미와 결합하
여 뒤에 핵어인 명사를 수식하는 관계를 이루고 후행명사의 자질은 합
성어에 삼투하여 합성명사를 결정한다. (14ㄴ)의 '감발, 접칼' 등은 동
사어간과 명사가 결합하여 비통사적 합성어가 되는 경우인데 형태적 핵
어는 역시 후행명사이다. (14ㄷ)의 '跑车' 등은 수식관계로 형성된 유형
이고 후행명사의 자질은 합성어에 삼투한다. 이 유형의 합성명사가 나
타내는 형태 구조도는 〈그림 4〉처럼 나타낼 수 있다.

---

7) 중국어는 합성어간에 구성 요소의 형태변화가 없으므로 같은 통사구조도 품사 전성
　하는 경우가 많다. 술목관계로 구성한 '동사＋명사' 주로 동사를 형성하지만 합성명사
　와 합성형용사의 경우도 있다. 구체적인 논의는 4장의 형태적 외심합성어 부분에서
　다루기로 한다.

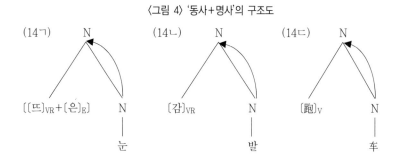

〈그림 4〉 '동사+명사'의 구조도

[3] 형용사+명사

한국어 '형용사+명사'구조로 합성어가 구성되는 경우도 '동사+명사' 의 경우와 마찬가지로 두 가지로 나눌 수 있다. '형용사의 관형형+명사' 구성은 한국어의 일반적인 통사구조에 맞지만 '형용사어간+명사'구성은 한국어 일반적인 통사구조에 어긋나는 비통사적 합성명사이다. 통사적 구에서와 달리 합성어에서는 형용사 '-는, ㄹ'과 같은 관형형 어미는 취하지 못하고 언제나 '-(으)ㄴ'만 취하여 활용된다. 이 때 '-(으)나'는 이미 형용사의 본질적 속성이 완료된 상태를 명사와 결합시켜 주는 기능만 할 뿐이다. 이때 선행요소인 형용사가 후행하는 명사를 수식하는 관계를 만들게 되기 때문에 자연적으로 이런 합성어에서는 형태적 핵어가 후행요소이고 그 요소가 지닌 명사의 자질이 상위 합성어에 삼투된다.

중국어에서도 이 유형은 한국어와 비슷하게 선행하는 형용사가 후행하는 명사를 수식하는 관계를 형성하는 것이 대부분이고 이때 후행 명사가 핵어로서 상위 합성어의 품사자질을 결정한다.8)

---

8) 물론 중국어에서 '형용사+명사'가 수식관계가 아니라 술목관계를 보이는 경우도 있는데(满意, 惊人 등) 이 경우는 이질적 구조를 지니는 경우에 해당된다. 이에 대하여는 제3장 1.3. 합성형용사 부분에서 자세히 다루기로 한다.

(15) ㄱ. 싼값, 짠물, 큰딸, 큰소리
　　ㄴ. 둥글붓, 늦봄, 늦더위
　　ㄷ. 黑板, 長笛, 繁星

(15ㄱ)에서 '싼값' 등은 후행요소가 형태적 핵어이기 때문에 이 명사의 자질이 합성어에 삼투하여 합성명사의 품사를 결정한다. (15ㄴ)의 유형은 비통사적인 합성을 보이는 것들인데 '동글붓'처럼, 형용사 어간이 직접 후행명사를 수식하는 것이다. 그러나 여전히 후행요소가 핵어이고 이것의 품사정보가 전체 합성어로 삼투하여 합성명사를 만든다. (15ㄷ)은 중국어의 경우인데 '黑板'은 칠판의 뜻으로서 선행요소인 '黑'이 후행요소 '板'의 성질을 나타내어 결국 '흑색으로 만든 교육용 칠판'이라는 수식 관계를 이룬다. 따라서 핵어는 후행요소인 일반명사이고, 이것의 자질이 삼투되어 합성명사를 만든다. 이를 아래 〈그림 5〉처럼 나타낼 수 있다.

〈그림 5〉 '형용사+명사'의 구조도

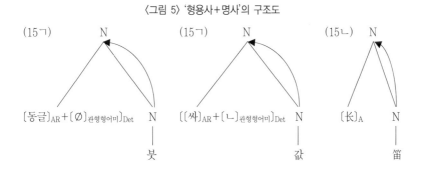

[4] 부사+명사

'부사+명사'의 구성을 보이는 합성어 유형도 한국어와 중국어 모두에서 존재하는데, 문장의 통사관계를 따져볼 때 부사가 명사를 수식하지 못하는 것이 일반적임을 고려하면 이런 유형의 합성명사는 매우 특수한 경우에 해당된다. 실제로 한국어와 중국어 모두에서 이런 구성을 보이는 합성어 유형의 예는 상대적으로 적다.

이 유형에 속하는 한국어 합성어는 크게 '일반부사+명사'로 이루어진 것과 '상징부사+명사'로 이루어진 것 두 가지가 있다. 중국어에는 일반적으로 상징부사를 따로 설정하지 않고 모두 '부사+명사'의 유형으로 구분한다.

> (16) ㄱ. 지레김치, 막일, 살짝곰보, 척척박사
> ㄴ. 悄悄话, 不轨

'일반부사+명사'의 구성방식은 '일반부사'와 수식하는 '명사' 사이에 직접 수식하는 관계가 아니고 심층의 요소를 보충하여 간접적으로 수식관계를 형성한다. 예를 들어, (16ㄱ) 중에, '지레김치'는 '김장 전에 조금 담그는 김치'로 해석하여 선행부사 '지레'가 후행명사를 간접적으로 수식하는 관계를 이룬다. 이석주(1988)에서도 '부사+명사'로 결합된 합성명사에 대해 논의하고 있는데, 이때 합성되는 과정에서 두 성분을 관형적으로 연결하는 의미가 부사적인 선행요소에 내재된 것이라고 볼 수 있기 때문이다. 한국어는 의성·의태어가 풍부한 언어로 '의성·의태어+명사'로 형성된 합성명사가 많은 것도 이런 특성을 보여준다.

중국어의 경우는 (16ㄴ) '부사+명사'로 형성된 합성명사는 대표적으로 '悄悄话'로 들 수 있는데, 이는 '살며시 또는 조용히(悄悄) 하는 말'의 통사구조로 환원할 수 있다. 따라서 선행 요소가 후행 요소를 수식하는

관계가 된다. 그런데 중국어에도 부사는 주로 동사와 형용사를 수식할 뿐 명사를 수식하는 예는 많지 않다. 따라서 이런 구성 방식은 중국어의 통사구조에 맞지 않아 해당 예가 그리 많지 않다.

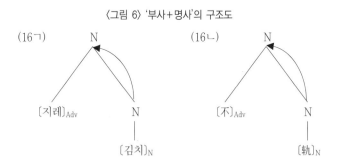

〈그림 6〉 '부사+명사'의 구조도

1.1.2. 이질구조

한국어와 중국어의 합성명사의 구성 방식 가운데는 서로 다른 모습을 보이는 경우도 존재한다. 비록 공통적인 구성 방식에 비해 이런 이질성을 보이는 합성명사의 구성 방식이 상대적으로 적지만 그러한 이질성은 본질적으로 두 언어의 유형적 차이에서 비롯되는 것이기 때문에 대조할 때 주목해야 한다. 특히 후행요소가 항상 명사인 한국어 합성명사의 경우와 달리 중국어 합성명사에는 핵어인 명사가 선행요소로 출현하는 경우가 있다는 점에서 그러하다. 이런 점에 주목하여 두 언어의 합성명사 구성에서 보이는 차이를 살펴보자.

먼저, 한국어의 합성명사에만 있는 유형을 살펴보면 크게 두 가지로 나눌 수 있다. '관형사+명사'의 구성을 보이는 경우와 '불규칙어근+명사'의 구성을 보이는 경우가 그것이다. 다음을 보자.

(17) ㄱ. 관형사+명사 : 첫차, 새사람, 온밤

　　ㄴ. 불규칙어근+명사 : 보슬비, 뾰족구두, 알뜰주부, 산들바람

(17ㄱ)은 선행명사가 관형사인 경우인데 핵어가 후행명사인 '사람'이다. 이는 합성어 '새사람'이 합성명사인 것을 보면 알 수 있다. 이런 경우는 중국어에서 찾아볼 수 없다. 관형사는 한국어에만 존재하는 품사로서 중국어에서는 관형사가 없기 때문에 이에 해당하는 합성명사 유형을 찾을 수 없다.9)

(17ㄴ)은 선행요소가 불규칙어근으로서 후행하는 핵어 명사를 수식하는 경우이다. '보슬보슬하다'의 불규칙어근 '보슬'과 핵어 명사인 '비'가 결합하여 합성어를 만들고 있다.10) 이러한 불규칙어근과 명사의 결합 방식은 한국어에서 일반적으로 볼 수 없는 비통사적 구성이다. 이들의 형태 구조도를 보이면 다음과 같다.

〈그림 7〉 한국어에만 있는 합성명사 구조도

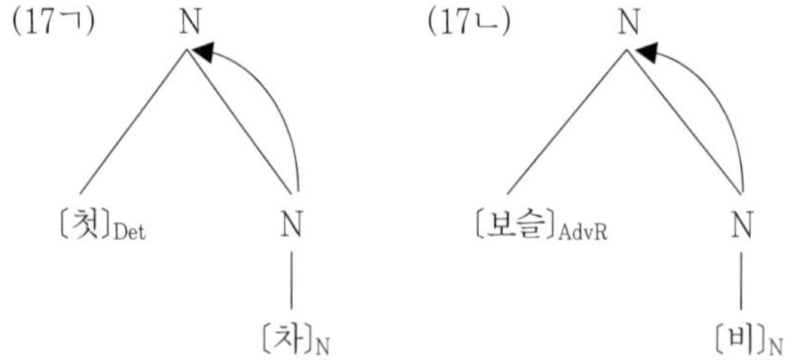

---

9) 이 경우 중국어에서 비슷한 합성명사로서 '新人'을 들 수 있다. 그러나 여기서 선행 요소 '新'은 관형사가 아니라 형용사이다. 따라서 '新人'에 대응되는 한국어표현은 '새로운 사람' 정도의 구성이 될 것이다.

10) 엄밀히 말하여 '보슬보슬하다'의 어근은 '보슬보슬'이다. 그러나 이 역시 '보슬'의 반복이라는 점에서 기본적으로 '보슬'을 불규칙어근으로 보는 데 문제가 없다. '산들바람'의 '산들'도 마찬가지이다.

1.1.3. 형태적 내심합성명사 분석

한국어와 중국어의 합성명사가 보이는 구조적 특성 가운데는 공통적인 것도 있었고 이질적인 것도 있었다. 공통적인 경우는 위에서 언급한 심층의 통사 관계 특히, 접속관계와 수식관계를 보이는 경우가 많았다. 그러나 이질적인 경우도 있는데 이는 특히 두 언어 간에 보이는 유형론적 차이에서 비롯되는 것으로 파악되었다.

그러한 차이를 분명하게 밝히기 위해서는 먼저 두 언어의 어휘범주, 즉 품사의 분류 방식에 대한 이해가 명확해야 할 필요가 있다. 품사분류가 다르다는 것은 두 언어의 어휘 분석의 방식이 다르다는 것을 의미하기 때문이다. 나아가 두 언어의 품사 분류가 다르다는 것은 두 언어의 어휘적 특성이 본질적으로 다르다는 것을 말해준다. 따라서 앞에서 살핀 합성명사의 구조 분석에서 보인 이질성은 이런 품사 체계 비교를 바탕으로 더욱 잘 이해될 수 있다.[11] 이에 이 책은 한국어 학교문법 9품사 체계와 중국어의 『实用现代汉语法』에서 제시된 12품사를 먼저 비교하기로 한다.[12]

〈표 2〉 한국어 학교 문법의 9품사 체계

불변어							가변어		
체언			수식언		독립언	관계언	용언		관계언
명사	대명사	수사	관형사	부사	감탄사	조사	동사	형용사	조사(이다)

---

11) 이런 품사체계에 대한 이해는 이곳 합성명사의 구조 분석뿐만이 아니라 다른 합성어의 분석에서도 마찬가지로 적용되어야 한다. 편의상 이곳에서만 다루기로 한다.

12) 두 나라의 문법 체계에서 품사 분류는 두 나라 모두 학자들마다 다양한 품사 체계를 적용하는 경향이 있을 정도로 복잡하다. 따라서 이 책에서는 일반적인 경향을 알아보기 위해 두 나라의 학교 문법에서 채택하고 있는 품사체계를 비교한다.

〈표 3〉 중국어 학교 문법의 12품사 체계

실사(实词)								허사(虚词)			
핵심언(核心词)					수식언(修饰词)			개사 介词	접속사 连词	조사 助词	감탄사 叹词
용언		체언			부사 副词	수사 数词	의성사 拟声词				
동사 动词	형용사 形容词	명사 名词	대명사 代词	양사 量词							

위 〈표 2〉와 〈표 3〉에 제시된 한국과 중국의 학교문법의 품사 체계를 대조해 보면, 한국어의 경우에는 크게 형태가 바뀌지 않는 품사(불변어)와 형태가 바뀌는 품사(가변어)로 나눌 수 있고 모두 9개 품사로 구분한다.13) 이에 비하여 중국어의 품사 체계는 12개로 구분하는 것이 보통이다. 크게 어휘적인 의미를 나타내는 어휘(실사)와 문법적인 의미를 나타내는 어휘(허사)로 나눌 수 있는데 이 가운데 합성어를 만드는 데 사용되는 것은 실사이다. 그러나 각각의 품사들이 보이는 특성은 두 언어의 특성이 다른 만큼 동일하지 않다. 이러한 특성이 한·중 합성어의 구조 형성에 영향을 주는 것으로 보인다. 예를 들어, 중국어에서는 관형사가 품사로 쓰이지 않으므로 '관형사+명사'로 형성된 합성명사가 없다. 반대로 '의성어/의태어' 혹은 불규칙 어근과 후행명사를 결합해서 합성명사를 구성하는 유형은 한국어에 많은데 중국어에서는 같은 유형의 합성어를 찾을 수 없다. 예를 들어, '까막눈, 삽살개, 움펑눈' 등은 의성·의태어를 구성 요소로 활용하여 만든 한국어의 합성명사인데 이런 유형의 중국어 합성어는 보이지 않는다.

---

13) 조사의 경우 불변어인 경우와 가변어인 경우가 모두 있는데, 조사 가운데 서술격조사 '이다'는 '이고, 이니, 이어서, 이다, 이냐' 등 형태가 다양하게 변하여 쓰이기 때문에 가변어로 보지만 나머지 조사는 언제나 형태가 고정되어 있다. 이에 대하여는 고영근·구본관(2008) 제4장 참조.

한국어와 중국어의 합성명사 구조에는 위와 같은 이질적 구조도 있으나 그보다는 오히려 두 언어 모두에 공통적인 경우가 훨씬 많다. 예를 들어, 한·중 합성명사들은 모두 '명사+명사'로 구성된 유형이 가장 큰 비중을 차지한다는 점도 그렇다. 그런 특성을 보이는 이유는 김광해 (1988)에서 잘 밝히고 있는데 여기에는 '명사+명사'의 구조로 이루어지는 합성어가 합성의 과정에서 특별한 제약이 필요없는 가장 기본적인 형성 방식임을 밝히고 있다. 이러한 설명은 이 유형의 합성명사가 한국어와 중국어뿐만 아니라 영어나 다른 언어에서도 가장 쉽게 발견된다는 점에서 타당하다고 생각된다. 다만, 한국어 합성명사의 경우, 세부 유형에서 다양한 결합 방식을 택하고 있고 특히 새 단어의 생성 과정에서 이른바 잠재명사('갈림길'의 '갈림' 등)를 활용하고 있는 등 중국어와 차이를 보이는 점은 지적될 필요가 있다.14)

또, '동사+명사' 유형과 '형용사+명사' 유형도 두 언어에 모두 존재하는 공통적 구조이다. 그러나 이 역시 세부적인 구성 방식에 있어서는 약간 다른 점이 있었다. 그리고 그것은 한국어의 교착어적 특징과 중국어 고립어적 특징 때문이었음을 확인할 수 있다. 한국어의 경우는 굴절 범주에 의해 통사범주 기능이 변하여 결합되는 경우가 많은데 특히, '동사+명사'와 '형용사+명사'의 유형은 선행요소를 동사의 관형형이나 연결형, 종결형으로 바꿔서 핵어인 후행요소를 수식하게 된다. 이때 선행요소는 후행요소와의 의미관계에 따라서 종결형, 관형형, 연결형을 택해서 쓴다.

예를 들어, '동사+명사'나 '형용사+명사'의 경우 두 요소 사이에 '르,

---

14) '갈림길' 등의 구조 분석에 대하여는 제3장 1.1. 부분을 참조하기 바란다.

ㄴ, 는/은' 같은 관형형 어미가 첨가될 수 있는데 이런 경우 선행요소와 후행 요소는 수식관계를 나타내는 경우가 많다. 이처럼 동사와 명사가 결합하여 합성어를 형성할 때, 한국어는 어휘 구성의 측면에서 중국어에 비하여 매우 개방적이며, 형태적 결합과 통사적 결합이 서로 교섭함으로써 어휘 형성의 폭이 넓은 것으로 보인다. 특히, '접칼', '늦잠'처럼 동사나 형용사의 어간형과 명사가 직접 결합하여 형성된 합성어의 경우처럼 공시적으로 해결할 수 없는 구성이 많은 것도 한국어 합성명사의 특징이다.

그리고 '부사+명사'의 구조로 이루어진 합성명사의 경우도 두 언어에 모두 보이지만 그 내용은 조금 차이를 보인다. 주로 한국어에서 이런 유형의 합성명사가 많다. 이는 한국어에서 '의성·의태어+명사'로 형성된 합성명사가 존재하는 것과 관련된다. 한국어에서는 의성·의태어가 구성요소로 참여하는 합성어 형성이 자연스럽지만 중국어에서는 의태어는 없고 의성어만 있으나 이 역시 독립적인 하나의 품사, 즉 부사로 쓰여 이것이 명사를 꾸미기 쉽지 않기 때문에 이런 구조로 형성된 유형이 적기 때문이다.

다만, 합성명사의 구조 분석과 관련하여 한국어 합성명사는 대부분 형태적 핵어가 후행요소이지만 중국어 합성명사에서는 선행요소와 후행요소가 모두 핵어가 될 수 있다는 차이가 있음을 지적할 필요가 있다. 중국어는 형태변화가 없기 때문에 합성명사를 형성하는 요소가 복잡하고 핵어의 위치도 정해져 있지 않다. 대부분의 경우 후행요소가 핵어가 되는 것이 일반적이지만 합성명사를 형성하는 경우 '명사+명사/단위명사'의 구조를 보이는 경우(窗戶, 船只 등)는 선행요소를 핵어로 가진다.

이제 한국어와 중국어의 형태적 내심합성명사의 구조를 대조하여 표로 정리하면 다음 〈표 4〉와 같다.

〈표 4〉 한·중 형태적 내심합성명사의 구조 대조표

형태구조		한국어		중국어	
		특성	예	특성	예
합성명사	명사+명사	○	나무집, 안팎, 살코기	○	花草, 天地, 骨肉
		×		○	窗户(좌핵어)
		×		○	船只, 车辆(좌핵어)
	동사+명사	○	꺾쇠, 고린내, 뜬눈	○	围脖儿, 化石, 司机
	형용사+명사	○	큰소리, 잔꾀, 검버섯	○	繁星, 便民, 平价
	부사+명사	○	나란히꼴, 부슬비	○	悄悄话, 不轨
	관형사+명사	○	첫차, 새해, 본뜻	×	
	불규칙어근+명사	○	까막눈, 삽살개, 움펑눈	×	

1.2. 합성동사

기존의 합성동사에 대한 연구는 주로 통사적 합성동사와 비통사적 합성동사로 양분해서 진행되었다. 그러나 이 책에서는 한·중 합성동사를 대조하여 연구하기 위해 형태적 층위의 구성 성분에 대한 기존을 적용하기로 한다. 합성동사의 통사적, 비통사적 합성 방식에 따른 분류는 이 책에서 다루려는 한국어와 중국어의 합성동사를 모두 포괄하기에는 어려움이 있다. 뿐만 아니라 내심구조와 외심구조의 분석을 우선적으로 적용하는 이 책의 작업은 통사/비통사적 관계로만 파악될 수 없으며 다른 형태적, 의미적 기준이 함께 적용되어야 하기 때문이다. 따라서 이 책에서는 구성 요소의 형태론적 정보, 즉 구성 요소의 형태적 특성에 따라 한국어의 합성동사와 중국어 합성동사의 특성을 살펴보도록 한다.

한국어와 중국어의 합성동사를 분석하는 데 있어 먼저 지적할 것은 합성동사의 경우에도 합성명사의 경우처럼 한국어는 우핵심 언어의 특징이 뚜렷하게 반영되어 있는 반면 중국어는 우핵심 언어이지만 좌핵심 언어의 경우도 나타난다. 즉, 한국어의 합성동사에서는 후행요소가 모두 동사로 나오며 이 동사의 자질이 합성어에 삼투하여 합성동사의 품사를 결정한다. 그러므로 형태적 외심합성동사도 없다. 이와 달리, 중국어 합성동사에서는 핵어가 후행요소로만 나타나지 않고 선행요소인 경우도 있고, 핵어의 자질이 동사가 아닌 경우, 즉 형태적 외심합성동사도 보인다.

먼저 형태적 내심합성동사의 구성양상을, 형태적 공통성과 이질성을 중심으로 분석한 후 한국어와 중국어의 합성동사가 지니는 형태적 특징을 종합하기로 한다.

1.2.1. 공통구조

우선, 한·중 합성동사에 모두 있는 유형은 '동사+동사'형, '형용사+동사'형, '명사+동사'형, '부사+동사'형의 네 가지가 있다. 구체적인 예의 분석을 통해 그들의 형태적 특징을 살펴보고자 한다.

[1] 동사+동사

한국어에서 '동사+동사'로 이루어진 합성동사의 유형은 공시적인 한국어의 통사구조에 어긋난다. 일반적으로 공시적인 통사구성에 사용되는 연결어미 '-고'와 '-아/어'가 생략된 채 형태적으로 동사 어간끼리 결합한 것이다. 이들 합성동사들은 선행요소와 후행요소 사이에서 연결어미 '-고'나 '-아/어'가 생략된 것으로 볼 수 있는데 '-고'가 생략된 경우는 선행동사와 후행동사가 시간의 선후 관계로 결합한 경우라고 할 수 있다. 그리고 연결어미 '-어'가 생략된 경우는 선행요소와 후행요소의 의미관계가 주로 종속관계로 형성된 유형이다. 그런데 이렇게 연결어미가 생략되면서 두 동사가 결합할 때, 음운탈락 현상이 적용되는 것이 일반적이다. 다음 예를 통해 분석해보자.

> (18) ㄱ. 듣보다, 싸매다, 어녹다, 붙잡다, 보살피다
> ㄴ. 꿰매다, 따먹다, 뛰놀다, 매달다, 무뜯다, 까놓다

(18ㄱ)의 유형은 '-고'를 생략한 유형으로 볼 수 있다. '-고'의 문법기능은 주로 접속관계의 통사구를 형성하기 때문에 합성어의 형성에도 같은 문법기능을 하므로 '듣보다'같은 합성동사도 기원적으로는 '듣고 보다'라는 통사구에서 굳어진 것으로 볼 수 있다. 이런 합성동사는 접속의 방식으로 구성된 것이기 때문에 두 구성 요소가 모두 형태적 핵어라고 할 수 있다. 다만, '명사+명사'로 이루어진 합성명사의 핵어를 후행요소로 결정했던 것처럼 이 경우도 한국어가 보이는 일반적인 우핵심규칙이 적용된다고 보아 후행요소를 핵어로 상정할 수 있다.

이에 비하여 (18ㄴ)의 경우는 '-어'가 생략된 경우로 구성 요소 간의 결합이 종속적인 접속을 보인다. 예를 들어 '꿰매다'는 '꿰다'가 '매다'의 한 방식을 설명하고 있다. 이것이 종속적인 것은 요소를 바꾸어 보면 의미가 완전히 달라지는 데서 확인할 수 있다. 즉, '매꿰다'가 될 수는 없다.[15] 이때 형태적 핵어는 후행동사라고 할 수 있고 이것의 품사 자질이 합성어에 삼투하여 합성동사를 만들었다고 보인다.

---

15) 이 경우 '듣보다'가 '보듣다'로 바꾸어도 의미가 달라지지 않는 점과 차이가 난다.

한편, 중국어의 경우에도 '동사+동사'로 이루어진 합성동사는 합성동사 가운데 가장 많다. 이 유형의 합성동사가 보이는 구성 요소 간의 관계는 접속관계와 수식관계로 나누어질 수 있는데 한국어의 경우와 달리 형태적 핵어의 위치가 정해져 있지 않다는 점이 차이를 보인다. 다음 예를 보자.

　　(19) ㄱ. 研究, 帮助, 传播, 改革, 捕食, 提审
　　　　 ㄱ'. 忘记, 睡觉
　　　　 ㄴ. 回顾, 代理, 哀悼, 扼杀, 猎取, 凝视
　　　　 ㄴ'. 推翻, 推动, 揭露 ; 防腐, 行乞

(19)의 'ㄱ'과 'ㄱ''는 동사인 두 구성 요소가 접속관계를 보이는 경우로 같지만 (19ㄱ)은 후행요소가 핵어인 경우이고 (19ㄱ')은 선행요소가 핵어인 경우이다. 예를 들어 '研究'는 '研'과 '究'가 모두 동사로서 두 요소 모두 핵어로 기능할 수 있다. 그러나 이 경우도 후행 요소의 의미가 합성어의 의미와 더욱 밀접하다고 생각된다. 따라서 후행동사의 자질이 합성어에 삼투하여 합성동사의 품사를 결정한 것으로 이해된다. 그런데 (19ㄱ')는 선행동사가 핵어인 모습을 보여주는 합성동사이다. 예를 들어 '忘记'는 합성명사 '窗户'와 마찬가지로 편의복사(偏义复词)[16]이고 따라서 선행요소가 핵어로 기능하며 합성어의 품사정보도 결정한다. 즉, 좌핵심 구조를 보인다.

(19)의 'ㄴ'과 'ㄴ''는 모두 수식관계를 보이는 경우인데 (19ㄴ)의 '回顾'는 '돌이켜 보다'의 뜻이므로 선행동사 '回'는 후행동사 '顾'와 수식관

---

16) 이런 유형의 합성동사들은 중국어 학교문법에서 '편의복사(偏意复词)'라고 부른다. 구성 요소 가운데 어느 한쪽으로 가치가 치중되는 복합어라는 뜻이다. 비록 후행요소가 탈락되어 있지만 이 책의 (21ㄱ)의 경우 역시 이 편의복사에 해당된다.

계로 이루어진 유형이다. 따라서 후행요소의 동사자질이 합성어에 삼투
하여 합성어의 동사성질을 결정하는 것이다. (19ㄴ')의 '推翻'의 경우는
(19ㄴ)과 비슷하게 수식 관계로 구성된 것이긴 하지만 후행동사가 부사
어로서 선행동사를 역(逆)수식하는 모습을 보여준다. 따라서 이 경우는
선행동사를 형태적 핵어로 볼 수 있고 합성어의 품사 역시 이 핵어의
동자자질을 삼투한 것으로 볼 수 있다. 그리고 '防腐'와 같은 합성동사
의 후행하는 동사가 선행동사의 목적어 기능을 하여 구성된 특수한 '술
목관계'의 유형이다. 중국어는 형태변화가 없는 언어이므로 동사, 형용
사가 아무 형태변화 없이 목적어 기능을 할 수 있기 때문이다.

'동사+동사'의 구성 방식을 보이는 합성동사의 형태적 구조도는 다음
〈그림 9〉처럼 나타낼 수 있다.

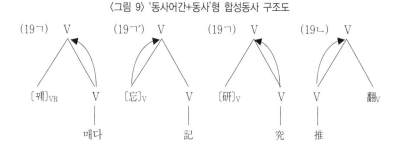

〈그림 9〉 '동사어간+동사'형 합성동사 구조도

[2] 형용사+동사

'형용사+동사'로 구성된 한·중 합성동사는 구성 요소들이 모두 수식
관계를 보인다는 특징이 있다. 즉, 선행하는 형용사가 후행동사에 대하
여 부사어와 같은 기능을 수행하면서 후행동사를 꾸미는 것이다. 따라
서 이때는 꾸밈을 받는 후행 동사가 형태적 핵어로 기능한다.17) 다음의

예를 보자.

(20) ㄱ. 무르익다, 같지다, 설익다
     ㄴ. 哀求, 殘留, 滿載

(20ㄱ)의 한국어 합성동사는 '무르익다'는 '과일이나 곡식 따위가 충분히 익다'의 뜻으로 해석하여 '무르게 익다'의 통사구에서 굳어져 단어가 되는 것이고 연결어미 '-게'가 생략된 형태로서 형용사 어간이 부사어 기능을 한다. 그러므로 이 유형의 합성동사의 선행형용사어간은 부사어기능을 하며 후행동사를 꾸미는 것도 이해할 수 있다.

(20ㄴ) 중국어 합성동사 '哀求'은 '애걸하다'의 뜻으로 해석하여 선행형용사가 후행동사의 부사어기능을 하며 후행동사와 수식관계를 형성하여 후행동사가 핵어이고 동사의 자질은 합성어를 삼투하여 합성동사의 품사범주를 결정한다. 이 유형의 합성동사의 삼투과정은 다음의 구조도를 통해 잘 알 수 있다.

<그림 10> '형용사+동사'형 내심합성동사 구조도

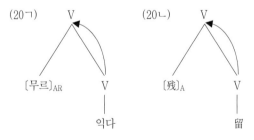

---

17) 중국어 '형용사+동사'로 형성된 합성어는 합성동사와 합성형용사의 두 가지 품사범주를 가진다. 여기서 합성동사를 형성하는 경우만 논의한다. 합성형용사가 되는 경우는 아래 1.3.2. 해당부분에서 다룬다.

[3] 명사+동사

한국어 중에 '명사+동사'의 유형은 주로 '주술관계', '목술관계'와 '부사어+서술어'의 통사구로 환원할 수 있는 유형이다. '명사+동사'형 합성동사는 선행요소인 명사에 동사가 결합되어 흔히 이 유형의 합성동사는 격조사 생략으로 이루어진다고 볼 수 있다.

최규일(1989)에는 합성어의 형성에 통사적 기저문장이 존재한다고 가정하여 합성어의 형성은 '개념구조→문장형식→연어→합성어'의 과정을 제시하고 있다. 이 주장에 따르면 합성어의 형성은 여러 통사구조가 어휘화하는 과정을 겪는 것이며 이 과정에서 통사관계 표지인 격조사의 탈락이 일어나고 구성 요소들이 밀착하여 새로운 형태구조가 되는 것으로 볼 수 있다. 그리고 김주미(1988)에서도 한국어에서 격조사의 생략이나 탈락은 흔한 현상이며, 격조사가 없다고 해서 통사관계가 파괴된 것은 아니라고 주장했다.

중국어에도 '명사+동사'로 이루어진 합성동사가 있는데 주로 '주술관계'와 '부사어+서술어'관계로 이루어진 유형이다. 중국어는 'SVO'어순이기 때문에 '명사+동사'로 형성된 '목술관계'의 유형이 없다. 이 유형들의 형태적 핵어는 모두 후행동사에 있고 동사의 자질이 합성어에 삼투하여 합성동사의 품사를 결정한다.

(21) ㄱ. 겁나다, 풍년들다
ㄴ. 꼴보다, 손떼다, 욕먹다
ㄷ. 끝닿다, 앞두다
ㄹ. 心疼, 内疚
ㅁ. 粉刷, 瓜分, 蜂拥, 海运

앞의 (21ㄱ)은 심층 단계 구조에서 구성 요소 사이에 주격조사를 삽입시킬 수 있는 경우로서 후행요소가 형태적 핵어가 되어 동사의 자질이 합성어에 삼투된다. (21ㄴ)의 '꼴보다'와 같은 경우는 심층 단계에서 구성 요소 사이에 목적격조사를 삽입할 수 있는 경우로서 역시 형태적 핵어는 후행동사가 되어 이것의 자질이 합성어에 삼투된다. 그리고 (21ㄷ)은 부사격 조사가 구성 요소 사이에 놓일 수 있는 경우인데 예를 들어 '끝닿다'는 '끝에 닿다' 정도의 심층 구조에서 조사가 탈락되며 굳어진 것이다. 핵어는 역시 후행동사이고 이 동사자질이 전체 합성어에 삼투하여 합성어의 품사를 결정한다.

(21ㄹ)와 (21ㅁ)는 중국어 합성동사의 경우인데 각각 주술관계와 '부사어+서술어'의 관계로 구성된 것들이다. (21ㄹ)의 '心疼'의 구성 요소는 '心(마음)이 疼(아프다)'로 해석될 수 있으므로 주술관계로 환원할 수 있는 합성동사이고 (21ㅁ)의 '粉刷'는 '粉(분)으로 刷(칠하다)'로 해석되므로 선행명사가 후행동사를 수식하는 부사어기능을 한다. 즉, '부사어+서술어'의 수식관계를 보인다. 이 경우는 형태적 핵어가 후행동사이므로 동사의 자질이 합성어에 삼투하여 합성동사를 만든다. '명사+동사'로 형성된 합성동사의 삼투과정은 다음 구조도를 통해 알 수 있다.

〈그림 11〉 '명사+동사'형 합성동사 구조도

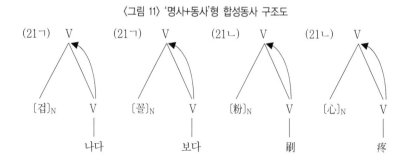

[4] 부사+동사

한국어에서 이 유형의 합성동사는 선행요소가 부사어 기능을 하며 후행동사를 수식하는 관계를 형성한다. 부사가 가진 본래의 기능이 동사를 수식하는 것이므로 이 경우는 다른 매개요소 없이 자연스럽게 합성동사가 될 수 있다. 중국어는 '부사/형용사+동사'의 유형도 선행부사나 형용사가 후행동사의 부사어기능을 하며 후행동사와 결합하여 수식관계를 이루어지며 형태적 핵어가 후행동사이다.

(22) ㄱ. 그만두다, 곧이듣다 잘하다, 다하다, 꼭하다
　　　ㄴ. 安歇, 徒劳, 不许, 空耗, 相处

(22ㄱ)의 한국어의 예 중에 '그만두다, 곧이듣다'는 각각 '그만 두다'와 '곧이 듣다'라는 통사구가 굳어져서 형성된 것이므로 형태적 핵어가 후행동사에 있고 동사의 자질은 합성어에 삼투한다. (22ㄴ) 중국어의 예도 마찬가지로 '安歇'는 '安(편안하게) 歇(휴식하다)'의 통사구로 이루어져서 구성된 유형이므로 후행동사가 형태적 핵어이고 동사의 자질은 합성어에 삼투하여 합성어의 품사를 결정한다.

〈그림 12〉 '부사+동사' 형 합성동사 구조도

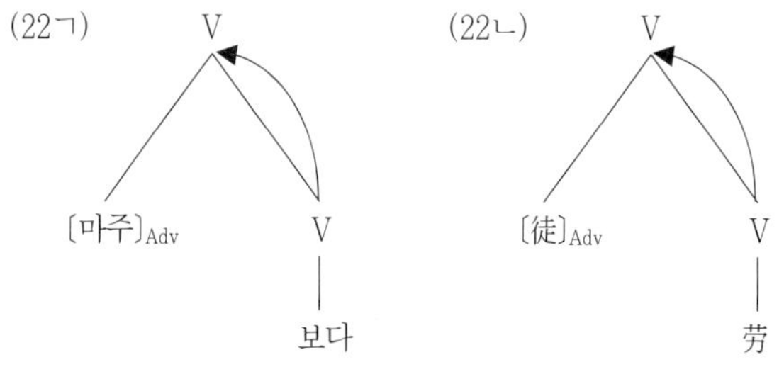

1.2.2. 이질구조

한국어의 통사구조를 형성하는 문법수단인 연결어미는 합성동사와 형용사에 형성과정에도 많이 참여한다. 이 점은 합성명사의 형태적 특징을 분석할 때 이미 논의한 바 있다. 특히, 연결어미를 매개로 하여 선행요소와 후행요소 간에 특정한 관계를 맺게 하는 합성동사의 유형이 많다. 이들은 어떤 연결어미가 연결되는가에 따라 '-어', '-고', '-다' 등으로 세분할 수 있다. 다음 구체적인 예를 통해 알아보자.

(23) ㄱ. 동사+'-어'+동사 : 빌어먹다, 부려먹다, 솟아오르다
ㄴ. 동사+'-고'+동사 : 싸고돌다, 주고받다, 타고나다
ㄷ. 형용사+'-어'+동사 : 좋아하다, 기뻐하다, 없어지다
ㄹ. 불규칙어근+동사 : 주저앉다, 비롯되다[18)

(23ㄱ)의 경우는 '동사+어+동사'로 이루어진 합성동사로서 연결어미를 매개로 한 합성동사 유형에서 가장 많은 부류를 차지한다. 선행요소와 연결어미 '-어' 결합하여 부동사를 형성함으로써 후행동사를 꾸미는 역할을 하게 되므로 결과적으로 형태적 핵어는 후행동사가 되고 동사의 자질은 합성어에 삼투하여 합성동사를 결정한다. 예를 들어, '빌어먹다'는 선행동사 '빌다'와 연결어미 '-어'가 결합하여 후행동사의 방식으로 나타내는 부사어기능을 하며 후행동사를 꾸미는 기능을 한다.

(23ㄴ)의 유형은 '동사+고+동사'형의 합성동사로 '-고'가 통사적 구성으로 구성 요소 간에 주로 대등관계를 형성하고 두 구성 요소는 모두

---

18) 서정수(1991)는 '비롯되다'처럼, '되다'는 '필수 부사어'를 선행어로 취하는 일종의 자동사로 보는 것이 타당하다고 밝힌 바 있다. 이러한 특성으로 인하여 이들이 부사와 공기하는 가운데 밀착하고 화석화되기 쉽다.

형태적 핵어로 볼 수 있으나 우핵심규칙을 적용해서 후행요소의 동사자
질은 합성어에 삼투하여 합성동사를 만드는 것이다. '주고받다'처럼, 이
합성동사의 핵어가 '받다'로 볼 수 있고 그의 동사의 자질은 합성어에
삼투하여 합성동사의 품사를 결정하게 된다.

　(23ㄷ)은 '형용사＋연결어미＋동사'로 구성된 유형이다. 이 유형의 합
성동사는 형태적으로 두 가지로 나누어지고 하나는 '-어하다'형이고 다
른 하나는 '어지다'형이다. 후행 동사의 속성을 따져보면 전자는 타동사
를 형성하고, 후자는 자동사를 형성한다. 김기혁(1995)에서 '생산성문
제, 후행보조동사의 필수성, 주체높임법' 등 측면에서 후행요소가 핵어
인 것을 논의한 바가 있다. 이 책도 이 유형의 형태적 핵어가 후행동사
에 있다고 판단된다.

　(23ㄹ)은 '불규칙어근＋동사'로 구성된 유형이다. '주저앉다' 등의 유
형의 합성동사는 후행요소인 동사가 핵어이고 동사의 자질은 상위인 합
성어에 삼투되어 합성동사를 형성한다. 김일병(2000)와 김정은(1995)에
서는 이 유형으로 구성한 합성동사의 선행요소의 품사가 명사로 여겨지
나 동사로 여겨지나 확실치 않으므로 모두 불완전어기에 속한다고 보고
있다. 이 유형의 합성동사들은 다음 구조도를 통해 잘 알 수 있다.

〈그림 13〉 한국어에만 있는 내심합성동사 구조도

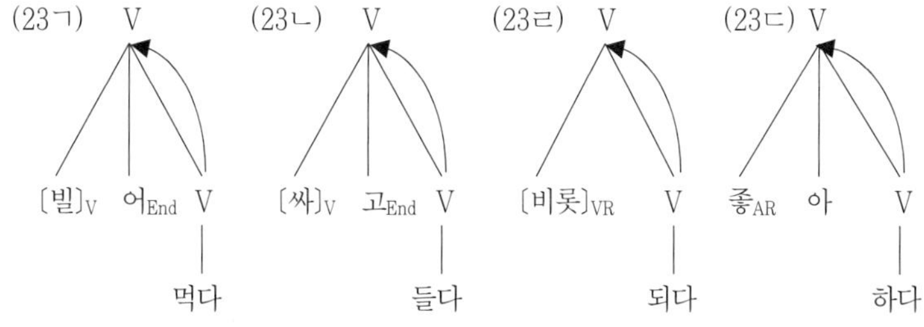

중국어에만 있는 좌핵심 구조는 두 가지가 있는데 '동사+명사', '동사 +형용사'로 나누어진다. 그 중에 '동사+명사'로 형성된 유형은 심층의 통사관계는 술목관계이고 동사구에서 단어로 굳어지는 유형이다. 이 유형의 형태적 핵어는 선행동사에 있고 동사의 자질은 합성어에 삼투하여 합성동사의 품사를 결정한다. 또한, '동사+형용사'로 구성된 유형은 후행형용사가 선행동사를 꾸미는 수식관계가 이루어지므로 형태적 핵어가 선행동사이다. 다음은 구체적인 예를 통해 알아본다.

(24) ㄱ. 동사+명사 : 裁员, 出列, 传粉, 养生
　　 ㄴ. 동사+형용사 : 说明, 推迟, 证实, 纠正

(24ㄱ)의 '裁员'처럼, '직원을 해고하다'로 해석하여 선행동사와 후행 명사가 술목관계로 이루어진 합성동사이고 선행동사의 동사자질은 합성어에 삼투하여 합성동사의 품사성을 결정하게 된다. 합성동사로 형성하는 경우에는 술목관계의 통사구에서 굳어진 유형이므로 핵어가 선행하는 동사이다.[19)]

(24ㄴ) '동사+형용사' 유형은 합성동사로 쓰일 때 후행하는 형용사가 선행하는 동사를 보충하여 꾸미는 관계를 구성하여 핵어가 선행하는 동사에 있다. '说明'는 '명확하게 말하다'로 풀어서 해석할 수 있으므로 선행용소의 동사자질은 합성어에 삼투하여 합성동사의 품사를 결정한다. 이 두 가지 유형은 다음 구조도를 통해서 알 수 있다.

---

19) '술목관계'로 구성된 유형은 합성동사, 합성명사와 합성형용사가 모두 있고 자세한 논의는 제4장 1.의 논의를 참조하기를 바란다.

〈그림 14〉 중국어에만 있는 내심합성동사 구조도

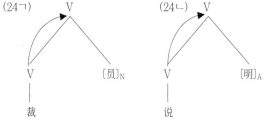

1.2.3. 형태적 내심합성동사 분석

앞에서 논의를 통해 한·중 합성동사는 형태구조에 여러 가지 공통성과 차이성이 있다는 것을 알 수 있었다. 우선 학교문법의 품사분류 기준을 따져보면 한국어의 경우 동사가 형태상 가변어에 속해 있어 다양한 형태변화를 한다는 점이 주목된다. 그러나 중국어는 형태변화가 없는 언어여서 이와 같은 변화가 없으며 实词와 虚词로 양분되는 품사체계상 동사는 实词의 분류에 속한다. 이 점은 한·중 합성동사의 형태구조 분석에서 근본적인 차이를 가져오는 기초적인 요인이라고 할 수 있다.

명사와 명사가 결합하여 합성명사를 구성하는 것이 합성명사 가운데 가장 큰 비중을 차지하는 것과 마찬가지로 동사와 동사가 결합하여 합성동사를 만드는 것은 합성동사에서 가장 흔한 구조이다. 이관규(1994)도 합성동사의 생성에 대해 동사의 합성은 새로운 단어를 만드는 중요한 수단이라고 논의했다. 또한 '동사＋동사'구조의 선·후행요소는 주로〔＋타동사〕동사들이나 유의관계나 근의관계에 있는 동사들끼리 결합이 많은데 이는 문법성질이 같거나 비슷한 동사끼리 결합하는 것이 더 쉽게 단어화할 수 있기 때문이라고 주장한다. '뛰놀다, 따먹다' 등이 이런 유형의 예들이다.

남기심(1973)도 같은 타동사끼리 결합하여 더 쉽게 합성동사를 이룰 수 있다고 논의했다. 예를 들어, 합성동사 '잡아먹다'[20]의 형성을 통해 같은 목적어를 취할 수 있는 동사가 결합하여 더 쉽게 합성동사를 형성한다고 논증했다.

허철구(1997)에서 '동사$_1$＋아/어＋동사$_2$'합성동사의 형성에서 보이는 이러한 원리는 이것이 애초에 두 문장의 접속으로부터 합성동사가 형성될 때의 양상이 어휘부에 규칙화하였기 때문이다. 곧, 문장의 접속에서 동사를 만들 때, 보이는 동일 주어 및 목적어 삭제 등의 현상이 공시적인 단어형성 규칙으로 반영된 셈이라고 하였다. 김창섭(1996)에서는 '동사$_1$＋어＋동사$_2$'형 합성동사의 생성 기제를 다음의 두 가지로 정리하고 있다. 첫째는 통사적 구의 잦은 사용으로 그 구성이 점차 어휘화한다는 것이다. 그리고 둘째는 어휘목록의 두 동사가 단어형성 규칙에 의해 '동사$_1$＋어＋동사$_2$'로 형성되는 것이다. 특히 이 유형의 합성동사는 현대 한국어에서 생산적으로 만들어지며 그때그때의 발화 장면에서 필요에 따라 많은 임시어가 만들어졌다가 사라지기도 한다. 한국어와 비슷하게 중국어에도 동작성이 강한 타동사끼리 결합하여 합성동사를 구성하는 유형이 많다. '安插, 掩盖' 등은 바로 이 유형의 예이다. 이 점은 董秀芳(2011)에서 논의한바가 있다.

합성명사와 마찬가지로 한국어 교착어의 특성은 합성동사에 많이 나타난다. 한국어에만 있는 유형은 연결어미로 형성된 유형이다. 한국어

---

20) '잡아먹다'는 다음과 같은 방식으로 동사구에서 단어로 굳어진다.
　　가. 접속 변형 : 〔〔나는 고기를 잡았다〕〔나는 고기를 먹었다〕〕
　　나. 주어 합일 변형 : 나는 〔〔고기를 잡았다〕〔고기를 먹었다〕〕
　　다. 목적어 합일 변형 : 나는 고기를 〔〔잡아〕〔먹었다〕〕
　　라. 합성동사 형성 : 나는 고기를 잡아먹었다.

합성동사는 '-어'과 '-고'를 매개로 두 동사와 결합하는 방식, 형용사, 명사, 부사와 후행동사가 결합해서 합성동사를 형성하는 방식이 있다. 한국어 합성동사는 형태적 외심구조가 없고 우핵어규칙을 적용해서 후행요소의 동사자질은 삼투한다.

'형용사+연결형+동사', '불규칙어근+동사' 등의 유형도 한국어만 있는 유형이다. 이정훈(2006)에서 범주 통용하는 차원에서 형성된 '동사$_1$+어+동사$_2$'가 어휘부에 등재되므로 어휘부 과정인 사동사, 피동사 파생의 어기가 되기도 한다. 이러한 이유로 '어지다'와 '어하다'형의 합성동사의 형성을 설명할 수 있다. '불규칙어근+동사'의 유형에서 선행요소인 '불규칙어근'은 부사기능을 하고 후행요소인 동사를 수식한다.

또한, 한·중 합성동사 중에 '명사+동사'유형도 큰 비중을 차지한다. 고광주(2002)에서 합성동사의 논항구조상 내재논항과 서술어의 관계가 있는 것이다. 즉, '주어+타동사'유형이나 '주어+비능격동사'유형은 존재하지 않는다. 이들은 모두 논항구조상 외적 논항과 내적 논항의 관계로 근거하여 '목적어+타동사'유형은 합성동사를 형성할 수 있지만, '주어+타동사'유형 등은 그러한 과정을 겪을 수 없다. 중국어 '명사+동사'형 합성동사도 이와 유사한 관계를 가진다. 다만, 한국어에 경우는 동사가 항상 후행하여 합성동사를 형성하지만, 중국어는 '명사+동사'로 형성된 유형은 '주술관계'와 '부사어+서술어'관계로 형성된 유형만 있다.

'형용사+동사'나 '부사+동사'로 구성한 유형은 한국어와 중국어에 모두 있는 유형이다. 이 경우 선행요소인 형용사나 부사가 후행요소인 동사를 수식하는 관계를 취하는데 이때 후행동사가 형태적 핵어로 기능한다.

김혜정(2000)에서 한국어 '부사+동사'유형은 주로 성상부사와 상징부사21)가 후행동사와 결합하여 형성된 유형을 논의했다. 성상부사에는

'잘, 높이, 바로, 거저' 등이 있다. 이들은 주로 용언을 실질적으로 꾸미는 기능을 하여 이들은 꾸밈을 받는 용언 앞에 놓이게 되고 때에 따라서 꾸밈을 받는 동사와 밀착되어 관습적으로 쓰이면서 합성동사로 굳어지는 예가 있다. 이러한 방식으로 합성동사가 형성되는 예로는 '같이하다, 달리하다, 더하다, 그만두다, 곧이듣다, 거저먹다' 등이 있다.

중국어에만 있는 유형으로는 좌핵어 구성을 보이는 '동사+형용사' 구성과 '동사+명사'의 구성, 두 가지 경우가 있다. 중국어는 SVO형 언어이므로 '동사+명사' 구성이 술목관계를 보일 경우 형태적 핵어가 선행하는 모습을 나타낸다. '동사+형용사' 구성에서 역행 수식이 나타나는 경우 후행하는 형용사가 동사의 부사어 기능을 하게 되는데 이때 선행요소인 동사의 자질이 합성어에 삼투된다.

지금까지 논의한 형태적 내심합성동사의 구성양상은 다음 〈표 5〉와 같이 정리할 수 있다.

〈표 5〉 형태적 내심합성동사 구조 대조표

형태구조		한국어		중국어	
		특성	예	특성	예
합성 동사	동사+동사	○	꿰매다, 따먹다, 깔보다	○	研究, 割让
			오르내리다, 굶주리다		推翻, 防腐, 行乞
	형용사+동사	○	같지다, 무르녹다, 무르익다	○	渴求, 周游, 轻视
	명사+동사	○	겁나다, 풍년들다, 장서다	○	心疼, 内疚
		○	맥보다, 점치다	×	
		○	끝닿다, 앞두다, 눈맞다	○	粉刷, 海运

---

21) 김정은(1995), 김혜정(2000), 김일병(2000) 등은 '비틀하다, 끄덕하다, 뚝하다, 꿈틀하다' 등 상징부사와 '하-' 결합하여 구성된 유형은 모두 합성동사로 간주하는데 이 책은 이 유형에 나타나는 '하-'는 파생접미사로 보고 있으므로 논의에서 제외하기로 한다.

형태구조		한국어		중국어	
		특성	예	특성	예
합성 동사	부사+동사	○	그만두다, 곧이듣다	○	徒劳, 不乏, 群居
	동사+연결형+동사	○	빌어먹다, 넘어가다, 부려먹다, 주고받다, 내다보다	×	
	형용사+연결형+동사	○	좋아하다, 좋아지다	×	
	불규칙어근+동사	○	마주대다, 용쓰다, 주저앉다	×	
	동사+명사	×		○	动员, 捕食 (좌핵)
	동사+형용사	×		○	说明, 揭露 (좌핵)

1.3. 합성형용사

합성형용사의 분류는 큰 틀에서는 합성동사와 비슷하다. 그러나 형용사가 가진 의미적 특성이나 논항관계가 다르기 때문에 세부적인 내용에서는 합성동사와 일치하지 않은 면이 많다. 한·중 합성형용사의 형태구성은 '명사+형용사',[22] '형용사+연결어미+형용사', '부사+형용사' 등으로 나누어 살펴보기로 한다. 합성동사와 마찬가지로 형태적 내심 합성형용사도 형태적 핵어의 자질은 합성어에 삼투하여 합성어의 형용사성을 결정한다. 다음 논의에서 구체적인 예를 통해 한·중 합성형용사의 형태적 공통성과 이질성을 살펴보도록 한다.

---

22) '명사+동사', '부사+동사', '동사+연결어미+동사'로 구성된 유형은 형태적 외심합성형용사로 취급하여 4장 외심합성어에서 다루기로 한다.

1.3.1. 공통구조

한·중 합성어 중에 '명사+형용사', '형용사+형용사', '부사+형용사'로 형성된 합성형용사는 같은 구조를 가진다.

[1] 명사+형용사

'명사+형용사'로 형성된 합성형용사 두 가지 유형이 있는데, 한 가지는 선행명사가 주어기능을 하며 후행형용사와 주술관계로 구성된 유형이고 다른 한 가지는 선행명사가 부사어 기능을 하며 후행형용사를 꾸미는 수식관계이다. 중국어도 선행명사가 후행형용사 간에 주술관계를 이루는 유형과 선행명사가 부사어기능을 하며 후행형용사를 꾸미는 수식관계도 이루어진다.

> (25) ㄱ. 맛없다, 버릇없다, 철없다, 힘세다
> ㄴ. 남부끄럽다, 손쉽다, 남다르다
> ㄷ. 面熟, 年轻, 耳熟, 心酸
> ㄹ. 雪白, 草绿, 笔直, 冰冷

(25ㄱ)의 '맛없다'는 핵어가 후행하는 형용사에 있고 후행형용사의 자질은 합성어에 삼투하여 합성어의 형용사성을 형성한다. (25ㄴ)의 '남부끄럽다'는 '창피하여 남을 대하기가 부끄럽다.'로 해석하여 '남에게 부끄럽다'의 통사구로 환원할 수 있으므로 선행명사가 후행형용사의 부사어기능을 하며 후행형용사가 형태적 핵어이고 형용사자질은 합성어에 삼투하여 합성형용사를 만드는 것이다.

같은 형태구조의 중국어 합성형용사의 예를 살펴보자. (25ㄷ)의 '面熟(낯익다)'는 주술관계로 형성된 유형이고 형용사의 자질은 삼투하여 합성형용사의 품사를 결정하게 된다. (25ㄹ)의 '雪白'은 선행명사가 부사어기능을 하고 후행형용사와 수식관계를 이루어지며 후행형용사가 형태적 핵어의 형용사자질은 합성어에 삼투하여 합성형용사를 만든다. 이 유형의 형태 구조도를 보이면 다음 〈그림 15〉처럼 나타낼 수 있다.

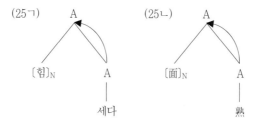

〈그림 15〉 '명사+형용사' 내심합성형용사 구조도

[2] **형용사+형용사**

한국어 '형용사+형용사'로 형성된 합성형용사는 연결어미 '-고'가 생략되고 후행 형용사와 결합하여 비통사적 합성어를 이룬 경우이다. 중국어는 '형용사+형용사'로 형성된 합성형용사의 수량이 가장 많다. 이 유형의 합성형용사는 구성 요소 간에 접속관계와 수식관계로 형성된 두 가지 유형이 있다. 접속관계로 형성된 유형은 구성 요소가 모두 형태적 핵어이고 수식관계는 후행형용사가 형태적 핵어이고 형용사의 자질은 합성어에 삼투한다. 중국어도 '형용사+형용사'로 형성된 유형도 접속관계와 수식관계의 두 가지 유형도 나누어진다.

(26) ㄱ. 굳세다, 길둥글다, 높푸르다, 약빠르다, 감노르다
    ㄴ. 짙푸르다, 감노르다
    ㄷ. 干净, 劲松, 快乐, 艰难
    ㄹ. 狂热, 早熟, 鲜红

(26ㄱ)의 '굳세다'는 '굳고 세다'의 통사구조로 환원할 수 있으므로 접
속관계로 구성하는 유형이라고 할 수 있다. 같은 구조의 합성명사와 합
성동사와 마찬가지로 우핵심규칙을 적용해서 후행요소의 형용사자질은
합성어에 삼투하여 합성형용사의 품사를 결정하게 한다. (26ㄴ)의 '짙
푸르다'는 '짙게 푸르다'로 해석하므로 선행형용사어간은 후행형용사의
부사어기능을 하며 후행형용사와 수식관계를 이룬다.

중국어 같은 구조의 합성형용사도 '접속관계'와 '수식관계'로 구성된
유형이다. (26ㄷ)의 '快乐'는 바로 접속관계로 구성된 유형으로서 후행
형용사 핵어로 볼 수 있고 이것의 자질삼투규약을 적용해서 합성형용사
를 만들었다. (26ㄹ)의 '鲜红'는 '새빨갛다'로 해석할 수 있으므로 선행형
용사가 후행형용사를 꾸미는 부사어기능을 하여 수식관계로 이루어지
는 유형이고 형태적 핵어가 후행요소이고 이것의 형용사의 자질은 합성
어에 삼투하여 합성형용사를 결정한다. 이 유형의 형태 구조도를 보이
면 다음 〈그림 16〉처럼 나타낼 수 있다.

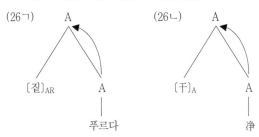

〈그림 16〉 '형용사어간＋형용사' 내심합성형용사 구조도

[3] 부사＋형용사

'부사＋형용사'유형의 한·중 합성형용사는 모두 수식관계로 이루어

진 유형이고 선행부사가 수식어 기능을 하며 후행형용사를 꾸미는 수식 관계를 이루어진다. 이 유형은 합성동사와 마찬가지로 단어 형성에서도 부사가 용언을 꾸미는 것이 본질적인 기능을 한다. 중국어는 이러한 유형의 합성형용사가 많지 않다.

(27) ㄱ. 다시없다, 덜하다
ㄴ. 不安, 绝好, 相好

(27ㄱ)의 '다시없다'는 중에 후행요소인 '없다'는 지금까지 동사나 형용사에 대한 결론이 내려지지 않았지만 이 글에서 '없다'는 형용사로 간주하여 선행부사 '다시'의 꾸밈을 받는 것으로 본다. 이때 후행 형용사가 형태적 핵어이고 그 형용사의 자질이 합성어에 삼투하여 합성형용사의 품사를 결정한다.

(27ㄴ)의 중국어 합성형용사는 '绝好'는 선행부사가 부사어기능을 하며 후행형용사를 꾸미는 기능을 하여 수식하는 관계를 이루어진다. 이 유형의 형태 구조도를 보이면 다음 〈그림 17〉처럼 나타낼 수 있다.

〈그림 17〉 '부사+형용사' 내심합성형용사 구조도

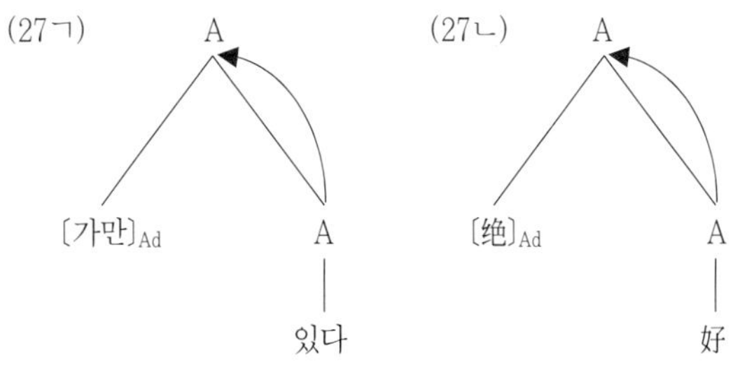

1.3.2. 이질구조

합성명사와 합성동사와 마찬가지로 한국어의 교착어특성도 합성형용사의 형성과정에 많이 반영되어 있다. 이것이 바로 연결어미를 매개로 합성형용사의 구성 요소를 어떤 관계를 맺게 하는 것이다.

한국어에만 있는 구성 방식으로는 '형용사＋연결어미＋형용사'로 구성된 유형이 있다. 이 유형은 주로 연결어미 '-디'나 '-나'로 통해 선·후행요소가 반복해서 쓰이면서 합성어의 의미가 강조되는 유형이다.

    (28) ㄱ. '-디'형 : 가늘디가늘다, 쓰디쓰다, 희디희다, 붉디붉다
          ㄴ. '-나'형 : 크나크다, 기나길다, 머나멀다

(28ㄱ)의 '가늘디가늘다'는 우핵어의 합성어이고 자질삼투하여 합성형용사의 품사를 결정하게 된다. (28ㄴ)의 '머나멀다'도 비슷한 방식으로 분석할 수 있다.

중국어에만 있는 합성형용사 구성 방식도 있다. '형용사＋명사'로 이루어진 경우가이다. 이 유형은 '술목관계'로 형성된 합성형용사는 중국어에만 있는 특수한 유형이다. 일반적으로 자동사와 형용사는 목적어를 취할 수 없고 '술목관계'의 합성형용사를 형성할 수 없기 때문이다. 董秀芳(2011)에서 古代汉语 중에 자동사와 형용사가 使动적인 용법이 있었으므로 술목관계로 형성된 합성형용사가 있을 수 있다고 논의했다. '惊人, 虚心' 등처럼, '형용사＋명사'의 유형은 바로 고대한어(古代汉语)에서 존재하던 형용사의 사동적인 용법이 현대한어에까지 남아있는 흔적이라고 할 수 있다. 이런 경우 형용사가 목적어를 취하게 된다. 이 경우는 형용사가 '어지다/게 하다'라는 사동적인 의미를 가지게 되므로 후행명사

와 '술목관계'를 형성하게 된다. 따라서 형태적 핵어는 선행하는 형용사이고 이 형용사의 성질이 합성어에 삼투하여 합성형용사를 만든 것이다.

    (29) 형용사＋명사 : 惊人, 虚心, 专心

    (29) '惊人'는 '사람을 놀랍게 하다'의 뜻이고 전이를 거쳐 '사람을 놀랍게 하는 성질'을 지니고 형용사적 의미를 획득하여 형용사가 된다. 이 두 가지 유형은 모두 좌핵어 구조이다. 이 유형의 형태 구조도를 보이면 다음 〈그림 18〉처럼 나타낼 수 있다.

〈그림 18〉 이질구조의 한·중 합성형용사 구조도

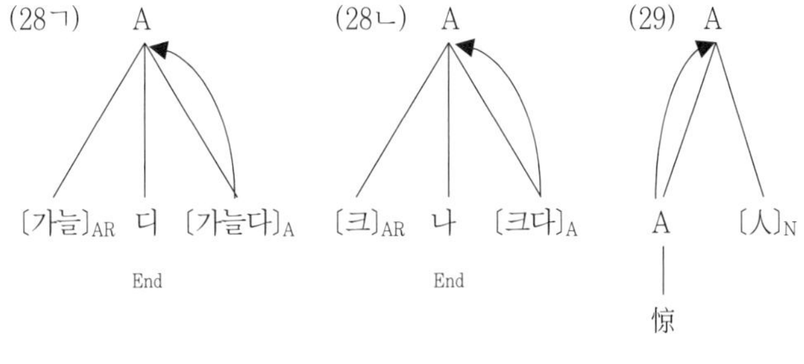

1.3.3. 형태적 내심 합성형용사 분석

    지금까지 한국어와 중국어의 내심적 합성형용사에 대하여 살펴보았다. 특히 합성형용사는 한국어와 중국어 모두에서 다른 합성어에 비해 그리 많지 않은 특징을 보인다. 따라서 구성 방식도 비교적 간단하다. 그러나 그 가운데는 한국어와 중국어 모두에서 보이는 공통적 유형도 있고 각각의 언어에서만 나타나는 구성방식도 존재한다.

    먼저 한국어와 중국어에 모두 있는 구성 유형에는 '명사＋형용사'형과

'형용사＋형용사'형이 있다. 이렇게 구성 요소의 하나로 명사를 취하는 경우나 두 구성 요소 모두 같은 품사를 취하는 구성방식은 합성명사와 합성동사에서도 살핀 바가 있는데 이런 구성은 합성어 구성의 가장 전형적인 방식이라고 할 수 있기 때문이다. 특히 '형용사＋형용사'로 이루어진 경우는 합성형용사 가운데 비중이 가장 크다. '형용사＋형용사' 형 합성어는 대부분 심층 단계의 구조에서 연결어미 '-고'를 취할 수 있는 것들인데 이것이 생략되고 후행 형용사와 결합하면서 합성형용사를 형성하는 것이다. 그러나 이런 방식은 현대 한국어에서는 생산력이 떨어진다. 중국어에서도 '형용사＋형용사'로 구성한 합성형용사는 합성형용사 구성의 중심을 차지하는데 이 경우도 주로 접속관계로 결합해서 합성형용사를 구성한다. 심층단계에서 존재할 수 있는 연결어미 '-고'가 합성어 형성과정에서 생략되기 때문에 결과적으로 '형용사＋형용사'로 이루어진 구성 방식은 한국어와 중국어에서 모두 동일한 모습을 보이게 된다.

그러나 한국어와 중국어의 합성형용사 구성에는 이질적인 구성 방식도 존재한다. 한국어에만 있는 유형으로는 '형용사＋연결어미＋형용사' 구성이 있다. 이들은 주로 강조나 반복의미를 가진 '-디', '-나'가 삽입되어 있는데 이들의 존재는 고립어인 중국어에서 나타날 수 없는 구성이다. 반대로, 중국어에만 있는 구성도 존재한다. '형용사＋명사'의 구성이 바로 그것이고 고대한어의 흔적으로 남아있는 경우로서 두 구성 요소가 술목관계를 보이는 경우이다. 이들은 모두 핵어가 선행요소인 좌핵심 구조를 보이는 유형으로서 언제나 우핵심 구조를 보이는 한국어와 차이를 보인다. 더구나 한국어에는 형용사가 목적어를 취할 수 없으므로 술목관계로 구성된 합성어의 유형은 발견되지 않는다.

지금까지 살핀 한국어와 중국어의 형태적 내심합성형용사의 구조는 다음 〈표 6〉과 같이 정리할 수 있다.

〈표 6〉 형태적 내심합성형용사 대조표

형태구조		한국어		중국어	
		특성	예	특성	예
합성형용사	명사+형용사	○	맛없다, 억지세다, 힘세다	○	面熟, 年轻, 耳熟, 心酸
			남부끄럽다, 손쉽다	○	雪白, 草绿, 笔直, 冰冷
	형용사어간+형용사	○	굳세다, 높푸르다, 약빠르다	○	干净, 轻松, 快乐, 艰难
			감노르다, 짙푸르다		狂热, 早熟, 鲜红
	부사+형용사	○	더하다, 덜하다, 다시없다	○	不安, 不足, 精忠, 绝好
	형용사+연결어미+형용사	○	쓰디쓰다, 희디희다	×	
			크나크다, 기나길다	×	
	형용사+명사	×		○	烦人, 虚心, 专心(좌핵어)

1.4. 형태적 내심합성어의 특성

앞에서 살핀 합성명사와 합성동사 그리고 합성형용사들은 모두 형태적 내심합성어인 경우이다. 이들의 구성방식을 우선 하나의 표로 제시하면 다음 〈표 7〉과 같다.

〈표 7〉 한국어와 중국어 내심적 합성어의 형태구조

형태구조		한국어		중국어	
		특성	예	특성	예
합성명사	명사+명사	○	나무집, 안팎, 살코기	○	花草, 天地, 骨肉
				○	窗户(좌핵어)
				○	车辆, 船只(좌핵어)
	동사+명사	○	꺾쇠, 고린내, 뜬눈	○	围脖儿, 化石, 司机
	형용사+명사	○	큰소리, 잔꾀, 검버섯	○	繁星, 便民, 平价
	부사+명사	○	나란히꼴, 부슬비	○	悄悄话, 不轨

	형태구조	한국어		중국어	
		특성	예	특성	예
합성명사	관형사+명사	○	첫차, 새해, 본뜻	×	
	불규칙어근+명사	○	까막눈, 삽살개, 움펑눈	×	
	명사+속격+명사	○	쇠고기, 꿩의밥, 스승의날	×	
합성동사	동사+동사	○	꿰매다, 따먹다, 깔보다 굶주리다, 오르내리다	○	研究, 查收, 推翻
	형용사+동사	○	같지다, 무르녹다, 무르익다	○	渴求, 周游, 轻视
	명사+동사	○	겁나다, 풍년들다, 장서다, 눈맞다, 맥보다, 점치다	○	阵亡, 筛选, 蚕食, 瓜分, 鲸吞
	부사+동사	○	그만두다, 곧이듣다, 마주 보다	○	徒劳, 不乏, 酷爱, 群居
	동사+연결형+동사	○	빌어먹다, 넘어가다, 부려 먹다, 주고받다, 내다보다	×	
	형용사+연결형+동사	○	좋아하다, 두려워하다, 좋아지다	×	
	불규칙어근+동사	○	마주대다, 용쓰다, 주저앉다, 무너지다, 바라보다	×	
	동사+명사	×		○	动员, 捕食, 含冤(좌핵)
	동사+형용사사	×		○	说明, 揭露, 推迟(좌핵)
합성형용사	명사+형용사	○	경황없다, 버릇없다,	○	面熟, 年轻, 内秀, 耳熟
	형용사+형용사	○	감노르다, 굳세다, 약빠르다	○	干净, 轻松, 快乐, 艰难
	부사+형용사	○	더하다, 덜하다, 다시없다	○	不安, 精忠, 绝好
	형용사+연결어미+형용사	○	가늘디가늘다, 쓰디쓰다, 희디희다, 크나크다	×	
	형용사+동사	×		○	好看, 耐用, 好吃(좌핵)
	형용사+명사	×		○	烦人, 闹心, 虚心(좌핵)

Chomsky(1965)는 현대 언어학의 커다란 전제 중의 하나로 언어적 보편성을 강조한다. 사람이면 누구나 언어능력이 있으며 이를 활용할 줄 안다는 것이다. 특히 문장을 만들 때, 명시적인 구성 요소들 간의 문

법관계에 따라 형성된 심층의 통사구조가 변형을 거쳐 표면에 나타난다는 견해는 다른 분야의 언어 연구에도 많은 영향을 끼쳤다. 이 점은 지금까지 살핀 한·중 합성어의 형태구조를 이러한 공통점과 차이점의 구체적인 특성을 살펴보고 그러한 특성을 보이는 까닭을 한·중 두 언어의 유형론적 특성에 비추어 요약해보자.

첫째, 학교문법에 따르면 한국어와 중국어의 품사의 분류방식은 각각 한국어는 9품사체계를 갖고, 중국어는 12품사체계를 갖는다. 이처럼, 품사의 분류방식이 다름에 따라 합성어의 형태구성의 공통성이 있고 이질성도 생길 수 있다. 한국어에서 관형사는 품사의 한 가지로 따로 설정되어 있고 합성어의 형성에 많이 참여하는 반면에, 중국어에서는 관형사가 따로 설정되지 않으며 관형사로 구성된 합성어는 없다. 그리고 한국어에 풍부하게 존재하는 의성·의태어는 합성명사, 합성동사, 합성형용사를 형성할 때도 활발하게 참여하고, 중국어는 부사는 实词와 虚词의 두 가지 분류에 대한 논란이 있을 만큼, 부사의 문법기능이 더 강하므로 합성어의 형성과정에서 활발하게 참여하지 않는다. 또 한국어에는 '스승의 날, 눈엣가시, 도둑놈의 갈고리'처럼 소유격조사 '의'가 참여하는 합성명사가 있는데 중국어에는 없다. '의'에 해당하는 중국어 조사 '的'은 虚词분류에 속하므로 이것이 합성어의 구성에 참여할 수 없기 때문이다.

둘째, 한국어의 형태적 내심합성어에는 언제나 우핵심 규칙이 적용된다. 즉, 합성어의 품사범주가 오른쪽 요소에 의해 결정되는 것이며 이 점은 한국어가 '핵 뒤언어(head-final language)'라는 특징을 가지고 있는 것과도 일맥상통한다. '늦가을, 힘쓰다, 얕보다' 등의 구체적인 예를 통해서 쉽게 알아볼 수 있다. 이와 달리 중국어에서는 비록 우핵어를 가지는 것이 대부분이지만 좌핵어를 가지는 합성어도 존재하는데 이런 구성은 합성명사나 합성동사, 합성형용사에서 모두 볼 수 있다. '车辆, 裁员, 惊人' 등이 바로 좌핵어 구조를 보이는 합성어의 예이다.

셋째, 한국어의 합성어 구조에는 한국어가 가진 교착어적 특성도 많이 반영되어 있다. 특히, 관형형어미, 전성어미, 연결어미, 종결어미 등의 문법수단이 합성어에 참여하는 경우가 많은데 '작은아버지, 볼일, 오고가다, 빌어먹다, 싸구려장사, 차디차다' 등은 그 예이다. 이런 문법수단들은 합성어의 구성 요소 간의 관계를 따지는 데 유용하다. 특히, 합성명사의 경우 후행명사를 수식하는 선행요소의 기능을 보조하기 위해 선행요소는 다양한 형태로 나타난다. '일반명사, 잠재명사, 명사의 사이시옷, 용언의 관형사형, 용언의 명사형, 용언의 어간, 관형사, 용언의 종결형, 연결형, 부사, 불규칙어근' 등으로 다양한 형태로 나오며 후행명사를 수식하는 관계를 이루어진다.

한국어 합성명사에 많이 보일 수 있는 사이시옷은 선행요소가 후행요소의 시간, 장소, 기원, 용도 등의 의미를 나타낼 때 많이 첨가되는데 이 사이시옷 현상은 교착어로서의 한국어가 가진 특성을 잘 보여준다. 예를 들어, '고기배'와 '고깃배'는 사이시옷의 유무에 따라 의미차이도 드러난다. 한국어 합성명사에 나타나는 이 점은 합성명사의 독특한 형태적 특징이라고 볼 수 있다.

이완 달리, 중국어는 한자(汉字) 글자 하나하나가 각각 소리와 뜻 그리고 형태의 결합체이므로 사이시옷과 같이 합성어의 구성 요소 사이에 첨가될 수 있는 문법적 수단이 없다. 그 대신 구성 요소 간의 관계를 분석함으로써 그 구조를 확인하게 된다. 그래서 구성 요소 사이의 심층적 통사관계가 같은 경우라도 품사범주가 다를 수 있다. '동사＋명사'구조는 술목관계인 합성동사도 될 수 있고 수식관계의 합성명사도 될 수 있다. 이 경우 언제나 합성어의 통사구조가 한 가지로만 해석되는 한국어의 경우와 차이를 보인다.

넷째, '명사+명사', '동사+동사', '형용사+형용사'처럼 동일한 품사끼리 결합하는 합성어가 해당 합성어 가운데 가장 큰 비중을 차지한다. 이는 한국어와 중국어 모두에서 확인할 수 있다. 단어형성 차원에서 볼 때 같은 품사범주의 단어끼리 결합하여 합성어를 형성하는 것이 가장 쉬운 방법이기 때문이다.

다섯째, 한국어와 중국어가 보이는 어순의 차이를 반영하는 합성어도 존재한다. 한국어는 'SOV'형의 언어이기 때문에 합성동사의 경우 핵어로 기능하는 동사 요소가 언제나 후행요소로 나타나게 된다. 따라서 한국어의 합성동사는 형태적 외심합성동사는 존재하지 않는다. 이에 비하여 중국어는 'SVO' 언어이므로 합성동사를 만들 때에도 동사뿐만 아니라 명사나 형용사도 구성 요소로 참여할 수 있으며 그 위치도 선행요소 또는 후행요소가 모두 가능하다. 따라서 형태적 핵어의 위치도 정해져 있지 않다. 특히, 중국어 합성동사와 합성형용사의 경우는 '술목관계'로 형성된 합성어가 많고 이 유형은 형태적 핵어가 동사와 형용사에 있으므로 좌핵어를 보이는 구성이라고 할 수 있다.

2. 의미적 내심합성어

이 절에서는 의미적 내심합성어에 대하여 살펴보기로 한다. 의미적 내심합성어는 합성어의 구성 요소 간에 보이는 의미유형의 관계로부터 합성어의 의미를 추출할 수 있는 합성어를 말한다. 한국어와 중국어의 합성어는 대부분 구성 요소들 사이의 통사적 관계를 확인할 수 있기 때문에 이러한 구성을 분석하면 합성어의 의미를 효과적으로 설명할 수 있다. 특히, 합성동사와 합성형용사 가운데 주술관계와 목술관계를 보이는 합성어의 경우에는 이러한 분석이 필수적이다.

이 책에서 의미적 내심합성어의 구성 요소가 보이는 의미관계는 대등관계, 종속관계, 종합관계로 나눌 수 있다. 대등관계를 보이는 내심적 합성어는 구성 요소의 의미가 대등하게 형성된 유형으로서 이때에는 두 구성 요소가 모두 의미 핵어로 기능한다고 볼 수 있다. 종속관계라고 할 수 있는 '수식어–체언' 구성 및 '수식어–용언' 구성의 내심적 합성어는 체언이나 용언처럼 수식을 받는 요소가 의미적 핵어로 기능하므로 의미 핵어는 하나라고 볼 수 있다. 그리고 종합관계를 보이는 의미적 내심합성어는 '주술관계'나 '술목관계/목술관계'의 구성을 보이는 합성어를 말한다. 이런 유형의 합성어에서는 구성 요소 각각이 본래의 의미를 잃지 않고 서로 합하여 합성어의 의미를 형성하므로 대등관계나 종속관계로 볼 수 없다. 따라서 종합관계를 보이는 의미적 내심합성어는 구성 요소 모두가 의미 핵어로 기능한다. 의미적 내심합성어의 유형에 해당하는 예를 몇 개 제시하면 다음 (1)과 같다.

(1) 내심합성어
  ㄱ. 대등관계 : 논밭, 오가다 ; 花草(화초), 斗争(투쟁)
  ㄴ. 종속관계 : 산돼지 ; 车票(차표)
  ㄷ. 종합관계 : 맛없다, 야단치다 ; 排队〈队(줄)을 排(서)다〉

(1ㄱ)의 '논밭, 오가다'는 구성 요소가 대등하게 결합하며 의미기능을

하므로 대등관계를 보이는 합성어라고 할 수 있다. 중국어의 경우에도 '花草, 斗爭'는 동일한 구성을 보이는 합성어이다. (1ㄴ)의 '산돼지'는 구성 요소가 하나는 중심이 되고 다른 하나는 부속이 되는 종속관계를 보이는 합성어라고 본다. '산돼지'는 '산에서 자라는 돼지'로 해석할 수 있듯이, 선행요소인 '산'은 후행 의미 핵어 '돼지'와 의미적 종속관계를 형성한다. (1ㄷ) 중에 '맛없다, 야단치다' 등은 구성 요소 사이의 통사관계를 고려하여 의미를 도출할 수 있는데 구성 요소들의 통사적 기능에 따라 의미가 종합적으로 해석된다. 이런 경우 두 요소가 대등적이지도 않고 어떤 하나가 다른 하나에 종속된다고도 볼 수 없다. 오히려 두 요소가 중요한 통사적 역할을 하며 종합적인 의미를 구성한다는 점에서 의미상 종합관계를 보이는 합성어로 보는 것이 타당해 보인다.23) 이제 이러한 분류에 기초하여 각각의 의미유형들을 세밀하게 나누어 살펴보도록 하자.

2.1. 대등관계

대등관계를 보이는 합성어는 두 요소가 모두 의미 핵어로 기능한다는 점에서 공통적이지만 두 요소가 보이는 세부적인 관계는 다양하게 나타난다. 이런 세부 관계를 분석하기 위해서 이 책에서는 Nida(1975)의 분류를 활용할 것이다. Nida(1975)에서는 상이한 단어 사이의 의미상관관계를 포섭관계(included), 중첩/동의관계(overlapping), 상보관계(complementary)와 근접관계(contiguous)의 네 가지로 나누어 설명하고 있는데

---

23) '종합관계'는 형태적 합성을 가리키는 '결합관계'와 구별하여, 통사적 관계에 따라 두 요소의 의미가 합성되는 것을 말한다.

이 중 포섭관계는 단어와 단어 간에 상·하위관계를 가리키는 것이기 때문에 합성어 차원에서는 발견되지 않는다. 그리고 Nida(1975)의 단어 사이의 의미상관계의 분류방식을 합성어에 적용한 시도는 시정곤(1994)과 김일병(2000) 등이 있다.

시정곤(1994)에서는 합성어의 의미구조를 Nida(1975)가 단어 간의 의미 상관관계로 설정한 포섭, 중첩, 상보, 근접의 네 가지 관계 유형을 바탕으로 한국어 합성어의 의미 상관관계를 의미의 본래성과 사고 전개의 일관성에 따라 세 가지 유형으로 구분하고 있다. 즉, 상보관계, 근접관계, 포섭관계가 그것이다. 중첩관계의 단어는 합성어로 간주하지 않는다.

김일병(2000)은 Nida(1975)의 단어 간의 의미 상관관계로 설정한 포섭, 중첩, 상보, 근접을 바탕으로 한국어 합성어의 의미관계를 검토해 보았는데 그중에 '포섭관계'는 선행성분과 후행성분 중 어느 하나가 나머지 속하게 되는 관계를 말한다. '봄비, 안집, 밤거리' 등은 포섭관계에 포함된다고 논의하였는데 타당한지 다시 논의할 필요가 있다. '봄비'같은 경우는 구성 요소의 의미가 그대로 있어 포함된다고 볼 수 없다. 따라서 이 유형은 대등관계의 합성어로 볼 수 없다. 이 장에서 Nida (1975)의 단어 사이의 의미관계의 분류방식을 근거하여 한·중 합성어의 특징을 고려하여 대등관계로 이루어진 합성어의 선행요소와 후행요소 간의 관계를 중첩, 상보, 근접, 편의(偏义)로 분류하고 합성어의 의미와 구성 요소 간에 의미관계를 같이 분석해보고자 한다.24)

---

24) '편의관계'는 Nida의 분류에서 보이지는 않지만 한국어와 중국어의 합성어를 분석하는 데 필요한 구성으로 생각되어 세부 분류로 설정하기로 한다. 이에 대하여는 제3장 2.1.4. 부분 참조.

2.1.1. 중첩관계 : A+B=A나 B 혹은 A+B

중첩관계는 선행요소와 후행요소의 의미가 동일하게 또는 유사하게 중복되면서 합성어의 의미를 형성하는 관계를 말한다. 이런 합성어들에서는 구성 요소의 의미가 서로 대체하여 쓰일 수 있을 정도로 비슷하다. 그래서 중첩관계를 동의관계라고 부르기도 한다. 넓은 의미의 동의관계는 중첩관계를 포함할 수 있다. 특히, 한국어 합성어 중에 '사이사이, 머나멀다' 등처럼 동일한 요소를 반복하여 만들어진 유형도 있고 '흥허물, 굶주리다' 등처럼 동의관계를 보이는 요소들로 이루어진 유형도 있다. 아래에서 품사별로 나누어 의미관계를 살펴보기로 하자. 먼저 합성명사의 경우이다.

(2) ㄱ. 흥허물, 괴발개발, 여기저기, 사이사이
    ㄴ. 道路, 朋友, 文字
    ㄷ. 斗争, 生产, 解放

(2ㄱ)은 선행요소와 후행요소가 서로 대체할 수 있는 의미관계를 보이는 경우이다. '흥허물'은 서로 동의관계를 보이는 '흥'과 '허물'의 의미가 중첩되고 있으며 '괴발개발'과 '여기저기'는 비슷한 의미를 가지는 요소들이 중첩되고 있다. '사이사이'처럼 아예 동일한 요소가 반복되어 의미가 중첩되는 것도 있다. (2ㄴ)은 중국어에서 중첩관계로 형성된 합성어의 예이다. '道路'의 구성 요소가 모두 '길'의 뜻이고 이들은 서로 대체할 수 있는 의미관계를 보인다. 이들 단어는 의미상 완전히 동일한 것은 아니지만, 발화의 개념적 내용에 있어서 중요한 변화 없이 한 단어가 다른 단어를 대체할 수 있다.

(2ㄷ)은 중국어 합성명사에만 보이는 경우이다. '斗爭'처럼, 중첩관계로 형성된 중국어 합성명사 중에 동사끼리 결합하여 품사의 전성을 거쳐 형성된 유형이 있는데 한국어에는 없다. 이 유형은 품사의 전성을 거쳤지만 구성 요소로 의미를 유추할 수 있으므로 의미적 내심합성어로 볼 수 있다.

합성동사에도 중첩관계로 형성된 유형이 있다. 비록 합성명사에 비해 많지는 않지만 합성동사 역시 구성 요소가 서로 비슷한 의미를 가지는 경우가 많다. 그런데 중국어의 합성 동사의 경우에는 중첩관계로 형성된 유형 가운데 한국어와 다른 특징을 보이는 것이 주목된다. 즉, 한국어 합성동사는 품사 전성으로 형성된 것이 없지만 중국어에는 원래 형용사와 명사였던 것이 품사의 전성을 거쳐 합성동사가 된 것이 있다. 이들 역시 서로 교체가 가능할 정도로 의미가 유사하다는 특징이 있다.

    (3) ㄱ. 굶주리다, 얽매다
        ㄴ. 斗争, 生产, 改变
        ㄷ. 端正, 固定
        ㄹ. 形容, 言语, 意思

(3ㄱ)은 한국어의 합성동사인데 '굶주리다'는 '굶다'는 '끼니를 거르다'의 뜻이고 '주리다'는 '제대로 먹지 못하여 배를 곯다'라고 해석되므로 동의나 중첩관계로 구성된 합성동사라고 할 수 있다. 의미상 완전히 동일한 것은 아니지만, 발화의 개념적 내용에 있어서 중요한 변화 없이 서로 바꿔 쓰일 수 있으며 비슷한 동작을 반복함으로써 그 동작이 강조되는 특성을 나타낸다.

(3ㄴ)은 중국어의 합성동사인데 의미구조가 (3ㄱ)의 경우와 같은 경

우이다. '斗争, 生产' 등의 예처럼, 중국어에도 동의관계로 형성된 합성동사가 많다. 앞에서 논의했듯이, 어휘화 과정에서 2음절 특징을 맞추기 위해 '동의관계'나 '근의관계'에 있는 두 단어를 결합하여 합성어를 형성하는 것이 중요한 문법적 수단이다. '斗争'는 '투쟁하다/싸우다'의 뜻으로 선행동사와 후행동사간의 의미차이가 거의 없다.

그러나 중국어의 합성동사 가운데 중첩관계로 이루어진 경우에서 한국어와 다른 특징을 보이는 경우가 있는데 (3ㄷ~ㄹ)의 경우가 그것이다. (3ㄷ)은 형용사끼리 결합하여 합성동사가 되는 경우인데 예를 들어 '端正'은 형용사인 '端'(반듯하다)와 '正'(바르다)가 합해졌으나 여기에 사동적인 의미 속성이 더해지면서 합성동사가 된다. (3ㄹ)은 명사끼리 결합하여 합성동사가 되는 경우인데 예를 들어 '形容'은 중첩관계에 있는 명사 '形'(모습)과 '容'(모양)이 결합하여 '외모'로 쓰이다가 지금은 '한 사람의 외모나 사물에 대해 평가하다'의 뜻을 지닌 합성동사로 사용된다. '言语'(말하다)나 '意思'(뜻을 전하다)도 마찬가지이다.

다음 중첩관계를 보이는 합성형용사에 대하여 알아보자. 한국어에서 중첩관계로 형성된 합성형용사는 같은 형용사가 반복해서 쓰이면서 의미가 강조되는 완전중첩의 유형이 많은 것이 특징이다. 이때 두 요소의 결합을 위해 주로 연결어미는 '-디'나 '-나'가 쓰인다. 중국어에는 한국어에서처럼 완전 중첩의 관계를 보이는 형용사끼리 결합하는 경우, 즉 같은 형용사를 결합하여 이루어진 합성형용사는 없지만[25] 중첩관계를 보이는 합성형용사가 많다. 이들은 구성 요소들이 서로 대치할 수 있을

---

25) 중국어에서도 동일한 형용사가 결합되는 구성이 보이기는 한다. 예를 들어 '白白的, 高高的' 등이 그렇다. 그러나 이들은 합성어가 아니라 구성으로서 '白白的(모습이 창백하다), 高高的(키가 크고 호리호리하다)' 정도의 의미를 가진다.

정도로 비슷한 의미를 가지는 경우가 많다. 다음의 예를 보자.

(4) ㄱ. 가늘디가늘다, 쓰디쓰다, 머나멀다
    ㄴ. 美丽, 伟大, 安乐
    ㄷ. 做作
    ㄹ. 规矩, 基本, 精灵, 点滴

(4ㄱ)은 한국어의 합성형용사에 해당하는 예인데, '쓰디쓰다'는 '몹시 쓰다'의 뜻으로, 연결어미 '디'로 의미가 강조되는 것이다. 한국어 반복 합성어 가운데 같은 형용사어간을 반복하면 '매우 어떠하다'라는 강조의 의미가 나타난다.

김창섭(1981)에서는 형태소 '디'는 활용어미로써, 반복복합형용사가 될 수 있는 형용사 어간은 오감(五感)에 의한 객관적인 판단을 나타내는 것 중 시각, 미각, 촉각에 관계되는 감각형용사와 사람의 성품의 표현하는 형용사에 국한된다고 논의했다. 고영근·남기심(1993)에서 '-디', '-나'에 의해 형성된 합성형용사는 평서형보다 '떫디떫은 (감), 붉디붉은 (천), 머나먼 (길)'처럼, 관형사형으로 나타나는 것이 더 자연스럽다고 논의했다. 이렇게 같은 요소들이 결합하는 경우 새로운 의미를 나타낸다기보다는 그 형용사의 의미를 강조하는 경우가 많다.

(4ㄴ)이하는 중국어 합성형용사의 예인데 (4ㄴ)의 '美丽'는 '수려하다, 아름답다'의 뜻으로 두 개의 구성 요소는 거의 같은 의미를 나타낸다. 이 유형에 속하는 형용사에는 '寒冷, 冷淡, 安全, 长久, 诚实, 生疏, 正直' 등이 있다. (4ㄷ)의 '做作'는 두 동사가 모두 '하다'의 뜻인데 결합되면 '행동이 부자연스럽다'라는 뜻을 지니게 되어 합성형용사로 품사가 전성

된다. (4ㄹ)의 '規矩, 基本, 精灵, 点滴'은 중첩관계로 형성된 명사끼리 결합하여 합성형용사를 이루어지는 경우이다. 어휘화하는 차원에서 이 유형들이 구체성이 떨어지고 추상성이 강화되면서 한 단어로 굳어지고 나서 형용사성이 강화되는 과정을 거친다. 예를 들어, '規矩'는 기본의미가 '규칙과 준승'인데 의미가 비슷한 요소들이 결합하여 합성명사가 된 후 추상적인 의미가 강화되면서 형용사성을 갖게 되어 합성형용사로 전성된 것이다. 다른 예도 비슷한 과정을 거쳐 합성형용사가 된 것이다.26)

이상의 분석을 통해 중첩관계로 형성된 합성어간의 공통성과 이질성을 알 수 있었다. 그 가운데 특징적인 점은 품사의 전성에 대한 것으로서 한국어에서는 중첩관계로 형성된 합성어 가운데 품사가 전성되는 합성어가 없는 반면, 중국어에서는 중첩관계를 보이는 합성어 가운데에는 명사, 동사, 형용사끼리 결합하여 새로운 품사를 만드는 전성이 존재한다.

2.1.2. 상보관계 : A+B＝A+B 혹은 C (A⇔B)

상보관계란 대등하게 구성된 합성어의 구성 요소들이 서로 상반된 의미자질을 나타내는 경우를 말한다. 즉 구성 요소의 의미가 서로 뚜렷한 대조를 보이거나 아예 반대적 의미를 나타내는 것이다. 이때 구성 요소가 나타내는 의미는 본래의 의미를 잃지 않고 그대로 유지하는 경우도

---

26) 张伯江(1994)에서는 대등관계의 명사가 합성형용사를 형성할 때, 명사의 생명도 (animacy), 추상성(abstractness) 등의 측면에서 품사의 전성을 밝히고 있다. 즉, 구성 요소의 명사성이 지닌 생명도와 구체성이 약화되면서 동시에 추상성이 강화되면 형용사가 된다는 것이다. 그래서 이 유형에 속하는 합성어는 명사와 형용사의 두 가지 품사범주로 모두 사용되는 것들이 많다. '規矩'의 경우도 마찬가지이다. 예를 들어, '規矩'는 형용사로 쓰일 때, '字写得很規矩。'(글자를 바르게 썼네) 명사로 쓰일 때, '守規矩(규범을 지키다)'로 해석할 수 있다.

있고 제3의 의미로 전이되는 경우도 있다.

상보관계로 형성된 합성어들은 한국어와 중국어 모두에서 합성명사와 합성동사만 존재하고 합성형용사는 없다는 특징이 있다. 또한 중국어에는 상보관계로 형성된 합성어 가운데 두 가지 이상의 품사범주를 가지는 경우나 품사의 전성을 거쳐 다른 품사 범주를 갖게 된 경우가 많다는 점도 특징이다. 다음 예를 통하여 구체적으로 분석해 보자.

(5) ㄱ. 안팎, 위아래, 암수, 오르내림
ㄴ. 天地, 本末
ㄷ. 买卖, 裁缝, 开关, 生死
ㄹ. 优劣, 大小, 高低, 利害

(5ㄱ)은 한국어에서 상보관계를 보이는 명사끼리 결합하여 합성어를 형성하는 경우인데 예를 들어 '안팎'은 상보관계를 보이는 두 요소, 즉 '안'과 '밖'의 의미가 합해져서 합성어의 전체의미를 형성한다. 이 경우에는 '오르내림'처럼 원래 동사였던 요소가 품사 전성을 거쳐서 명사형을 만든 후 결합하여 합성어를 형성하는 경우도 포함된다.

이에 비해 상보관계를 보이는 중국어의 합성명사 구성 방식은 매우 다양하다. 명사끼리의 결합만 보이는 한국어의 경우와 달리 중국어는 명사뿐만 아니라 동사나 형용사가 결합되어 합성명사를 만들기도 한다. (5ㄴ)은 상보관계를 보이는 명사끼리 결합한 합성명사의 예인데 이들은 어휘화하는 과정에서 인지영역이 확대되는 특성을 나타낸다. 예를 들어, '天地'는 구성 요소가 '天(하늘)과 地(땅)'인데, 단어로 굳어질 때 '하늘과 땅'의 뜻 이외에 '하늘과 땅 사이에 모든 것'을 가리킬 수도 있게 된다.

중국어에서 상보관계로 형성된 합성명사는 명사끼리의 결합뿐만 아니라 동사끼리 또는 형용사끼리 결합하였지만 품사 전성을 통해 합성명사가 된 경우도 많다. (5ㄷ)은 동사끼리 결합하여 합성명사로 품사 전성된 경우이고 (5ㄹ)은 형용사끼리 결합하여 품사 전성된 합성명사의 예이다. 예를 들어 (5ㄷ)의 '买卖'는 '사고 파는 일 또는 장사'의 뜻으로 사용된다. 또 (5ㄹ)의 '优劣'는 '优'(우수하다)와 '劣'(열등하다)는 형용사끼리 결합하여 합성명사로 품사 전성된 것이다.

다음은 합성동사를 살펴보고자 한다. 합성동사인 경우에, 한국어와 중국어에서 상보관계로 형성된 합성동사는 모두 반복하거나 되풀이되는 뜻을 나타내는 특징을 보인다. 시정곤(1989)에서 상보관계는 사고 전개의 일관성이 없음을 그 특징으로 설명하고 있지만, 선·후행요소가 의미적 선후관계를 가지지 않음에도 불구하고 그것이 결합될 때 일정한 순서가 있는 것으로 보인다.27) 중국어는 형태변화가 없고 통사구나 단어의 구성 요소 간의 결합 순위가 더욱 중요한데 주로 동작이 일어나는 순서로 합성어의 구성 요소의 순위를 정한다.

> (6) ㄱ. 미닫기다, 어녹다, 오가다, 주고받다
>   ㄴ. 进退, 伸缩, 升降, 起伏

(6ㄱ)은 상보관계를 보이는 한국어 합성동사의 예인데 '오가다'는 구

---

27) 노대규(1982)에서는 합성어에 다음과 같은 어순 제약이 있다고 하였다. '먼저발생＋나중 발생(여닫다), 가까운 것＋먼 것(오가다), 중요한 것＋덜 중요한 것(물불, 논밭) 남성＋여성(오누이) 성인＋미성인(모녀) 강한＋덜 강한 것(총칼, 군경), 긍정적＋부정적(선악), 위쪽＋아래쪽(높낮이), 안쪽＋바깥쪽(안팎, 내외)' 등으로 분류했다.

성 요소 '오다'와 '가다'로 결합되어 구성 요소가 결합된 것으로 결합 전의 본래의 의미를 가지고 있다. 이 유형은 'A하다가 B하다가 하다'의 뜻으로 해석하는 경우가 많으며, 동작이 반복해서 이루어지는 것을 나타낸다. 선행동사와 후행동사는 모두 〔+동작성〕동사끼리 대등하게 결합된다. '여닫다, 여닫다, 오르내리다, 나들다, 미닫기다, 주고받다, 사고팔다' 등도 이 유형에 속한다. 대립되는 두 동사가 결합하여 새 어휘를 형성하면, 대립성은 상실되고 두 동작의 반복을 의미하여 〔-대립성, +반복성, +지속성〕의 자질을 나타낸다.

강영(1990)은 이에 대하여 '접속어미 '-고'로 연결된 합성동사의 경우는 두 동사가 대립관계를 형성하고 〔+단절성〕보다는 〔+반복성〕의 의미관계를 유지할 때만 비로소 합성어 형성의 완전한 단계에 이른다고 결론지었다. 그는 '뛰놀다'형에 비해 '오가다'형의 수가 적은 이유도 여기서 찾았다. '죽고 살다'와 같은 합성동사를 형성할 수 없는 이유는 '죽고 사는' 행위를 반복할 수 없기 때문이다. 즉, 대립적인 의미를 가진 동사 쌍이 선택되더라도 심한 대립성으로 인하여 반복이 불가능하다면 합성동사 형성 또한 어려워진다는 것이다.

중국어의 합성동사도 이와 비슷하다. (6ㄴ) 중에 '进退'는 '전진하고 후퇴하다'의 뜻으로 이 동사는 두 구성 요소가 본래의 의미를 그대로 나타낸다. 이 유형의 합성동사 역시 구성 요소의 두 동작이 반복해서 'A 하다가 B하다가 하다'의 의미를 나타내고 있다.

상보관계로 형성된 유형은 품사별로 두 언어 합성어의 공통성과 차이성을 보였다. 상보관계로 형성된 합성어의 분석에서 가장 두드러진 특징은 합성명사와 합성동사만 있고 합성형용사가 두 언어 모두에서 보이지 않는다는 점이다. 이것은 어떤 대상의 상태를 서로 반대의 상태로 나타내는 경우를 찾기 어렵다는 점에서 그 이유를 찾을 수 있다. 예를 들어 '좋다'와 '나쁘다'를 결합하더라도 그 대상의 '좋고 나쁜' 각각의 경우를 가리키는 경우가 일반적이어서 동시에 두 속성을 가리킬 수는 없기 때문이다. 한국어의 경우 '좋고 나쁘다'는 합성어가 아니라 구 구성이 된다. 중국어의 경우에는 형용사 결합이 가능하지만 그 경우 합성형용사가 아니라 다른 품사로 전성이 이루어진다. 예를 들어 '大小'는 형용사끼리의 결합이지만 이것은 합성명사로 전성되어 사용된다. 그러나 합성어 형성의 과정에서 품사의 전성으로 이루어진 합성어의 경우가 한국어에서는 발견되지 않지만 중국어에서는 이런 합성어가 많이 발견된다는 사실은 두 언어의 차이점이라고 할 수 있다.

2.1.3. 근접관계 : A+B = A+B 혹은 C (A≒B)

근접관계는 합성어를 이루는 구성 요소가 의미상 서로 인접되어 있는 경우를 말한다. 구성 요소의 의미가 본질적으로 관련되어 있다기보다는 사용상 서로 동일한 맥락에서 자주 사용됨으로써 의미상 호응이 이루어지는 경우라고 할 수 있다. 이 유형의 합성어는 구성 요소가 지닌 본래의 의미가 유지되어 합성어의 의미를 형성하는 경우도 있으며 동시에 전이된 제3의 의미도 쓰이는 경우도 많이 보인다. 또한 근접관계를 보이는 합성어의 경우 특히 합성동사가 다양한 방식으로 구성된다는 특성을 보인다. 합성명사, 합성동사 그리고 합성형용사의 순서로 하나씩 살펴보자. 먼저 합성명사를 살펴보면 다음과 같다.

(7) ㄱ. 논밭 ; 피땀, 손발
    ㄴ. 父子, 母女 ; 水火, 风雨

이 유형에 속하는 한국어의 합성명사들은 기본 뜻을 그대로 유지하는 경우도 있고 제3의 의미가 생기는 경우도 있다. (7ㄱ)의 '논밭'은 기본 의미로만 쓰이는 경우이고 '피땀'은 기본의미와 추상의미로 모두 쓰이는 경우이다. '논밭'의 경우는 거의 구성 요소인 '논'과 '밭'의 의미를 결합하여 쓰이고 있다. 그런 점에서 전형적인 의미적 내심합성어라고 할 수 있다. 그런데 '피땀'은 구성 요소의 의미 그대로 '피와 땀'이라는 의미 이외에도 이 의미가 추상화되어 '노력'이라는 제3의 의미를 갖기도 한다.28)

중국어의 경우도 비슷하다. (7ㄴ)은 '父子, 母女'는 원래 구성 요소 그대로의 의미를 결합하여 합성어의 의미를 만들고 있으며 '水火, 风雨'는 구성 요소의 결합의미와 함께 전성된 의미도 갖고 있는 경우이다. 예를들어, '水火'는 '물과 불'이라는 구성 요소의 의미 그대로 쓰이기도 하지만 '재난'이라는 전성된 의미로 쓰이기도 한다.

근접관계를 보이는 합성동사는 다양한 의미관계로 보인다. 구성 요소로 의미로 도출할 수 있는 의미적 내심합성동사의 경우도 있고 제3의미는 쓰는 경우도 있다. 우선 구성 요소로 의미를 도출할 수 있는 유형은 구체적인 예를 통해 알아보자.

(8) ㄱ. 주고받다, 잡아먹다, 날아가다, 뛰놀다
　　ㄴ. 捕食, 包扎, 查收, 游玩

구성 요소간의 동작이 선후에 발생하는 유형이 많고 'A를 하고 나서 B를 하다'로 이해할 수 있다. (8ㄱ)의 합성동사들은 '주다'의 행위가 먼

---

28) '피땀'이 노력의 뜻으로 사용될 때는 의미적 외심합성어라고 할 수 있다. 자세한 논의는 4장을 참고하기를 바란다.

저 발생하고 나서 '받다'의 행위가 발생한다. '잡아먹다'는, 수단과 방식
의 의미를 나타내는 연결어미 '-아'에 의해 선행동사의 행위가 후행동사
의 행위를 진행하는 방식이나 수단으로 이해할 수 있지만, 동작의 선후
로 발생하는 방식으로 이해할 수도 있다. 이런 유형의 합성동사로 '넘고
처지다, 달아매다, 둘러싸다' 등을 더 들 수 있다. '날아가다'는 선행동작
을 하면서 후행동작을 진행하는 뜻으로 이해할 수 있다.

(8ㄴ)의 '捕食'는 '잡아서 먹다'의 뜻이고 '包扎'는 '상처를 싸서 묶다'는
뜻이고 '病故'는 '병으로 아프다가 죽다', 선행 동작과 후행 동작이 연이
어 발생한다. 이러한 유형에 속하는 합성동사들로 '攻打, 冲服, 攻占, 割
让, 进驻' 등의 예를 더 들 수 있다. 곧, 중국어에서 이러한 유형의 합성
동사는 선행동사와 후행동사가 고정된 어순으로 결합하며, 동작이 연이
어 발생하는 의미를 나타낸다. 그리고 '游玩, 跳动'은 각각 '돌아다니면서
놀다, 뛰면서 다니다'의 뜻으로, 선행동작을 진행하면서 후행동작을 한
다. 즉, 동작의 수반관계를 나타낸다. 고립어인 중국어는 어순이 중요하
기 때문에 근접관계로 형성된 합성동사의 구성 요소의 결합 순위가 더
욱 엄격하다.

이상의 분석을 통하여 근접관계로 형성된 한국어와 중국어의 합성동
사는 각각 선후(先后), 수반(伴随)나 동시(同时) 등의 구체적인 의미관계
로 세분할 수 있다. 한국어의 경우는 선·후행동사 간에 연결어미를 통해
의미를 추출할 수 있다. 이와 반대로 중국어 이 유형의 합성동사에 이
런 연결어미가 없으므로 선후행동사간에 의미관계를 분석할 수밖에 없
다. 그리고 다음의 근접관계의 다른 예를 살펴보자.

(9) ㄱ. 듣보다 ; 감싸다

ㄴ. 掩盖, 斟酌, 煎熬[29]

ㄷ. 壯大, 淡薄, 魚肉

(9ㄱ)의 '듣보다'는 각각 구성 요소에 결합되는 선행동사나 후행동사의 관계가 대립적이지 않으므로 '듣다'와 결합 가능한 동사가 반드시 '보다'이어야 할 필연성은 없지만, '다른 사람에게 말을 듣다'라는 의미의 '듣다'와 '눈으로 대상의 존재나 형태적 특징을 알다'라는 의미의 '보다'로 구성되어 있어 구성성분 각각이 본래의 의미를 가지고 있음을 알 수 있다. 그리고 (9ㄱ) 중의 '감싸다'는 기본의미에서 확장한 '흠이나 허물을 덮어 주다'라는 비유적 확장의미가 있다. 앞에서 논의한 이 유형에 해당하는 합성명사는 주로 제3의미로 전이되어 비유적 의미가 쓰이는데, 마찬가지로 근접관계에 있는 합성동사도 선행요소와 후행요소 간의 인접성 때문에 의미가 전이되는 경우가 많다.

중국어의 경우도 비슷하다. (9ㄴ)의 '掩盖'는 '감싸다'처럼 기본의미는 '덮어씌우다'이고 비유적으로 쓰일 때는 '덮어 감추다'의 뜻으로 쓰이기도 한다. 또한, 근접관계로 형성된 중국어 합성동사 중에 (9ㄷ)의 '壯大, 淡薄' 등은 형용사끼리 합성동사를 형성하는 과정에서 사동적(使動)인 의미를 가지는 경우이다. (9ㄷ)의 '魚肉'[30]은 명사끼리 결합하여 형성된 합성동사이다. 이 예는 비유적으로 쓰였다고 동사성을 갖게 되어 형성

---

29) '斟酌, 煎熬' 등 근접관계로 형성된 중국어 합성동사인 경우는 제3의미만 쓰는 경우도 있다. 이 유형에 속하는 단어들은 통시적으로 기본의미에서 전이가 발생하여 비유적 의미만 남은 경우가 많다. 구체적인 논의는 제4장 2. 부분의 논의를 참고하기 바란다.

30) '魚肉'는 구성 요소의 의미는 '생선과 고기'이고 그의 약한 성질을 빌려서 동사로 비유적으로 쓰일 때 '마음대로 마구 짓밟다/함부로 유린하다.'의 뜻으로 쓰이고 이 때 의미적 외심합성어이다.

된 특수한 예이다.

근접관계로 형성된 합성동사는 구성 요소가 자동사로 결합하는 것보다 타동사로 결합하는 유형이 더 많다. 김창섭(1996)에서는 두 동사가 동일한 목적어를 가질 때 어느 쪽의 목적어 요구 자질이든지 하나만 계승할 수 있기 때문에 자동사끼리의 결합보다 어휘화되기 더 쉽다고 한 바 있다. 董秀芳(2011)에서는 중국어도 한국어와 비슷한 원리로 타동사끼리 접속관계의 동사를 형성하는 것을 논의한 바 있다. 타동사끼리의 결합은 같은 목적어를 취할 수 있으므로 쉽게 어휘화할 수 있다.

근접관계로 형성된 합성형용사들은 결합된 후 본래의 의미를 잃지 않고 상태가 섞여서 이루어진 것이다. 합성명사, 합성동사와 마찬가지로 이 유형의 중국어 합성형용사는 의미는 구성 요소가 결합한 의미를 생성하는 동시에 의미역의 전이를 통해 제3의미를 실현하는 경우도 있지만 한국어에는 의미가 전이되는 경우가 없다. 다음의 구체적인 예를 통해 알아보자.

(10) ㄱ. 감노르다, 희맑다, 약빠르다, 굳세다, 높푸르다
    ㄴ. 뛰어나다, 깎아지르다
    ㄷ. 便捷, 低沉 ; 保守, 狼狽, 辛酸, 零碎

(10ㄱ)의 '감노르다'에서 '감다'와 '노르다', '감파르다'에서 '감다'와 '파랗다'는 모두 선행요소와 후행요소가 결합하여 이루어진 의미이다. 또한, '약빠르다'는 '약다'와 '빠르다'가 결합되어 본래의 의미를 잃지 않으면서 상태가 섞여 '약고 빠르다'의 뜻을 나타낸다. (10ㄱ)은 모두 형용사끼리 결합한 예들이다. 한국어에서 이 유형에 속하는 합성형용사 중

에는 (10ㄴ)과 같이 동사끼리 결합하여 형성된 합성형용사가 있다. (10
ㄴ)은 두 구성 요소가 근접관계로 결합한다고 할 수 있고 형용사적 의
미가 더 강하므로 합성형용사가 형성된다.

(10ㄷ)의 '便捷'는 '간편하고 민첩하다'는 뜻으로, 선행요소와 후행요
소의 의미가 결합한 것이다. 이 유형에 속하는 한국어 합성어는 주로
색채어로서 선행요소의 상태와 후행요소의 상태가 섞여서 이루어져 서
로 색깔을 구분할 수 없다. 그러나 이 유형에 해당하는 중국어 형용사
는 주로 사물이나 사람의 성질을 나타낸다. 중국어는 어휘화의 차원에
서 근접관계에 있는 어휘끼리 결합하여 품사의 전성이나 전이를 거치지
않아도 쉽게 단어화 할 수 있다.

중국어의 (10ㄷ) 예 중에 '保守' 두 구성 요소가 근접관계로 형성된
합성동사인데, 두 동사가 결합하여 동사성이 약화되고 형용사성이 강화
되어 합성형용사를 형성한 것이다. '保守'의 구성 요소의 뜻은 각각 '보
호하다'와 '지키다'인데, 이들이 단어로 굳어져서 '너무 보호하거나 지키
는 경향이 있다', 즉 '보수적이다'의 뜻으로 해석되어 형용사성이 더 강
해진 예이다.

(10ㄷ)의 '狼狽'는 근접관계의 명사끼리 결합하여 품사 전성을 거쳐
합성형용사가 되었는데, '이리'라는 구성 요소의 의미는 쓰이지 않고 전
이된 제3의미만 쓰이는 예이다. '狼狽'와 같은 근접관계의 명사끼리가
결합하여 합성형용사를 형성하는 유형은 많지 않다. '辛酸'도 기본의미
는 '매운맛과 신맛'이고 '슬프고 괴롭다, 쓰라리고 고되다'의 뜻으로 쓰이
는 명사로 품사 전성을 거쳐 의미전이가 일어나는 예이다.

2.1.4. 편의(偏义) 관계[31] : A+B = A 또는 B

편의관계 유형에 속하는 합성어는 두 개의 구성 요소 가운데 하나의 의미가 탈락되고 다른 요소의 의미만 남고 의미의 단일화가 일어난다.[32] Aronoff(1976)에서는 이것을 의미 탈색(semantic fading/semantic bleaching)이라고 하였다.

한국어와 중국어에서 이런 의미관계를 보이는 합성어는 다른 의미관계의 경우보다 상대적으로 적다. 특히, 상대적으로 한국어에서는 이런 유형의 합성어가 극히 제한적이다. 상대적으로 중국어에서는 이런 유형의 합성어가 보이는데 그 경우에 합성어의 구성 요소들은 '国家, 窗戶' 등에서처럼, 합성어 형성 과정에서 구체적 의미가 약화되지 않고 남아 있는 경우가 많다. 이 과정에서 구성 요소들 사이의 상보성이나 근접성으로 인하여 어느 한쪽의 의미탈락이 이루어지는 것으로 생각된다.[33] 합성명사와 합성동사의 경우만 있고 합성형용사의 경우에는 이런 유형이 없는 것도 이 유형의 제한적 특성을 말해 준다. 먼저 합성명사의 경

---

31) 중국어에서 합성명사 중에 구성 요소의 의미 하나가 탈락한 유형을 '偏义复合词'라고 명명한다. 马爱民(2011), 杜纯梓(2004)에서는 통시적으로 이 유형의 합성어의 생성 기제를 밝혔다. 이 글에서 논의한 합성어는 어기와 어기로 형성된 단어 유형이지만 합성어의 형성 과정에서 의미 변화나 전이가 전제로 하여 합성어의 의미는 구성 요소 간에 의미가 그대로 합해진 것이 아니기 때문에 '偏义复合词'는 의미가 단일화되지만 여전히 합성어로 간주해야 한다.

32) 일반적으로 이런 관계를 보이는 합성어의 구성 요소들은 원래 상보관계나 근접관계였던 경우가 많다. 의미를 삭제할 때, 중첩관계는 서로 공유하고 있는 의미가 있기 때문에 한 요소의 의미를 삭제하면 나머지 요소의 의미도 영향을 받을 수밖에 없기 때문인 듯하다. 두 요소의 의미관계가 상대적으로 분명하지 않은 것도 이유라고 할 것이다.

33) 이에 비하여 '水火, 手足, 江山' 등 제3의 의미로 추상화되는 과정을 거쳐 구성 요소의 의미상 구체성이 약화되는 경우는 이런 편의관계가 나타나지 않는다.

우를 살펴보자.

    (11) ㄱ. 잘못
        ㄴ. 国家, 窗户

  (11ㄱ)은 한국어의 경우인데 '잘못'은 구성 요소인 '잘'과 '못' 가운데 '잘'의 의미가 탈락하고 '못'의 의미만 남아 전형적인 편의관계의 합성어임을 보여준다. (11ㄴ)은 중국어의 합성명사로서 편의관계를 보이는 경우인데 '国家'는 원래 구성 요소의 의미와 달리 '家'의 뜻이 탈락되고 '나라'의 뜻만 남았다. 이 경우 의미만 탈락되었고 음절은 그대로 남았는데 이는 대부분이 2음절 형식인 중국어의 일반적 단어길이를 맞추기 위한 것으로 보인다. 이 유형에 속하는 예로는 (11ㄴ) 외에도 '雷霆, 妻子, 人物' 등을 더 들 수 있다. 이 유형에 속하는 합성명사는 통시적으로 형성된 단어들이고, 현재는 비생산적이다.

  다음은 합성동사의 경우이다. 한국어에는 편의관계를 보이는 합성동사가 없고 중국어에서만 보인다.

    (12) 忘记, 睡觉

  (12)는 (11ㄴ)에서 제시된 합성명사의 경우처럼 통시적인 어휘화 과정에서 의미의 탈색 현상이 일어나서 이루어진 합성어들이다. 다만 편의관계를 보이는 중국어 합성명사가 주로 근접관계를 나타내던 것과 달리, 이 유형의 합성동사에서는 주로 상보관계를 나타낸다는 점이 다르다. 이런 유형의 합성동사 역시 합성명사의 경우처럼 그 수는 많지 않다. (12)의 '忘记'는 원래 '기억하다'와 '잊어버리다'의 두 가지 상반된 의

미를 가지고 있었는데, 언어의 사용 과정에서 선행요소의 의미만 남고 후행요소의 의미가 탈락한 예이다. 한국어에는 이런 경우가 없다.

2.2. 종속관계

최현배(1978 : 688)에서 종속관계로 이루어진 합성어는 앞뒤 조각에서 하나는 주장이 되고 다른 하나는 딸림으로, 주장의 의미를 규정한다고 하였다. 즉, 종속관계로 이루어진 합성어는 선・후행요소에서 하나가 중심이고 다른 하나는 종속이 되어 주성분은 의미 핵어 기능을 한다는 것이다. 이 글에서도 합성어 중에서 의미 핵어는 하나이고 다른 요소는 핵어를 수식하는 기능을 하는 경우, 그 합성어의 구성 요소는 종속관계를 형성하는 것으로 본다.

고영근・구본관(2008)에서 한국어 형태적 특징을 논의할 때 한국어는 핵 뒤 언어라고 하고 주로 형태적 차원에서 많이 적용했다. 한국어 합성어의 형태구조상 형태적 핵어가 항상 후행 요소에 있는 우핵어 유형에 속하지만 의미 핵어가 선행요소에 있는 경우도 있다. 특히, 합성동사와 합성형용사 중에는 의미 핵어가 선행하는 경우가 있다. 즉, 형태구조와 의미구조가 일치하지 않는 경우이다. 이에 비해 중국어는 형태적 핵어와 의미적 핵어의 위치가 모두 정해져 있지 않다. 다음에서는 우선 의미적 핵어의 위치에 따라 선행하는 경우와 후행하는 경우를 두 가지로 나누어서 구체적인 예를 통해 논의해 본다.

2.2.1. '핵어'가 선행하는 경우

합성명사 중에 의미 핵어가 선행하는 유형은 중국어에만 있다. 한국어의 경우에는 합성명사를 구성할 때 선행명사는 언제나 후행명사를 수식하는 기능을 하기 때문에 핵어의 위치가 선행하는 경우가 있을 수 없다. 그러나 핵어의 위치가 상대적으로 자유로운 중국어의 경우에는 후행명사가 선행명사를 역행수식 관계를 형성하는 경우가 있는데 이런 유형은 다음 네 가지로 나눌 수 있다.34)

첫째는 후행요소가 단위명사35)이며, 선행명사를 수식하여 단체명사의 의미를 나타내며 유형이다. 둘째는 중국어 후행요소의 의미가 탈락되거나 쇠약해져 의미의 기능이 거의 없어졌고 선행요소가 전체 합성어의 의미를 결정하는 중심적 역할을 하는 유형이다. 셋째는 둘째의 경우와 비슷하다. 후행요소의 경성화(轻声化)되고 의미도 많이 약화되고 중심적인 의미는 선행요소에 있는 경우이다.36) 마지막으로, 후행 형용사가 선행 동사를 수식하는 합성동사에서 전성으로 형성된 합성명사의 유형이다. 다음에서 각각 구체적인 예를 통해 알아보자.

(13) ㄱ. 车辆, 马匹, 花束
     ㄴ. 质量, 国家, 窗户
     ㄷ. 眼睛, 月亮, 眉毛
     ㄹ. 跳高, 跳远

---

34) 王文斌(2001)에서 중국어 합성명사의 의미적 핵심은 구성 요소가 모두 핵심(쌍 핵심), 좌핵심(left-headed), 우핵심(right-headed)등 세 가지로 나누어질 수 있다고 본다. 중국어 합성명사의 핵심에 대해 견해가 일치하지 않은 면이 있으나 좌핵심, 우핵심 있는 것은 대부분 인증한다.

35) 한국어이 단위명사의 개념은 중국어의 '量詞'라고도 한다.

36) 王军(2005)에서 좌핵심 유형의 합성명사를 음운적인 차원에서 논의한 바가 있다. 王军(2005)는 'N-N'식 합성명사의 의미적 핵심을 판별하는 데 음운적인 판결기준이 더 필요하다고 했다. 즉, 구성 요소 중에 하나가 경음화가 되면서 그의 의미도 약화되는 것을 의미하고 의미의 핵심이 아닌 것을 의미한다.

(13ㄱ)은 '车辆(차량), 马匹(마필)'의 예처럼, 후행하는 단위명사가 선행명사를 수식하는 단체성 명사를 형성한다. 이런 경우는 후행명사가 언제나 선행명사와 관련된 단위명사라는 점이 특징이다. 즉, '辆'(량)은 '车'를 세는 단위이고 '匹'(필)은 '马'를 세는 단위이며 '群'(무리)는 '人'을 세는 단위이고 '束'(묶음)은 '花'를 세는 단위이다.

(13ㄴ)은 중국어에만 존재하는 특수한 유형의 편의합성어이다.37) '质量, 国家, 窗户' 중에 후행명사의 의미가 탈락되고 선행요소 '质, 国, 窗'의 의미만 남아 있다.

(13ㄷ)은 '眼睛, 月亮'는 '质量, 国家, 窗户'와 비슷하지만 차이도 있다. 그들 후행요소의 의미가 완전 탈락되는 것이 아니고 많이 약화되는 것이다. 그러므로 선행요소는 합성요소의 주된 의미를 기능하므로 의미의 핵어를 담당한다.

(13ㄹ)은 동사로부터 품사의 전성을 거쳐 형성된 합성명사이고 후행 형용사가 선행 핵어인 동사를 수식하는 관계를 형성하는 유형이다. 이 유형은 동사에서 전성되어온 것이므로 수량이 매우 적다. '跳高(높이뛰기)' 등이 이 유형에 속한다. '跳高'의 후행요소인 '高'는 수식어로 선행동사를 꾸미는 기능을 하고 의미적 역시 의미적 핵어가 선행하는 경우이다.

 (14) ㄱ. 동사+보조동사 : 써먹다, 갈라놓다

---

37) 중국어에서 합성명사 중에 구성 요소의 의미 하나가 탈락한 유형을 '偏义复合词'라고 명명한다. 马爱民(2011), 杜纯梓(2004)에서는 통시적으로 이 유형의 합성어의 생성 기제를 밝혔다. 이 책에서 논의한 합성어는 어기와 어기로 형성된 단어 유형이지만 합성어의 형성과정에서 의미 변화나 전이가 전제로 하여 합성어의 의미는 구성 요소 간에 의미가 그대로 합해진 것이 아니기 때문에 '偏义复合词'는 의미가 단일화 되지만 여전히 합성어로 간주해야 한다.

ㄴ. 형용사+-어하다/-어지다 : 좋아지다, 두려워하다, 달라지다

ㄷ. 동사＋명사 : 裁员, 捕食 ; 托梦, 卧病

ㄹ. 동사＋형용사 : 查明, 看穿, 提高, 充实, 指明

(14ㄱ) 중에 '본동사＋보조동사' 유형이다. 김기혁(1983)에서 보조동사가 사용된 동사구의 경우 후행 보조동사가 선행하는 본동사의 의미를 더해주는 의미적 특징이 있어서 일반 합성동사와 달리 의미적 핵어는 선행요소인 본동사이고 보조동사는 역행수식을 할 수 있다고 한 바 있다.38) 또한, 이석주(1989)에서도 보조동사 구성은 합성어로 발달하는 경우가 많은데, 이러한 발달 경향은 보조동사가 독립적인 의미성을 상실하여 의존적으로 존재하고, 어원적으로는 본동사에서 온 것이지만, 어휘적 의미표현보다는 본동사에 상(相)적 의미나 다른 의미특성을 부여하고, 표현하려는 의미영역을 확대하는 특성을 갖고 있기 때문이라고 하였다.

(14ㄱ)의 '써먹다'는 '어떤 목적에 이용하다'의 뜻으로 해석하므로 후행요소인 '먹다'는 선행동사 '쓰다'의 의미를 강조하는 기능만 하고 의미핵어는 선행동사에 있다. (14ㄴ)의 후행보조동사 '지다'는 선행형용사의 범주를 바꾸는 기능을 하고 형태적으로 핵어라고 할 수 있지만, 의미적 핵어는 여전히 선행요소에 있다고 할 수 있다.

(14ㄷ)과 (14ㄹ)은 중국어에서 의미 핵어가 선행요소에 있는 경우이다. 후행부사어가 선행동사를 수식하는 경우에는 두 가지 있다. (3ㄷ)은 '동사＋명사'로 형성된 합성동사는 후행요소인 명사가 선행동사의 목적어나 부사어 기능을 하기 때문에 의미적 핵심은 선행요소인 동사에

---

38) 김기혁(1983)에서 '본동사＋보조동사'의 의미핵심에 대해 자세히 논의했다.

있다. '裁员(감원하다)'는 후행명사인 '员(직원)'은 선행동사인 '裁(자르다)'
의 목적어로 하는 것이다. '卧病(와병)'은 '病(병)'으로 침대에 '卧(눕다)'하
고 있기 때문에 의미적 핵심은 선행동사에 있다고 할 수 있다.

그리고 (14ㄹ) 중에 '查明'의 후행형용사 '明'은 부사어로서 선행요소
인 동사 '查'를 수식하며, "잘/명확하게 조사하다"의 뜻으로 해석된다.
'提高'도 마찬가지이다. 후행형용사의 '高(높다)'는 선행동사인 '提(들다)'
역행 수식하는 부사어기능을 하므로 의미적 핵심은 선행요소의 동사에
있다. 다른 예도 마찬가지이다.

다음은 합성형용사의 경우이다. 한국어와 중국어의 합성형용사 중에
서는 의미적 핵심을 선행요소가 담당하는 경우가 있다. 특히 한국어의
경우에는 보조형용사 '-어 빠지다'가 후행요소로 참여하는 경우가 대부
분이다. 한국어 합성형용사 중에 의미핵어가 선행하는 경우가 적고 주
로 '본용언+보조용언'형의 통사구에서 굳어져서 형성된 특수한 예이다.

    (15) ㄱ. 약아빠지다, 게을러빠지다
         ㄴ. 博学, 诚心, 烦人

한국어 합성형용사 중에 의미 핵어가 선행하는 경우가 적고 주로 '본
용언+보조용언'형의 통사구조에서 굳어져서 형성된 특수한 예이다.
(15ㄱ) '약아빠지다'의 후행요소인 '빠지다'는 '아주 심하다'의 뜻으로 해
석하고 '약아빠지다'는 '몹시 약다'의 뜻으로 쓰인다. 후행요소인 '빠지다'
는 선행형용사 '약다'의 정도를 나타내게 함으로서 의미핵어가 선행요소
가 담당한다. '게을러빠지다'도 같은 구조로 만들어진 핵어가 선행하는
합성형용사이다. 앞에서 생략가능성으로 합성형용사의 핵어를 변별할

수 있다. '약아빠지다'는 '매우 약다'의 뜻이고 후행요소 '빠지다'를 생략해도 의미가 크게 변하지 않으므로 의미 핵어가 선행형용사 '약다'가 담당하는 것을 증명할 수 있다.

(15ㄴ) 중국어의 '博学, 诚心'처럼, '형용사+명사'로 형성된 합성형용사는 주술관계의 통사구조로 환원할 수 있고 '博学'는 '학문이 넓다'의 형용사 통사구조에서 어휘화를 거쳐 '박학하다'의 합성형용사가 되고 의미적 중심은 선행형용사 '博(넓다)'에 있다.

2.2.2. '핵어'가 후행하는 경우

한국어는 대체로 우핵심 언어이므로 의미 핵어가 후행하는 경우가 대부분을 차지하고 중국어도 의미 핵어가 후행하는 경우가 큰 비중을 차지한다. 다른 유형보다 한국어와 중국어 합성어 가운데 종속관계로 형성된 유형이 복잡하고 다양하다. 특히 핵어가 후행하는 경우가 유형이 많기 때문에 여기서는 품사별로 나누어 구체적인 예를 통해 그들의 의미 특징을 살펴볼 것이다.

[1] 합성명사

두 언어의 합성명사 중에 핵어가 후행하는 경우가 큰 비중을 차지하고 있고 특히 합성명사를 형성하는 과정에서 비유법으로 써서 합성어를 형성하는 유형은 모두 있다. 합성명사인 경우에, 비유법을 써서 단어의 전달효과와 표현능력을 향상시킬 수 있고 비유법은 합성명사를 형성하는 과정에서 중요한 인지수단으로 볼 수 있다. 여기서 종속관계의 합성명사를 비유법과 非비유법으로 양분해서 논의해보고자 한다. 수식어가 비유법을 써서 핵어를 수식하는 유형과 핵어가 비유법을 써서 형성된 유형으로 다시 나누어질 수 있다.

    (16) ㄱ. 솜사탕, 구슬땀, 새다리, 개미허리(직유)
        ㄴ. 鱗伤, 柳眉, 带鱼(직유)

   한국어는 선행요소가 주로 명사로 나오고 비유법으로 써서 후행명사를 수식하는 관계를 형성한다. 합성명사는 비유어와 수식받는 본체의 사이의 유사성을 근거하여 심층의 의미해석을 하게 된다. 비유어와 본체사이의 유사성을 일으키는 요인들 중에는 모양, 성질, 위치, 기능, 색채 등의 여러 가지가 있다. 특히 모양을 비슷해서 비유법으로 만든 예가 많다.

   (16ㄱ) 중에 한국어 예인 '솜사탕'은 '솜 모양으로 만든 사탕'으로 선행명사 '솜'은 사탕의 모양과 비슷해서 비유법으로 단어를 형성한 것이다. (16ㄴ) 중에 중국어 '鱗(비늘)伤(상처)'는 '물고기 비늘처럼 생긴 상처'이고 같은 원리로 단어를 형성하는 것이다. '柳(버들)眉(눈썹)'는 '버들나무의 잎처럼 예쁘게 생긴 눈썹'이고 비유법으로 형성된 단어이다. 이처럼, 모양의 유사성으로 인해 단어를 만들 때 사용되는 비유법은 사용하기에 편리하고 표현하려는 사물의 생동감도 향상시킬 수 있다. 다음의 비유법을 쓰는 경우이기도 하지만 좀 다르다.

    (17) ㄱ. 고추바람, 여우비, 신바람, 몸살, 술독 (은유)
        ㄴ. 钉子户, 蜜月, 人脉, 病魔, 爱河 (은유)

   앞의 예는 은유법으로 형성된 합성명사이다. (17ㄱ) 중에 '고추바람'의 경우는 '솜사탕'과 좀 다르다. 이런 예는 은유법으로 만든 단어이고

'고추의 매운 성질'과 바람의 '센 성질'의 유사성을 본떠서 단어를 만들었다. '여우비'는 '볕이 나 있는 날 잠깐 오다가 그치는 비'의 뜻으로 해석할 수 있으므로 성질의 유사성으로 만든 단어라고 할 수 있다. '신바람'은 '신이 나서 우쭐우쭐하여지는 기운'으로 해석하므로 후행요소가 핵어인 동시에 은유법을 적용해서 형성된 유형이다. '몸살'은 '몸이 몹시 피로하여 일어나는 병'으로 해석하므로 후행요소가 '살'의 의미가 전이돼서 '아픔'의 뜻이 생겨진다. '큰 그릇, 술독, 병목' 등은 비슷한 방법으로 형성된 합성어로 볼 수 있다.

중국어 (17ㄴ) 중에 '釘子(못)戶(가정)'는 '도시 건설의 토지 징발에 불복하여 집을 내놓지 않는 세대주'의 뜻이고 '못'처럼 움직이지 않는 성질을 본떠서 만들어진 것이고 등은 이 유형에 속한다. '고추바람'처럼 은유법으로 만들어진 것이다. 그리고 '人脉(인맥)'도 '脉'는 인간관계의 网의 유사성을 빌려서 형성된 비유체이다. '爱河, 祸根, 门钉'도 의미핵어가 은유를 적용해서 형성된 예들이다.

비유법을 쓰지 않는 유형은 다음에서 분류하는 것처럼 매우 다양하다. 한국어에는 '수식어-핵어' 관계로 형성된 합성명사의 유형이 매우 많다. 선행요소가 명사, 관형사, 관형사형어미 등의 다양한 양상으로 후행명사와 결합해서 수식관계를 형성한다. 여기서 말하는 '관형'이란 뒤에 오는 체언을 꾸미는 것을 나타내는 의미로 사용된 문법개념이기도 하지만 의미적으로 따져볼 때, 의미 핵어를 수식하는 관계를 형성하기도 한다. 우선, 의미 핵어가 후행하는 유형은 형태별로 나누어서 구성요소 간에 의미를 살펴보고자 한다. 형태구조에서 분석했듯이, 후행요소가 명사가 나오며 선행요소는 다양한 형태로 나올 수 있다.

(18) ㄱ. '명사+명사' : 샘물, 채밭, 거미줄

　　　ㄴ. '잠재명사+명사' : 헹굼틀, 거스름돈, 높임말, 볶음밥, 지름길

　　　ㄷ. '형용사+명사' : 늦서리, 늦벼, 싼값, 짠물, 큰딸, 큰소리

　　　ㄹ. '동사+명사' : 간밤, 살아생전, 비켜덩이, 싸구려장수

　　　ㅁ. '관형사+명사' : 오른손, 첫날, 옛집

　　　ㅂ. '명사+속격조사+명사' : 쇠고기, 닭의장, 귀엣고리

　　　ㅅ. '부사나, 상징부사어근+명사' : 뾰족탑, 보슬비

　'명사+명사'의 경우는, 선행명사가 후행명사를 수식하는 관계를 형성한다. 한 명사가 다른 명사를 직접 수식할 수 있기 때문이다. (18ㄱ)의 예처럼, '샘물'은 '샘에서 나오는 물', '거스름돈'은 '거슬러 주거나 받는 돈'이고 '거스름'은 후행요소인 '돈'의 수식어이고 의미핵어가 후행요소에 있다.

　(18ㄷ) 중에 유형은 '형용사어간+명사'로 형성된 것이다. '늦서리'는 '제철보다 늦게 내리는 서리'로 해석한다. '살아생전, 비켜덩이'는 한국어 문장의 통사관계에 안 맞는 유형이지만 '수식어-체언'의 관계로 복원할 수 있다. '묵밭, 닿소리, 늦벼' 등은 선행요소인 동사, 형용사 어근과 후행요소인 핵어가 수식하는 관계를 이룬다.

　(18ㅂ) 중에, '쇠고기, 귀엣고리'는 관형격 조사가 합성 과정에서 남은 것으로 수식관계로 볼 수 있다. 명사 수식구성은 그 사이에 조사 '의'가 들어갈 수 있는 'NP1의NP2' 구성과는 구별되는 합성명사와 긴밀한 관계를 가지고 있고 두 명사가 이미 완전히 굳어져 하나의 명사로 탈바꿈하였기 때문에 합성명사로 볼 수 있다.

　'부사나 의성・의태어어근'으로 후행명사를 수식할 때, 주로 부사나 의성의태어어근이 가지는 의미를 빌려서 후행명사의 성질이나 양태를 나

타낸다. '뾰족탑, 보슬비'는 선행어근이 가지는 모양의 뜻을 빌려 후행명
사를 수식한다.

중국어 우핵어인 종속관계로 형성된 합성명사는 핵어가 명사와 명사
가 아닌 경우로 나눌 수 있는데 명사가 핵어인 경우에 선행요소는 '명
사, 동사, 형용사, 부사, 수사' 등으로 나타내어 후행명사를 수식한다.

(19) ㄱ. 명사+명사 : 汽车, 皮包, 网球, 饭碗, 雨衣
　　 ㄴ. 형용사+명사 : 白菜, 黑板, 扁豆, 美德, 暗礁
　　 ㄷ. 동사+명사 : 存款, 燃料, 画家
　　 ㄹ. 수사+명사 : 四季, 半岛, 二胡, 一代
　　 ㅁ. 부사+명사 : 不轨, 常客, 悄悄话

'명사+명사'로 형성된 한국어 합성명사의 유형과 마찬가지로 중국어
에도 명사가 직접 다른 명사를 수식할 수 있다. '汽车'의 선행요소 '汽'는
각각 후행요소의 '车'를 수식하고 '형용사+명사'와 '동사+명사'의 유형
은 '黑板'은 칠판의 뜻이고 선행요소인 '黑'은 후행요소인 '板'의 성질을
나타내고 '存款'는 '수식어+체언'의 관계로 결합하면 '모아둔 돈'이라는
뜻의 합성명사도 형성한다. 다음 수식관계로 형성된 의미유형은 구성
요소의 품사별로 의미유형을 살펴보도록 한다.

홍재성(1999)에서는 의미역은 동자주역, 경험주역, 동반주역, 대상역,
장소역, 도착점역, 결과상태역, 출발점역, 도구역, 영향주역, 기준치역,
내용역 등을 나누었다. 정동환(1993)에서 종속관계로 이루어진 합성명
사는 선행요소와 후행요소가 종속적으로 결합이 되면서 선·후행 요소사
이에 서로 밀접한 의미관계는 '위치, 모양, 시간, 빛깔, 성별, 목적, 생
산물, 종사하는 대상, 혈연, 소유, 원인, 근원, 상태, 혼합, 수단, 포함,

단위, 재료, 방향, 방법, 용도, 순서, 지시, 강조관계'로 체계를 비교적 세밀하게 분류를 해서 구성 요소 간 의미 관계를 분석했다. 황화상(2001)은 '성상 한정관계, 기능 한정관계, 부분-전체 한정관계' 등으로 분류하였다.[39)]

그런데 이들 의미관계는 특정 어휘가 선행요소가 되는지 후행요소가 되는지, 또 어떤 어휘와 결합하는지에 따라 다양한 의미관계를 보이기 때문에 이들의 관계를 유형화하기가 쉬운 일이 아니다. 여기서는 한국어와 중국어 합성어의 대조하는 차원에서 의미유형을 살펴보고자 한다. '명사+명사'형의 합성명사는 선행요소는 '시간, 처소/위치, 소속, 재료, 원인, 목적, 수량, 관계, 도구, 색깔, 모양, 성질' 등의 의미자질을 가지고 있고 후행명사와 수식관계를 형성한다.

합성명사의 구성 요소 간에 의미유형이 매우 다양하고 복잡하므로 유형화하기 어렵지만 여기서 중국어는 명사를 가지고 의미를 대조해 보고 분류하는 기준에 따라 다르게 분류할 수도 있다. 우선 '명사+명사'로 형성된 유형의 의미관계는 다음과 같다.

(20) ㄱ. 산돼지, 水草 (위치관계)
　　 ㄴ. 씨닭, 사냥개, 猎狗, 火险 (목적관계)
　　 ㄷ. 나팔꽃, 瓢虫 (모양관계)
　　 ㄹ. 꿀벌, 젖소, 메주콩, 술집, 珠算, 泥塑, 粒选 (재료나 용도)
　　 ㅁ. 조카딸, 누이동생, 舅妈, 侄儿媳妇 (혈연관계)

---

39) 이외에 의미 분류할 때 다음의 분류방식도 있다. Fillmore(1969)에서 '동작주, 경험자, 대상, 두구, 시발점, 목표점, 장소, 시간' 등 8가지를 제시해 놓았다. 학자마다 의미역에 대한 견해가 다르다. Downing(1977)은 '전체-부분, 부분-부분, 부분-전체, 합성, 비교, 시간, 장소, 근원, 생성, 사용자, 목적, 직업관계 등 14가지로 분류하였다.

ㅂ. 장미꽃, 연잎, 샘물, 花蕊, 杏仁, 车把, 池盐 (소속/소유관계)

ㅅ. 눈사태, 말실수, 술타령, 褥疮, 药疹, 水灾 (원인관계)

ㅇ. 수레바퀴, 코끝, 车轮, 鼻尖, 龟甲, 象牙 (부분과 전체 관계)

ㅈ. 봄누에, 春蚕 (시간관계)

ㅊ. 파랑새, 먹구름, 蓝天, 白云 (빛깔관계)

이상 예 (20)에서 보여준 것처럼, '명사+명사'로 형성된 종속관계인 합성명사가 여러 가지 의미유형이 있다. 두 언어 합성명사를 만들 때 비슷한 인지과정을 거쳐 합성명사를 형성하기 때문이다.

다음은 구체적인 예를 통해 '동사+명사', '관형사+명사', '형용사+명사', '부사+명사' '불규칙어근+명사'로 형성된 종속관계인 합성명사의 의미유형을 살펴보도록 한다. 한국어와 중국어에 모두 나타나는 의미유형은 '위치, 시간, 방법, 색깔, 상태, 용도, 행동주, 경험주, 원인관계' 등이 있다. '동사+명사'로 형성된 유형은 구체적인 예로 구성 요소간의 의미 유형을 살펴본다.

(21) ㄱ. 건넌방, 产地, 患处, 泊位, 震中, 外销, 西晒, 后卫(위치관계)

ㄴ. 묵은세배, 묵은 쌀, 살날, 学龄, 任期, 老农, 陈醋(시간관계)

ㄷ. 구운밤, 날벌레, 들숨, 飘带, 跳棋, 睡莲, 哑炮, 转磨(방식)

ㄹ. 걸쇠, 싼홍정, 잔누비, 赛车, 教鞭, 耕牛, 祭坛(용도관계)

ㅁ. 임신부, 猎人, 产妇, 食客(행동주)

예 (21ㄱ) 중에 '건넌방'은 선행요소가 후행명사 '방'의 위치를 나타내며, '患处'는 '상처 있는 분위'는 처소관계를 나타낸다. (21ㄴ) '묵은세배'는 세배의 시간을 나타내며 '学龄'도 '공부할 나이'의 뜻이고 시간관계를 나타낸다. 다른 예도 마찬가지로 각각 용도, 빛깔, 방법의 의미로 후행명사를 수식한다. 위의 예를 통해 알아볼 수 있다.

'형용사+명사'의 유형은 형용사의 관형형과 어간은 후행명사를 수식하는 경우도 수식관계의 통사구조를 환원할 수 있다. '검은빛'은 '검은 빛깔'의 통사구조로 의미를 해석할 수 있고, '늦더위'는 '여름이 다 가도록 가지 않는 더위'를 의미하고 통사구조로 이해할 수 있다. 이 유형은 '시간관게, 빛깔관계, 상태관계' 등을 이루고 있다.

  (22) ㄱ. 이른모, 가는베, 젊은이, 早稻, 晚秋(시간관계)
      ㄴ. 단감, 잔소리, 큰절, 흰소리, 隆冬, 盛典(상태관계)
      ㄷ. 검은빛, 누른자, 붉은말, 黑人, 黃蜂, 蓝藻, 焦黑(빛깔관계)

(22ㄱ) 중에 '이른모'는 '일찍 심는 모'로 모의 심는 시기를 나타내고 있다. 후행요소에 시간을 나타내는 단어가 오지 않더라도 선행요소가 시간을 나타내는 특이한 예를 보이고 있다. '가는베'는 '가는 올로 촘촘하게 짠 베', '잔누비'는 '잘게 누빈 누비'로 선행요소가 베를 짜는 방법, 누비를 누비는 방법을 나타내어 방법관계를 이루고 있다. '형용사+명사'로 이루어진 종속 합성명사에서 형용사의 관용형은 대부분 상태를 나타낸다. (22ㄴ) 예에서 중국어 '형용사+명사'로 이루어진 종속 합성명사는 성질, 상태, 비유, 전체와 부분 등 몇 가지 분류가 있다. '성질'은 대상의 근본적 속성, 비유적 속성, 상태 등을 나타낸다. '全局, 盛典'은 각각 '전체, 성대한 축제/의식'의 뜻으로 해석하므로 성질이나 상태의 의미관계를 나타낸다.

'관형사+명사'로 이루어진 종속 합성명사의 의미 관계는 위치관계, 시간관계, 혈연관계, 상태관계, 단위관계, 방법관계, 차례관계를 이루고 있어 다양하게 나누어진다. 이 유형은 한국어에만 있는 것이고 의미유형은 주로 선행하는 관형사의 의미자질에 결정된다. 이 유형 중에 상태관계로 이루어진 합성명사가 많다.

> (23) ㄱ. 오른손, 왼발, 오른짝, 왼쪽(위치관계)
> ㄴ. 새달, 새해, 온종일, 첫새벽, 요즈음(시간관계)
> ㄷ. 새색시, 친누이, 친엄마(혈연관계)
> ㄹ. 새집, 생가슴, 생풀, 홀몸, 별것, 생것(상태관계)
> ㅁ. 온폭, 각벌, 온장, 외짝(단위관계)
> ㅂ. 첫눈, 첫해(순서관계)

한국어 '잠재명사40)+일반명사'로 형성된 합성명사는 후행명사를 수식하는 의미적 종속관계를 형성한 것이다. 이 유형은 주로 기능, 성질이나 상태의 의미를 많이 나타낸다. '상징부사+명사'와 '불규칙어근+명사'의 유형도 한국에서 많이 보이는 유형이다. 이 유형의 합성명사는 한국어에 많이 존재하고 있는 상징부사41)의 의미를 살려서 후행명사를 수식하고 불규칙어근도 마찬가지고 주로 후행명사의 형태, 특징을 나타낸다.

> (24) ㄱ. 갈림길, 맺음말, 받침돌, 버팀목(기능, 성질)
> ㄴ. 보슬비, 깜박불, 뾰족구두, 막말(상태, 특징)

---

40) 잠재명사는 합성어의 구성 요소로 많이 참여하고 있다. '갈림길' 중에 '갈림'처럼 이런 요소를 '임시어' 또는 '잠재적 파생명사'라 할 수도 있다. 김창섭(1996)에서는 잠재어를 실재어가 아니면서도 다른 단어형성규칙의 입력이 될 수 있는 '단어 형성 규칙이 잠재적인 출력'이라고 보고 있다.

41) 상징부사는 한국어에서 의성의태어라고 불리기도 한다.

(24ㄱ) 중에 '갈림길'은 '여러 갈래로 갈린 길'의 뜻으로 해석하고 선행 잠재명사는 동사로 전성하여 형성된 명사형이고 주로 후행명사의 기능을 나타낸다. (24ㄴ) '보슬비, 깜박불'처럼, 선행요소는 상징부사로 나오고 후행명사를 모양이나 소리를 많이 나태내고 합성명사를 형성한다. '부슬비'는 '부슬부슬 내리는 비'의 뜻이고 의미가 통사구조로 유추할 수 있다. '불규칙어근+명사'의 유형은 주로 모양, 상태, 성질로 나타난다. 중국어도 '부사+명사'로 형성된 합성명사가 있고 주로 성질이나 상태로 나타난다.

중국어 합성명사 중에 합성동사에서 전성을 거쳐 형성된 합성명사가 있다. 중국어에도 선행동사나 명사가 부사어기능을 하면서 주로 방식이나 도구의 의미를 나타내며 후행동사를 수식한다.

(25) ㄱ. 동사+동사 : 协理, 领唱, 通告
ㄴ. 명사+동사 : 冰雕, 日用, 电汇, 公告
ㄷ. 부사+동사 : 相识, 相好, 合照
ㄹ. 형용사+형용사 : 特长, 白痴
ㅁ. 명사+동사 : 内存, 外汇, 外交

(25) 중에 '协理'는 '협조하여 처리하다'의 뜻이고 선행동사가 후행동작이 하는 방식으로 나타내며 품사의 전성을 거쳐 성된 합성명사이다. '笔录'는 '笔으로 기록한 것'의 뜻이고 도구의 의미로 나타난다. '冰雕'는 '얼음으로 조각된 것'을 뜻하는 '冰雕'의 '冰'은 부사어 기능으로 '雕'를 수식하여 품사의 전성을 거쳐 합성명사를 형성한다. '意译, 票选, 春耕' 등도 비슷한 유형으로 형성된 예이다. 古代汉语에서 명사가 직접 부사어 기능을 할 수 있으므로 现代汉语는 이 유형도 많이 남아 있다. '相好, 不

測 등 '부사+동사'로 형성된 유형은 합성동사를 형성하고 나서 품사의 전성을 거쳐 합성명사를 형성하는 유형이다. 이상은 두 언어 종속관계로 합성명사의 의미유형에 대한 분석이다.

[2] 합성동사

합성동사에도 종속관계로 형성된 유형이 많다. 우선, 한국어의 우핵심인 합성동사는 네 가지로 나눌 수 있는데 '동사+아/어, 다+동사', '동사/형용사어간/명사+동사'와 '부사+동사'의 유형이다.

(26) ㄱ. 동사+어+동사 : 빌어먹다, 발라먹다, 노려보다
   ㄴ. 동사+다+동사 : 내다보다, 건너다보다, 들여다보다
   ㄷ. 형용사어간+동사 : 낮보다, 늦되다
   ㄹ. 명사(부사어기능)+동사 : 뒤서다, 뒤꽂다, 꽉차다, 벗삼다
   ㅁ. 부사+동사 : 그만두다, 곧이듣다, 바로잡다, 못되다42)

전통문법에서 부사형 어미로 다루어지던 '-아, -게, -지, -고'는 선행동사로 이루어지는 성분의 부사어로서 후행동사를 수식하는 관계를 형성한다. 연결어미로 형성된 합성동사의 의미차이는 합성동사를 형성과정에서 매개로 하는 연결어미가 큰 기능을 하므로 두 유형의 의미차이도 두 연결어미의 차이에 비롯된다고 할 수 있다.

---

42) '비틀하다'에 대한 견해가 다르다. '하다'에 대한 지금까지의 논의는 접미사, 형식동사, 본동사, 대동사로 보는 여러 가지 견해가 있다. 현재의 학교 문법에서는 '하다'를 용언을 파생하는 접미사로 보고 있다. '-하다'가 '-되다'와 대립하여 능동사와 피동사를 형성한다는 점에서 접사로 보는 것이 합리적이라고 본 것이다(남기심·고영근 1985 : 197). 본 연구에서는 이러한 견해를 받아들여 '비틀하다' 등 파생어로 간주하고 본 연구에서 제외하기로 한다.

그 중, (26ㄱ)은 '동사+아/어+동사'형이 가장 많이 나타난다. 앞에서 대등관계에서 언급한 것처럼, 합성동사 간에 '아/어'는 대등관계와 종속관계 두 가지로 나눌 수 있다. 여기서 종속관계의 유형을 살펴보고자 한다. 종속 연결어미인 '-어'는 선행요소와 후행요소를 연결시켜 접속문을 이루는데, '서'가 탈락된 채, '-어'만이 쓰이게 되어 합성동사로 발전하게 된다는 연구들43)을 찾아볼 수 있다. '동사+어+동사'의 합성동사 중 일부분은 대등적 합성동사로 볼 수 있고 일부는 순행수식으로 형성된 종속관계로 해석할 수 있다. 순행수식에서 행위 지속의 의미는 선행동사들이 가지고 있으므로 계기적 행위의 의미, 즉 선행행위 완료 후 그 동작을 전제로 하여 후행행위가 이루어지는 의미로 실현된다. 이러한 의미는 선행동사의 의미 때문에 연결어미로 이루어진 접속문에서의 두 동사의 연결과 많이 비슷하다.

구본관(2001)에서 '동사+아/어+동사'형 합성동사는 '동사+고+동사'형 합성동사보다 많은 이유는 '아/어'의 의미가 '고'보다 합성동사를 쉽게 형성할 수 있기 때문일 것이다. 연결어미 '아/어'는 주로 [계기], [방법], [이유], [동시성], [대등성] 등 다섯 가지 의미를 가지는 것으로 볼 수 있지만 합성동사의 형성과정에서 [동시성]과 [대등성]을 나타내지 않고 주로 '지속', '방법'의 의미를 나타내고 후행동사를 수식하는 기

---

43) 김창섭(1996)에서는 '어'는 접속법과 자격법을 나누어서 선행동사와 어미 '-어'가 후행동사를 '부사어와 서술어'의 관계를 형성하고 최현배(1955)는 '어'형을 '합동적 용법'과 '완성적 용법'을 보고 있다. 성기철(1972)에서는 '어'와 '-고'에 대하여 방법·지속의 '고1'와 방법·비지속의 '어1'와 완료, 가짐'의 '어2'로 나누었다. 한편 임홍빈 (1975)에서는 '-어'가 불정법을 만들고 '-고'는 상태표현을 한다고 보았다. '-고'형 합성동사는 V1과 V2의 결합이 접속관계는 '주고받다'형은 선행동사와 후행동사가 대립적인 의미자질을 갖고 있는 유형이다.

능을 한다. 예를 들어 '빌어먹다'는 '빌어서 먹다'로 해석할 수 있고 선행
동사의 '빌다'는 후행동사 '먹다'의 수단, 방법으로 이해할 수 있고 부사
어 기능을 한다. 연결어미 '-아/어'에 비하여 연결어미 '-고'에 의해 두
동사가 연결되는 유형은 비생산적이다. 선행동작이 끝난 후, 후행동작
이 일어나는 의미관계를 이루는 동사의 연결은 비교적 제한이 없다.44)

(26ㄴ)은 '동사+다+동사'형 합성동사는 선행동사 연결어미 '다'를 붙
어 후행동작을 진행하는 방식(내다보다)이나 휴지의 의미를 나타낸다.

(26ㄷ)은 '형용사어간+동사'형 합성동사는 선행요소인 형용사 어간
은 부사어 기능을 하고 후행동사를 수식하는 관계를 형성한다. '낮보다,
늦되다'는 주로 선행 형용사어간의 성질을 빌려서 후행동사를 수식한다.

(26ㄹ)은 '명사(부사어기능)+동사' 유형의 합성동사로 한국어의 일반
적 통사관계에 맞지 않는 특수유형의 합성동사이다. 선행요소인 명사가
부사어기능을 하면서 후행동사를 수식하고 있는 유형이다. 이 유형은
명사가 후행동사의 부사어 기능을 하는 경우로 '동작의 귀착점, 처소,
방향, 도구, 제한' 등의 의미로 분류할 수 있다.

예를 들어, (26) 중에 '뒤서다'는 '뒤에 서다'의 통사구조로 환원하여
'남의 뒤를 따르다'의 뜻으로 해석한다. '옆들다'는 '옆에서 도와주다'의
뜻으로 해석하고 명사가 처소부사를 담당한다. 방향처소격으로 나타날
때 명사는 '로/으로'의 부사형으로 바꿀 수 있다. '겉잡다'는 '겉으로 보

---

44) 함희진(2010)에서도 '동사+연결어미+동사'형의 통사적 합성동사를 논의했고, '고'
형 합성동사는 '어'형 합성동사보다 생산성이 떨어진다고 했다. '고'형 합성동사는
통시적으로 굳어진 단어로 보는 것이 타당하다고 생각한다. '-고'는 주로 접속의미
로 '구' 구성이 많이 살아있기 때문에 합성어보다 '구'는 더 많이 인식되기 때문에 '-어
서'는 종속접속으로 형성된 합성동사는 더 많다. '-고'형 합성동사는 주로 동사의 선
후관계로 일어나는 대등접속을 나타내므로 종속접속으로 형성된 유형이 거의 없다.

고 대강 짐작하여 헤아리다'의 뜻으로 환원할 수 있다. 명사가 도구나
방식의 의미를 나타내어 부사어기능을 하는 경우도 있다. '일삼다'는 '일
로 생각하고 하다'의 뜻으로 해석하므로 생각하는 방식으로 이해할 수
있다. 명사가 '자격부사어'로 나타나는 경우는 '벗삼다' 등이 있다. '제한'
의 뜻으로 나타나는 경우는 '겉바르다, 겉늙다, 겉마르다' 등 몇 개의 예
만이 있다. '끝닿다'의 의미는 '맨 끝까지 다다르다'이므로 '끝에 닿다'의
통사구조로 환원할 수 있다. 이 유형에 속하는 합성동사는 '뒤꽂다, 앞
두다, 뒤서다' 등 있다.

(26ㅁ)은 '부사+동사'는 선행하는 부사어가 후행동사를 수식하는 유
형이고 의미 핵어는 수식받는 동사이다. '곧이듣다'는 '말한 그대로 완전
히 믿다'는 뜻으로 선행요소인 '곧이'는 부사성을 갖고 후행동사 '듣다'의
부사어 기능을 담당하여 선행부사가 제각각의 부사성 의미를 가지고 후
행동사를 수식한다. 이 유형에 속하는 다른 합성동사는 '그만두다, 막살
다, 잘하다, 마주보다, 바로잡다' 등이 있다.

중국어에서 연결어미 같은 문법수단이 없으므로 주로 선행요소로 명
사나 동사, 형용사, 부사 모두 나오며 직접 부사어로 기능하여 후행동
사인 핵어를 수식하여 '명사+동사', '형용사+동사', '동사+동사', '부사
+동사' 등 네 가지로 나누어진다.

(27) ㄱ. 명사+동사 : 声援, 意译
ㄴ. 형용사+동사 : 满载, 轻视
ㄷ. 동사+동사 : 回顾, 代理
ㄹ. 부사+동사 : 确保, 白搭

종속관계의 합성동사 구성 요소간의 의미유형은 '비유, 도구, 시간, 범위, 수단이나 방법, 태도' 등을 나눌 수 있다. 구체적인 예로 통해 알아본다. '명사+동사'의 유형은 부사어로서 후행동사를 수식하는 특이한 방식이다. 한국어 시간과 장소의미를 나타내는 명사는 명사와 부사의 두 가지 문법범주를 갖듯, 중국어도 비슷하게 '시간, 위치, 처소' 등의 명사는 다른 품사범주보다 자유롭게 부사어기능을 할 수 있다. 다음 예에서 보인 것처럼, 명사가 부사어기능을 하는 유형은 '도구, 시간, 방향, 방법, 태도, 비유' 등으로 다양하게 나타난다.

> (28) 冰雕, 笔耕, 彩绘(도구관계), 晨练, 春耕, 冬眠(시간관계), 仓储, 毒害, 沟通(방법관계), 臣服, 仇视, 奴役, 歧视(태도관계), 鸟瞰, 波动, 飞涨(비유관계)

(28)에서 예시한 것처럼, '蔓延, 株连, 兔脱'는 선행명사가 비유법으로 후행동사를 수식하는 유형이고 '冰雕'는 '재료나 도구'라는 뜻으로 명사가 부사어 기능을 하는 것이다. 또한, '晨练'는 '아침에 운동하다'의 뜻으로 명사가 시간부사어를 나타내는 것이고, '后退'는 '뒤로 물러서다'의 뜻으로 명사가 방향부사어로 나타낸다. '法制'는 '법으로 규정하다'의 뜻으로 방법이나 수단의 뜻으로 나타내며 '仇视'는 '원수처럼 적대시하다'의 뜻으로 부사어가 후행동사의 태도를 나타내어 부사어 기능을 한다.

명사가 부사어 기능을 하며 후행동사를 수식하여 종속관계를 형성한 합성동사 간에 차이는 한국어 합성동사 중에 비유법으로 형성된 유형이 없지만 중국어에 있다. '鸟瞰, 鱼贯, 波动' 등처럼, 비유법으로 형성된 합성동사의 예가 많다. '波动'의 기본의미는 '파도가 출렁거리며 움직이다'

로 해석하므로 비유법으로 형성된 합성동사이다.

중국어에도 '동사, 형용사'가 후행동사를 수식하는 부사어가 될 수 있고 형용사는 주로 성질이나 상태의 의미를 나타내므로 '형용사＋동사'로 형성된 합성동사는 주로 '성질이나 상태'의미를 많이 나타낸다. '滿載'는 '가득하게/가득히 싣다'는 뜻으로 형용사인 '滿'이 부사어로 후행동사를 한정하는 관계를 형성한다. '轻视, 热爱, 安息, 轻放, 荣任, 安息, 干笑, 冷笑' 등이 있다.

'부사＋동사'는 선행부사는 후행동사를 한정하는 관계를 형성하고 일반적인 문장의 통사관계에 맞는 유형이다. '确保'의 뜻은 '확실히 보증하다'의 뜻이고 '부사어－동사'의 통사관계를 형성한다. 이 유형의 합성동사는 '白搭, 白费, 常备, 不比, 否定, 活捉, 相处, 相交' 등이 있고 주로 양상의 의미를 많이 나타낸다.

[3] 합성형용사

합성형용사의 경우에 비유법으로 써서 합성형용사를 형성하는 유형이 한국어와 중국어 합성어에 모두 있되 차이가 있다. 이 유형의 한국어 합성어는 비유체만 나오고 본체는 합성어 속에 내포되어 겉으로 나타나지 않는다. 중국어의 경우는 선행명사가 비유체이고 후행하는 본체와 수식관계를 형성한다.

(29) ㄱ. 꿈같다, 번개같다, 다락같다, 비호같다
　　　ㄴ. 火红, 冰冷, 雪白, 油亮, 笔直, 火急

(29ㄱ)의 '꿈같다'는 '세월이 덧없이 빠르다거나 덧없고 허무하다'의

성질이 꿈과 비슷하여 '꿈같은 세월'이란 표현으로 쓰인다. 즉 '꿈'의 성
질을 빌어 '~은 꿈과 같다'로 해석할 수 있다. '비호같다'는 비호의 성질
을 빌어 '매우 용맹스럽고 날쌔다'의 뜻으로 해석할 수 있다. '성화같다'
는 급히 떨어지는 성화의 특징을 빌어 행동이 '몹시 다급하다'로 해석한
다.45)

　중국어 합성어는 주로 선행요소가 비유체이고 후행요소가 본체이며
선행요소가 비유의 뜻으로 후행요소를 수식하는 관계를 구성한다. (29
ㄴ)의 '冰冷'은 '얼음같이 차다'의 뜻이고, '笔直'는 '붓처럼 곧다'의 뜻으
로, 모두 선행명사가 비유성부사어로 후행형용사를 수식하는 의미유형
이다. '肤浅, 绵薄, 草绿, 天蓝, 飞速, 倾盆, 鼎沸, 鬼祟' 등도 비슷한 방법
으로 형성된 유형이다.

　비유법을 쓰지 않고 형성된 우핵심 구조의 유형에는 '부사＋형용사',
'부사＋동사', '형용사＋형용사', '명사＋형용사'의 유형이 있다.

　　(30) ㄱ. 부사＋동사 : 잘나다, 못나다 ; 特制, 偶发, 突发, 特邀(방법관계)
　　　　ㄴ. 부사＋형용사 : 다시없다, 绝密, 相同(성질관계)
　　　　ㄷ. 형용사＋형용사 : 감노르다, 엷붉다, 짙푸르다 ; 鲜红 ; 狂热,
　　　　　　(색깔관계)
　　　　ㄹ. 명사(부사어)＋형용사 : 남부끄럽다, 남다르다 ; 雪白, 草绿(성
　　　　　　질/색깔관계)
　　　　ㅂ. 명사＋동사 : 内服, 电动, 铁制, 野生(성질관계)

---

45) 정동환(1992)에서 '비호같다'류의 형용사는 구성 요소와 관련이 없는 융합합성어로
　　취급하지만 이 책에서는 일반 비유법으로 형성된 합성형용사이고 본체만 드러내지
　　않을 뿐이라고 본다.

다음 (30ㄱ)의 '잘나다, 못나다'는 '부사＋동사'로 형성된 특수한 형용사이다. 이 유형은 선행부사와 후행동사가 결합해서 형용사의 의미를 갖게 되어 합성형용사가 형성된 것이다. '잘나다'는 '얼굴이 잘생기거나 예쁘다'의 뜻과 '똑똑하고 뛰어나다'의 뜻으로 해석하여 형용사의 자질을 갖게 되고, 그리하여 합성형용사를 형성하게 된 것이다. 중국어도 같은 형태구조의 합성형용사가 있다. 이 유형은 품사의 전성을 거쳐 형용사를 형성하는 유형이다. 중국어의 '偶发'는 '우연히 발생하다'의 뜻으로 형용사의 자질을 갖게 되고, '(사건, 일 따위가) 우연히 발생하는 '의 뜻으로 해석하면 주로 명사를 수식하는 형용사가 된다. 이 유형은 결합하는 과정에서 의미전이도 일어나서 동사성이 약화되어 합성형용사를 형성한다.

(30ㄴ)은 한국어와 중국어 합성형용사에 모두 있는 유형이다. 선행부사가 후행형용사와 수식관계를 형성하고 주로 통사구에서 굳어져서 형성된 유형이다. '다시없다'는 '그보다 더 나은 것이 없다'로 해석하므로 선행부사가 후행형용사 '없다'를 수식한다. 중국어에도 '绝密'처럼 '절대 비밀적이다'의 뜻으로 해석하여 선행부사가 후행형용사와 종속관계를 형성한다.

(30ㄷ) 중에 '형용사＋형용사'로 형성된 종속관계의 합성형용사이다. 선행형용사가 후행형용사의 성질이나 정도의 의미를 나타낸다. '짙푸르다'처럼 선행형용사가 부사어기능을 하면서 후행형용사를 수식하는 관계를 이룬다. '짙푸르다'는 '짙게 푸르다'의 뜻으로 선행형용사가 후행형용사의 정도를 강조하는 의미를 나타낸다. 이런 형용사는 '감노르다, 엷붉다' 등이 있다. 한국어에 이런 관계로 형성된 합성형용사는 대부분 색깔 형용사이다. 중국어 '鲜红'는 '鲜'은 후행 핵어 '红'의 정도를 나타낸다.

'짙푸르다'와 비슷한 유형이다. 그리고 중국어는 색깔형용사 뿐만 아니라 일반적 형용사(狂热, 旱熟)도 있다.

(30ㄹ) '명사(부사어)＋형용사'의 유형은 한국어의 경우에 구성 요소간에 부사격조사를 삽입시킬 수 있고 삽입하는 부사격조소로 구성 요소간의 의미관계를 알 수 있다. '눈설다'는 '눈에 설다'의 뜻으로 해석하여 '손쉽다'는 '손에 쉽다'이고 '남다르다'는 '남과 다르다'의 뜻으로 해석할 수 있다. 중국어 '雪白, 草绿'처럼, 명사가 주로 비유격을 써서 후행형용사를 수식하여 명사가 다른 유형의 부사어기능을 하지 않는다.

(30ㅁ) '명사＋동사'로 형성된 유형은 중국어만 있는 품사의 전성을 거쳐 형성된 유형이다. 중국어에만 있는 '명사＋동사'형의 합성형용사는 '铁质, 野生, 家养' 등이 있다. 이들은 명사가 주로 도구나 재료, 장소의 의미를 나타내어 부사어기능을 하며, 후행동사를 수식하고 품사의 전성을 거쳐 형성된 합성형용사이다. '家养'은 '집에서 기르다'는 뜻에서 '집에서 기르는' 성질을 갖게 된다.

이상은 종속관계로 형성된 합성어는 품사별로 구성 요소간의 의미관계를 살펴보았다. 종속관계로 형성된 합성어는 한국어와 중국어 두 언어에서 수량이 풍부하고 구성양상도 다양하다. 어휘화하는 측면에서 해석하면 수식관계는 주술관계와 술목관계로 형성된 유형보다 더 쉽게 어휘화할 수 있기 때문이다.

2.3. 종합관계

합성어 가운데는 대등관계와 종속관계로 분석할 수 없는 유형이 존재한다. 이들은 특히 합성어의 형성 과정에서 심층의 통사 관계를 고려해야 합성어의 의미를 제대로 추출할 수 있는 특성을 보이는 것들이다. 심층의 통사관계 분석이 합성어의 의미 도출에 중요한 분석 방법이 될 수 있다는 주장은 그동안 여러 곳에서 제기된 바 있다.46)

한국어 합성어 가운데에는 문장의 통사관계를 분석하는 것이 의미 분석에 절대적으로 필요한 것들이 있다. 이런 것들은 원래 통사적 구성이었던 것이 합성어로 어휘화된 것이기 때문에 어휘화 이전의 통사관계가 보이는 의미가 그대로 굳어졌을 가능성이 크다. 이렇게 통사적 구성이 어휘화되어 형성되는 합성어는 중국어에서 더욱 두드러지는 모습을 보인다. 중국어는 고립어라는 특징을 가지고 있기 때문에 이런 유형의 합성어들 대부분이 아무런 형태적 변화 없이 그대로 통사적 구조에서 굳어져 형성된 것으로 생각되기 때문이다. 그런데 이렇게 통사적 구성이 굳어져 합성어가 되는 경우에 대부분의 합성어들은 주술관계와 목술관계47)를 보이는 특징을 보인다. 이는 한국어와 중국어의 합성어에서 모두 드러나는 특성이다.

황화상(2001)에 따르면 단어형성에 대한 연구에서 의미구조를 따지려면 구성 요소 사이의 통사구조나 그들 사이의 형태구조를 살필 필요가 있다. 특히 형태구조와 의미구조 사이에 괴리가 나타나는 경우가 있는데48) 예를 들어 '해돋이'의 경우 형태구조는 '[[해]+[돋이]]'로 분석하

46) 이석주(1989)에서는 합성어의 형성과정에는 단어와 단어의 결합뿐만 아니라 문장 성분도 들어있기 때문에 형태적 논의뿐만 아니라 통사적 관련성, 의미적 관련성이 모두 논의되어야 한다. 안상철(1998)에서도 한국어 합성명사의 형성을 다루면서 접사에 의해 형성된 합성어들의 형성에는 통사구조에 대한 분석이 관여하고 있음을 밝히고 있다. 예를 들어, '먼지털이'와 같이 잠재명사로 형성된 합성명사들은 구성 요소 간의 논항관계를 따져 통사구조를 분석할 수 있다.

47) 중국어에서 '서술어+목적어'의 통사관계는 이 책에서 '술목관계'로 약칭한다.

48) 그는 이 현상을 괄호매김역설(bracketing paradox)이라고 불렀다. 이에 따르면 '해

는 것이 옳지만 의미구조는 이와 동일하지 않다는 것이다. 즉, '해돋이'
는 '해가 막 솟아오르는 현상'이기 때문에 그와 같은 분석보다는 심층의
통사구조 '[해+돋-]' 고려되어야 한다는 것이다. 형태구조와 의미구조 간
에 불일치가 나타날 때의 의미해석은 형태구성의 재구조화가 필요하다.

이 책에서도 형태구조와 의미구조 사이의 비대칭성을 인정하여 의미
를 분석할 때, 재구조화 과정이 존재한다는 것을 전제로 한다. 이렇게
합성어를 분석할 때, '주술관계나 목술/술목관계'처럼 통사구조에 대한
이해가 필요한 합성어를 종합관계49)에 따른 합성어라고 한다.

이렇게 심층의 통사관계로 주술관계나 목술관계를 보이는 의미관계
를 종합관계로 설정함으로써, 이들의 연구가 상대적으로 소홀했던 기존
의 연구를 보완할 수 있을 것으로 생각된다. '주술관계와 목술/술목관계'
의 의미구조를 보이는 합성어는 앞에서 살핀 대등관계나 종속관계에 해
당되지 않는다는 점에서 별도의 하위분류로 나눌 필요가 있으며 이들은
두 구성 요소가 서로 합하여 종합적인 의미기능을 수행하고 있기 때문
에 두 구성 요소가 모두 핵어로 기능한다는 특성도 나타낸다. 이 책에
서는 이런 유형의 합성어를 의미상 종합합성어라고 부르기로 한다.50)

돋이'의 경우 형태적으로는 '해+돋이'로 분석되나 의미 해석은 '해돋+이'로 분석되
어 형태구조와 의미구조의 괴리를 보인다. 이러한 괄호매김역설은 접사 결합에 일
정한 순서가 있다는 어휘형태론의 단계유순가설의 반례로서 제시된 것이다. 이에 대
해서는 채현식(2010 : 148)을 참조하였다.

49) '고기잡이'의 유형은 논란이 많다. 이들은 합성어의 제2요소가 동사에서 파생된 요
소이지만, 전성명사로서의 독립성을 가지지 못한 합성어를 말한다. 이 '고기잡이'류
합성어는 선행연구에서 여러 가지 다른 이름으로 불리어졌는데, 동사성명사 합성어
(연재훈, 1986), 종합합성어(전상범, 1995), 동사성 합성어(안상철, 1998), 통합합
성어(채현식, 1999) 등으로 불리어졌다.

50) 핵어가 무엇인지 알 수 있고 핵어의 의미로부터 합성어의 의미를 도출할 수 있다는
점에서 이 역시 의미상 내심합성어이다.

2.3.1. 주술관계

'주술관계'는 문장의 통사관계를 논의할 때 쓰는 용어인데 구성 요소 간의 심층의 통사관계가 주술관계를 보이는 합성어가 있다. 이 유형은 의미적으로 공기관계로 요구되는 통사구로 많이 쓰이던 구성이 의미가 단일화 되면서 한 단어로 굳어진 경우에 해당한다. 합성명사, 합성동사, 합성형용사의 순서로 나누어 살펴보기로 하자.

먼저 '주술관계'로 이루어진 합성명사의 경우, 한국어에서는 주로 '명사+잠재명사'의 구성을 보이는 특징이 있다. 중국어에도 주술관계로 이루어진 합성명사가 있지만 중국어에는 형태변화가 없으므로 '명사+동사'로 이루어진 것이 그대로 굳어져 합성어가 된 경우이다.

(31) ㄱ. 땅울림, 사람됨
ㄴ. 地震, 春分, 霜降, 海嘯, 毛病, 气虚, 耳鸣

(31ㄱ)은 한국어의 경우인데, '땅울림'은 '무거운 물체가 떨어지거나 지나갈 때 땅이 울리는 현상이나 소리'란 뜻으로 '땅이 울리는 것' 정도 의 의미를 '땅+울리-'라는 통사구조에서 추측할 수 있다. '사람됨' 역시 '사람+되-'라는 통사 구성으로부터 '사람이 된 모습' 정도의 의미를 찾을 수 있다. (31ㄴ)은 중국어의 합성명사로서 한국어와 달리 직접적인 통사구성이 형태적인 추가나 변화 없이 그대로 굳어져 어휘화한 모습을 보여준다. 예를 들어, '地震'은 원래 '地(땅)이 震(진)하다', 즉 '땅이 울리다'라는 통사적 구성이었으나 이것이 굳어져 '지진, 또는 땅이 울리는 현상'을 나타내는 합성어가 된 것이다. 중국어에서 주술관계로 이루어진 합성명사가 주로 자연현상이나 절기(节气) 등을 가리키는 것도 하나

의 특징이라고 할 수 있다.

다음 합성동사의 경우를 보자. '주술관계'로 구성된 한국어 합성동사의 선행요소와 후행요소 사이에 주격조사가 삽입하면 합성동사의 의미를 쉽게 도출할 수 있다. 후행요소로는 주로 다의관계를 나타내는 자동사 '나다, 들다, 서다, 빠지다' 등이 사용되는데 의미적으로 [-능격성]와 [-완성성]을 가지는 특징을 보인다.

(32) ㄱ. 겁나다, 맛들다, 모서다, 김빠지다
    ㄴ. 心疼, 脸红, 头晕, 肩负, 沟通, 內疚

(32ㄱ)의 '겁나다' 등과 같이 '주술관계'의 합성동사 형성이 이루어진 경우는 선행요소인 명사가 모두 비지시성 무정명사라는 특징을 보인다. 중국어에도 주술관계로 이루어진 합성동사의 경우 이러한 제약이 있지만 후행하는 동사가 다의관계를 나타내지 않는 경우도 있다는 점에서 차이가 있다. (32ㄴ)의 '心疼'은 '…때문에 마음이 아프다/아깝다'는 뜻으로 타동사이다. 이런 의미는 구성 요소가 지닌 원래의 주술관계로부터 의미를 도출할 수 있다.51) 주술관계로 형성된 중국어 합성어는 더 자세하게 나누어 '경험주-동작'관계(质变, 日食, 地震, 法定, 国产), '사물-성질형용사'관계(气短, 胆怯, 锋利, 水荒, 心寒), '동작주-동작'관계(民用, 民主, 自律), '수동자-동작'관계(肠断) 등으로 구분할 수도 있다.

합성형용사의 경우도 존재한다. 한국어에서 '명사+형용사'로 구성된 합성어는 기본적으로 심층의 주술관계를 이루고 있는 것으로 환원할 수

---

51) 예를 들어, '我心疼钱'의 밑줄친 '心疼'은 합성동사로 사용된 경우를 보여준다. 이 경우 타동사로서 목적어 '钱'을 취할 수 있다.

있다.

   (33) ㄱ. 맛없다, 불되다, 버릇없다, 때맞다
        ㄴ. 年轻, 面熟, 口重, 锋利, 耿直, 天然

  (33ㄱ)의 예는 주술관계를 보이는 합성형용사인데 주로 사람이나 사물 또는 일의 상태나 성질을 나타내는 의미를 가진다. '맛없다'는 '음식의 맛이 없다'로 해석되므로 사물의 성질을 나타내는 형용사이다. (33ㄴ)는 중국어의 합성형용사 예인데 '年轻'은 '나이가 젊다' 정도의 성질을 나타내는 합성형용사이다.

  주술관계를 보이는 합성어는 빈도상 매우 비생산적인 특징을 보인다.[52] 周荐(2004)의 중국어 합성어에 대한 통계에 따르면, 중국어 합성어에서 '주술관계'로 형성된 합성어는 모든 합성어의 1.2%에 그쳐, 다른 통사구조에 비해 가장 비생산적이다. 주술관계 유형의 합성어가 가지는 이러한 비생산성은 두 언어의 특징과 구성 요소 간에 의미제약으로 설명할 수 있다. 문장 주성분인 주어, 서술어, 목적어, 보어 가운데 특히, 주어와 서술어는 중요한 정보를 담고 있을 뿐만 아니라 다른 성분들의 결합과 달리 외심적 구조를 형성하기 때문에 이런 통사구조는 쉽게 합성어로 굳어지기 어렵기 때문이다. 그리고 한국어와 중국어는 모두 주제부각형(topic-prominent) 언어이기 때문에 주어와 서술어의 관계는 다른 성분보다 밀접하지 않다는 것도 이 통사구성이 단어로 굳어

---

52) 김정은(1995)에서의 품사별 합성어에 대한 통계분석에서도 합성명사에서 이 유형의 수량은 매우 적고 합성동사와 합성형용사에서도 목술 관계보다 비생산적임이 지적되었다.

지는 것을 어렵게 한다.

주술관계의 합성어의 비생산성은 구성 요소간의 여러 가지 의미제약
으로도 설명할 수도 있다. 합성어의 형성에는 이런 제약이 관여하기 때
문이다.53)

첫째, 선행요소의 주어기능을 한 명사는 대부분 〔-지시성(-referential)〕
을 가진 〔-유정성(-animacy)〕의 의미특성을 지녀야 한다. '목마름, 겁
나다, 낯설다, 地震, 月食' 등의 예를 보면 선행명사가 모두 〔-지시성〕,
〔-유정성〕의 의미특성을 가지고 있음을 알 수 있다.

둘째, 주어가 동작의 행위자(agent)가 아니고 경험자(experiencer)이어야
한다. 즉 이 유형의 합성어가 가지는 심층의 통사관계에서 주어는 '행위자
-불가제약(No Agent Constraint)'을 따르고 있어야 한다는 것이다.54)

셋째, 서술어로는 비대격동사만 나온다. '해돋이, 낯설다, 地震, 心疼'
등과 같이 비대격 동사에 한해 이런 '주술관계' 합성어의 형성이 허용되
고 따라서 이러한 동사들은 심층에서 목적어를 가지지 못한다. 그런데
특징적인 것은 중국어에서는 형용사도 비능격동사에 포함할 수 있으므
로 '명사+형용사'로 형성된 합성명사와 합성동사가 모두 있지만 한국어
에는 이런 구성을 보이는 합성명사와 합성동사가 없다는 점이다.55)

지금까지 살핀 주술관계 유형의 합성어가 보이는 의미제약은 기본적
으로 이런 유형의 합성어 형성이 한국어와 중국어 모두에서 매우 비생

---

53) 주술관계 유형의 합성어가 보이는 비생산성을 의미적 제약 관계로 설명하려는 논의
   는 董秀芳(2011) 제2장에 자세히 논의되어 있다.

54) 이에 대하여는 한국어의 경우, 안상철(1988)에서 어휘형성의 통사적 해석을 논의하
   면서 언급되었다.

55) 중국어 '명사+형용사'의 합성명사는 '口红, 蛋白', 합성동사는 '齿冷, 自便' 등이 있
   고 구체적인 논의는 외심합성어 부분을 참고하기 바란다.

산적일 수밖에 없는 까닭을 잘 보여준다.

2.3.2. 목술/술목관계

'목술/술목관계'로 형성된 한국어 합성명사는 잠재명사로 형성된 종합합성명사중의 부분이다. 이 유형은 '주술관계'로 형성된 유형과 마찬가지로 형태구조와 의미구조가 서로 일치하지 않는 비대칭성이 존재한다. 이러한 유형의 합성어에서 의미구조를 분석하기 위해서는 주술관계를 보이는 합성어의 경우처럼 심층구조의 통사관계로서 '목술관계'를 분석하는 것이 유용하다. 이런 구성방식을 보이는 합성어들은 한국어와 중국어 모두에서 합성명사나 합성동사가 존재하지만 합성형용사의 경우에는 중국어에만 존재한다.

먼저 합성명사의 경우를 살펴보자. 한국어 합성명사의 경우 이런 유형을 보이는 합성명사들은 후행요소가 어떤 접미사를 취하여 잠재명사를 형성하는가에 따라 '-ㅁ'형, '-이'형, '-기'형, '-개'형으로 세분할 수 있다. 다음 예를 보자.

> (34) ㄱ. '-개'형 : 갓싸개, 등덮개, 똥싸개, 병따개, 실감개, 이쑤시개
> ㄴ. '-기'형 : 그네뛰기, 글짓기, 김매기, 끝내기, 돈내기, 모내기
> ㄷ. '-이'형 : 구두닦이, 고기잡이, 목도리, 재떨이
> ㄹ. '-ㅁ'형 : 고기볶음, 끝맺음, 낯가림, 밤샘, 탈바꿈, 먼지떨음
> ㅁ. 술목관계 : 主席, 司机 ; 搬家, 守岁 ; 布局, 绣花 ; 围脖儿, 护膝 ; 当代

'-개, -기, -이, -ㅁ'에 대한 연구는 김창섭(1983)에서 자세하게 논의한 바가 있다. 이런 명사파생접미사들의 의미에 대해 유형화를 시도했

지만 예외가 많다. 이는 언어 자의성 때문에 모든 언어현상은 언어규칙에 맞는다고 할 수 없다고 논의했다.

'-개'는 보통 '동사 어간으로부터 주로 도구명사를 형성한다'. 이 점은 송철의(1989), 심재기(1982), 김창섭(1983)에서는 모두 일치하는 견해라고 볼 수 있다. 다만, '오줌싸개, 코흘리개, 침흘리개' 등은 도구라기보다는 사람을 가리키는 명사들인데, 이런 경우에는 사람을 도구처럼 낮추어 본다는 의미특성 때문에 '-개'를 취하게 된 듯한다고 했다. '-개'는 도구 명사를 만드는 것이 파생명사에도 비슷한 기능을 보인다. (34ㄱ) 중에 '갓싸개, 동싸개, 병따개, 턱받치개, 이쑤시개, 씨뿌리개, 실감개, 이쑤시개' 등은 바로 구체적인 물건을 가리키는 합성형사의 예이다.

'-기'에 대한 심재기(1982)에서 논의한 것이 있다. 동작동사 뒤에서는 행위 명사화소, 상태동사 뒤에서는 척도 명사화소로 쓰인다는 견해가 일반적이다. (34ㄴ)의 '그네뛰기, 글짓기'는 행위명사화소로 이해할 수 있다.그리고 김창섭(1983)에서는 '-기'가 만들어진 합성명사는 주로 운동이나 놀이의 이름을 지었을 때 쓰이거나 구체적인 행위를 가리킬 때도 쓰인다고 했다. 특히 [+기술]의 행위명사를 만들 때는 '-기'가 선택된다고 할 수 있다. '땅재기, 무릎치기, 배지기, 송곳치기, 술래잡기, 숨쉬기, 실뜨기, 앞차기' 등은 이 유형에 속한다.

'-이'로 구성한 경우는 생산적이다. [+유정성] 명사를 가리킬 때, '-이'가 많이 나타난다. (34ㄷ) 중에 '구두닦이, 젖먹이, 고기잡이, 길잡이, 개미핥기' 등 이 유형에 속하여 (34ㄷ)중에 '목도리, 재떨이'처럼, [-유정성] 명사를 가리킬 때, 주로 도구로 많이 나타낸다. '고기잡이'는 행위와 행위자의 두 가지의미를 가진 것은 특수한 예라고 볼 수 있다.

'-음'은 거의 '-기'와 대비시키면서 함께 이루어졌다. 『우리말 큰 사전』

에서 '받침 있는 동사나 형용사 어간에 붙어 꼴 없는 명사를 만든다. 받침 있는 어간에 붙어, 그 말을 명사 노릇을 하게 하는 끝의 하나'로 규정하고 있다. 임홍빈(1974)에서 '-음'에는 〔+대상화〕, '-기'에는 〔−대상화〕라는 특성이 있다고 한 것이다. 예를 들어, (34ㄹ) 중에, '고기볶음, 끝맺음' 등은 바로 행위명사화로 할 수 있다.

요약하면, 이 유형의 합성명사는 주로 '도구, 사람, 어떤 구체적 행위나 동작, 운동의 명칭' 등으로 많이 나타내어 '-개'는 주로 도구나 어떤 특징의 사람의 의미를 갖고 있고, '-기'와 '-ㅁ'는 행위동사의 명사화소로 이해할 수 있고 '-이'는 어떤 구체적인 행위나 특수한 직업을 하는 사람을 가리킨다.

중국어의 경우 '술목관계'로 형성된 합성명사는 합성동사에서 품사 전성을 거쳐 형성된 것이므로 주로 '사람, 행위, 결과물, 도구' 등의 의미를 나타낸다. 그런데 이들이 품사 전성을 거쳐 의미의 변화를 입는 것은 다음의 몇 가지 특징으로 구분할 수 있다.

첫째, 사람을 대신 가리키는 합성명사로 굳어진 경우이다. 예를 들어 '司机'는 '차를 몰다'라는 동사구의 의미에서 '차를 운전하는 사람'을 가리켜서 명사로 굳어진 경우이다. '主席, 将军, 司令, 司机, 管家, 知己' 등은 이 유형에 속한다.

둘째, 동작의 행위를 대신 나타내는 경우이다. 예를 들어 '搬家'는 '집을 이사하다'는 동사구성에서부터 '이사하는 일'의 의미가 생기면서 명사를 형성한다. '守岁, 变形, 搬家, 提纲, 分歧'은 이 유형에 속한다.

셋째, 동작의 결과물을 대신 나타내는 경우이다. 예를 들어 '布局'는 '무엇을 배치하다'라는 동사구의 의미로부터 '배치'의 결과물을 가리키는 경우로 바뀐다. 또 '绣花'는 '수를 놓다'는 행위였지만 '수를 놓은 결과물'

을 가리키면서 합성명사가 되었다. '结晶, 命题, 出版, 化石, 结果, 萌芽, 积木' 등도 마찬가지이다.

넷째, 동작의 도구를 대신 나타내는 경우이다. 예를 들어 '围脖儿'는 '목을 돌다'라는 동사구에서 '목을 두르는 용품이나 도구'의 뜻으로 변해 '목도리'를 가리키는 명사가 되었다. '护膝, 拂尘, 靠背, 扶手, 把手' 등도 마찬가지이다.

다섯째, 동작의 시간을 나타내는 경우이다. 예를 들어 '当代'는 '현시 대에 있다'의 동사구였으나 '지금, 현시대'라는 시간적 의미를 나타내는 합성명사가 되었다. '当代, 当今' 등도 마찬가지이다.

이 유형의 합성명사는 동사에서 전성된 것이 많으므로 동사와 명사의 두 가지 품사를 갖는 경우가 많다. '搬家'처럼 아직 동사와 명사의 두 가지 품사를 가지지만 '化石'처럼 같은 경우는 동사에서 명사로 굳어져서 명사의 기능만 남는 단어들도 있다.

다음 '목술관계/술목관계'를 보이는 합성동사에 대하여 살펴보자. '목 술관계/술목관계'를 보이는 합성동사는 '목술관계/술목관계'를 보이는 합성명사보다 생산성도 높고 그만큼 다양한 분석방식이 존재한다.[56) 따라서 의미구조도 복잡하다.

한국어의 경우 이런 구성을 보이는 합성동사의 후행요소는 '보다, 치 다, 부리다, 주다, 쓰다, 받다, 잡다, 놓다, 타다, 먹다, 풀다, 들다' 등 사용빈도가 높은 타동사가 많이 나타난다. 그런데 이 경우 후행요소에 쓰이는 동사는 기본 의미뿐만 아니라 선행명사와 결합하면서 확장의미

---

56) 한국어의 '목술관계'와 중국어의 '술목관계'를 같은 유형으로 살피기로 한다. 이 둘은 근본적으로 두 언어의 유형적 차이에서 비롯된 구성의 차이이므로 유형적 차이를 논의할 때를 제외하고는 둘 다 비슷한 특징을 나타내기 때문이다.

나 관용적 의미로도 사용되면서 동작성이 많이 약화되는 특징을 보인다. 선행명사로는 〔-실체성〕 명사가 많이 나오고 〔+실체성〕 명사인 경우는 후행동사와 결합할 경우 추상화가 이루어져 〔-실체성〕을 갖게 된다. 이는 어휘화 과정에서 명사와 동사가 의미의 단일화나 특수화 경향이 나타났기 때문으로 생각된다.

중국어의 경우 '술목관계'로 형성된 합성동사에서는 구성 요소인 동사로 다의어가 아닌 경우도 사용된다. 그리고 후행 목적어로는 명사나 동사, 형용사 등이 모두 사용된다. 이렇게 다양한 품사가 목적어로 나타나는 이유는 고립어인 중국어에서는 동사, 형용사, 명사가 아무 형태변화 없이 전성될 수 있기 때문이다. 그리고 중국어에서 술목관계로 이루어진 합성동사 중에 '형용사+명사'와 같이 특수한 구성이 있는 것도 특징이다. 다음 구체적인 예를 통해 분석해보자.

(35) ㄱ. 명사+동사 : 마음먹다, 선보다, 핀잔주다, 야단치다, 손잡다
　　　ㄴ. 동사+명사 : 出事, 充电, 合资, 并轨, 帮忙, 保险, 捕食, 审美
　　　ㄷ. 형용사+명사 : 满意, 伤心, 通讯, 红脸, 美言, 废话

(35ㄱ)은 목술관계를 보이는 한국어 합성동사의 경우로, 이 경우 선행요소는 주로 〔-실체성〕 명사가 오는 것을 볼 수 있다. 예를 들어 '마음, 선, 핀잔, 야단' 등은 모두 눈에 보이지 않는 어떤 의지나 동작을 가리킨다. 다만, '손잡다'의 경우 '손'은 〔+실체성〕 명사이지만 합성어로 사용되는 경우에는 의미가 특수화, 추상화되어 '협력' 정도의 〔-실체성〕 명사로 기능하는 것이다.

(35ㄴ, ㄷ)은 중국어에서 술목관계로 형성된 합성어의 예인데 이들은

구성 요소의 의미 관계에 따라 더 많은 하위 유형으로 나눌 수 있다.57)

첫째, 목적어는 동작주로 나타나는 경우이다. 예를 들어 '出事'는 '일이 나다'로 해석하므로 한국어로 바꾸면 '주술관계'로 형성된 특수한 경우이므로 중국어에만 있다. '出事儿, 翻身, 回头, 开花, 萌芽, 起身' 등의 예가 있다.

둘째, 동사가 동작성이 강하지 않고 상태나 변화의 의미를 가진 형용사에 더 가깝다. '脱发, 生气, 绝望, 变形, 发病, 发抖' 등이 있다. '绝望'은 '절망적이다'의 뜻으로 해석하므로 형용사의 성질이 더 강하다.

셋째, 목적어는 대상(patient)이고 동작의 영향을 받는 대상이다. '合资, 并轨, 松绑, 断奶, 充电, 守岁, 迎春, 担心, 得意, 定期, 过期, 加工' 등은 이 유형에 속한다. '充电'는 '충전하다'의 뜻이고 목적어 '电'는 동작의 대상자로 나타난다. 이 유형은 가장 전형적인 술목관계의 합성동사이다.

넷째, 목적어는 동작을 행하는 결과이다. 이 유형은 명사로 전성하는 비중이 가장 높다. 즉 명사와 동사 두 가지 품사범주를 갖는 유형이다. '发言'는 동사로 쓰일 때 '발언하다/말하다'는 행위를 의미하고 명사로 쓰일 때 '발언'을 의미한다. 이 유형에 속하는 동사는 '绣花, 发电, 发言, 化脓, 结果, 分类, 立法, 命题, 出版' 등이 있다.

다섯째, 목적어는 동작이 발생하는 장소나 위치를 나타낸다. '入学'은 '학교에 들어가다'의 뜻이고 목적어 '学'은 동작의 위치로 나타난다. '出世, 到位, 进口, 出国, 去世, 下班, 上山, 沿海, 跳水' 등의 예가 있다.

여섯째, 목적어가 동작이 일어나는 원인이다. '帮忙'는 '바쁘기 때문에

---

57) 范晓(1991, 2011)에서는 이들의 하위분류에 대해 주로, '동작주, 경험주, 대상, 결과, 장소, 사동, 원인, 도구, 시간, 수량' 등을 기준으로 분석하고 있다. 이 책에서도 여기에서 제시된 분류를 토대로 하되 필요한 것을 더하기로 한다.

도움을 주다'의 뜻으로 해석하여 목적어는 원인이나 이유로 나타난다. '帮忙, 保险, 出差, 报仇, 抱怨, 缩水, 请示, 审美, 挑战, 投产' 등이 이 유형에 속한다.

일곱째, 목적어가 선행동사의 사동(使动)적 대상이 되는 경우이다. 이 경우는 (35ㄷ)의 경우에 해당되는데 형용사가 후행명사를 취해 합성어가 되면서 사동적 의미를 가지게 되는 경우이다. 즉, '형용사＋명사'의 구성이 합성동사가 되는 경우이다. 예를 들어 '伤心'는 형용사 '伤'은 후행요소 '心'과 합해 합성어가 될 때 '마음을 아프게 하다'와 같이 사동적 의미를 같게 되므로 합성동사가 되는 것이다. '满意, 伤心, 通讯, 通电, 安心' 등이 이에 해당한다.

마지막으로 '목술관계'로 형성된 합성형용사의 경우를 살펴보자. 이런 구성은 한국어에는 없고 중국어에만 보이는 특수한 유형이다. 한국어에는 형용사가 서술어로 쓰이는 경우 자동사처럼 목적어를 취하는 통사구성이 없기 때문에 이런 유형의 합성어가 있을 수 없다. 그러나 중국어에서는 '동사＋명사'로 구성된 합성형용사가 존재하는 점, 또 '형용사＋명사'의 경우 고대 중국어 통사적 구성이 가능하여 그 시기에 이루어진 합성형용사도 있다는 점 때문에 이런 유형의 합성어가 가능하다.

중국어에서 합성형용사 유형에는 '동사＋명사'의 구성방식과 '형용사＋동사'의 두 가지가 있다. 그 가운데 '동사＋명사'로 구성된 것은 원래의 동사성이 약해지고 어떤 성질이나 특징의 의미가 강해져 합성형용사가 된다. '형용사＋명사'로 구성된 것은 위 (35ㄷ)에서 살핀 '형용사＋명사' 구성의 합성동사에서 살핀 것처럼 사동적인 의미가 첨가된다. 그러나 (35ㄷ)의 합성동사와는 달리 그러한 사동적 의미를 가지는 성질을 띤다는 점에서 합성형용사가 된다. 다음 구체적인 예를 통해 알아보자.

(36) ㄱ. 동사＋명사 : 碍眼, 缺德, 抗病, 耐火, 感人, 合意
     ㄴ. 형용사＋명사 : 惊人, 便民, 败兴, 乏力, 反常

(36ㄱ)은 '동사＋명사'로 이루어진 합성형용사의 경우인데 이들은 모두 원래 합성동사였던 것이 합성형용사로 바뀐 것들이다. 예를 들어 '碍眼'은 원래 구성 요소들의 의미는 '시선을 방해하다'라는 뜻을 지닌 합성동사였으나 의미전이가 일어나서 동사성을 상실하고 '무엇이 눈에 거슬리다'라는 성질이나 특성의 의미가 강해져서 합성형용사가 된 것이다.

(36ㄴ)은 '형용사＋명사'로 이루어진 합성형용사이다. 이때 선행요소인 형용사는 후행요소를 목적어로 취하면서 'V-어지다' 또는 '-게 하다'라는 의미를 더하면서 동사성을 획득한 후 여기에 다시 '그러한 성질이나 특성을 지니다'라는 형용사의 의미를 더하여 합성형용사를 형성하게 된다는 것이다. 예를 들어, '惊人'은 선행 형용사 '惊'은 후행명사 '人'을 목적어로 취하여 우선 '사람을 놀라게 하다'라는 합성동사가 되지만 여기에 다시 '그러한 특성이나 성질을 지니다'라는 상태성 자질이 더해지고 이것이 강화되어 결국 '놀랍다'라는 합성형용사를 만들게 되는 것이다. '便民, 败兴, 乏力, 反常'도 마찬가지이다.

2.4. 의미적 내심합성어의 특성

앞에서 우리는 의미적 내심합성어의 여러 유형에 대하여 각각의 의미구조를 살펴보았다. 그 결과 한국어와 중국어 의미적 내심합성어는 다음과 같은 여러 가지 특징이 있음을 알 수 있게 되었다. 여기서는 두 언어의 의미적 내심합성어의 특성을, 구성 요소 사이의 의미관계에 따라 공통성과 이질성을 중심으로 정리하기로 한다.

[1] 대등관계

대등관계에 속하는 중첩관계, 상보관계, 근접관계, 편의관계의 네 가지 유형을 보이는 의미적 내심합성어 중에서 두 언어 모두에서 가장 보편적인 것은 중첩관계나 상보관계 및 근접관계는 상대적으로 많은 양을 차지하지만 편의관계로 이루어진 합성어는 매우 드물다는 점이다. 또 중국어의 경우 중첩관계를 보이는 합성어가 한국어에 비해 상대적으로 많은데 이는 2음절 단어를 선호하는 중국어의 특성에서 비롯된 것으로 보인다.[58]

중첩관계로 이루어진 합성어와 관련하여 찾을 수 있는 두 언어의 특징적 현상은 합성명사와 합성형용사의 경우이다. 한국어에서는 합성명사의 경우 반복으로 형성된 완전중첩 유형이 존재한다는 점이나(사이사이 등) 합성형용사에서 연결어미 '-나, -디'로 결합된 반복합성형용사가 있다는 특징이 있다. 그러나 중국어에서는 이처럼 완전중첩이나 반복으로 형성된 경우는 합성어로 보지 않는다.

상보관계로 형성된 합성어는 합성명사와 합성동사만 있는데 이들은 품사 전성을 통해 이루어진 합성어가 많다는 특징을 보인다. 그런데 한국어의 경우 합성명사에는 이렇게 품사 전성된 합성어가 존재하지만 합성동사에는 없다. 반면에 중국어에서는 상보관계로 형성된 합성어의 경우 합성명사이든 합성동사이든 품사 전성으로 형성된 합성어가 많다.

---

58) 중국어의 2음절 합성어의 특징에 대하여는 冯胜利(1996, 1998)에 자세히 언급되어 있다. 여기서 그는 중국어에서 2음절로 형성된 합성어를 음운적, 음절적 차원으로 살피면서 2음절 합성어가 풍부한 이유를 밝히고 있다.

또한 상보관계를 보이는 합성형용사는 한국어에서 보이지 않는데 이는 상반된 의미자질을 보이는 구성 요소가 하나의 합성형용사로 사용되기 어렵기 때문이다. 중국어에서도 상보관계를 보이는 형용사를 구성 요소로 갖는 경우는 모두 품사의 전성을 거쳐 합성형용사가 아닌 다른 품사, 합성명사나 합성부사가 된다.

근접관계로 구성된 한국어와 중국어 합성어는 그들의 어휘화 정도에 차이성이 보인다. 한국어 합성어는 의미의 확대로 통해 형성된 유형이 많다. 즉 근접관계로 형성된 한국어 합성어는 기본의미와 확장된 의미 모두 갖고 있다. 그러나 중국어에서 근접관계로 구성된 합성어에서는 기본의미가 사라지고 전이된 의미만 남는 경우가 많다. 통시적으로 볼 때, 근접관계로 형성된 합성어는 근접관계를 보이는 통사구성에서 의미의 단일화와 특수화 과정을 거쳐 이루어진 경우가 많다.

편의관계를 보이는 합성어는 두 언어 모두에서 매우 제한적으로 나타난다. 특히 한국어에서는 '잘못'의 경우 한 가지만 존재한다. 중국어의 경우도 어휘화 과정에서 의미탈색이 일어났지만 2음절 단어 선호라는 일반적인 중국어의 특징에 따라 글자를 남긴 것으로 생각된다. 한국어에서 합성명사인 '잘못'의 경우 '잘'의 의미가 탈락하고 '못'의 의미만 쓰이기 때문에 편의관계로 해석할 수 있다. 중국어에서는 편의관계로 형성된 예가 합성명사와 합성동사에 모두 보인다.

[2] 종속관계

종속관계를 보이는 내심합성어는 구성 요소 가운데 하나가 의미 핵어이고 나머지 요소가 핵어를 수식하는 것이다. 합성명사 중에서는 수식관계와 접속관계로 형성된 통사구가 굳어져서 합성어가 되는 경우가 가장 많으며, 그 중에서도 수식관계로 형성된 합성명사는 80.6%를 차지한다.[59] 한국어와 달리, 중국어 합성명사의 핵어가 선행하는 경우와 후행하는 경우 두 가지로 나눌 수 있다. 의미 핵어가 후행하는 경우가 두 언어 합성명사 중에 큰 비중을 차지하고 있고 비유법을 써서 형성된 예들도 많다.

종속관계로 형성된 합성어에서 살필 수 있는 또 다른 특징은 비유법으로 형성된 합성명사가 많다는 점이다. 임지룡(1996)에서는 비유는 우리의 경험과 이해의 범주를 확장하고 창조하는 인지체계의 고유한 측면이다. 특히 언어적 비유는 다양한 비유 가운데 가장 풍부하고 공유의 폭이 넓고 손쉽게 접근할 수 있는 것이고 인간적인 비슷한 인지과정을 가지고 있다고 할 수 있고 비유법으로 만든 합성명사는 생동감을 향상시키는 언어적 효과가 있다고 논의했다. '솜사탕, 새우잠, 柳眉, 板鸭' 등은 선행요소가 직유법으로 써서 후행명사를 수식하는 관계를 형성하는 것들이다. 이런 특징은 한국어와 중국어에서 모두 있고 이는 비슷한 인지과정으로 단어를 형성한 것이라고 설명할 수 있다.

특히 은유나 환유는 의미적 내심합성명사의 형성에도 적극적으로 참여하여 '고추바람, 여우비, 钉子户, 蜜月' 등은 선행요소의 성질을 빌려서 은유법을 써서 후행명사를 수식하는 관계를 형성한다. 물론 수식받는 핵어가 비유법이 적용되어 형성되기도 한다. '신바람, 몸살, 爱河, 人脉' 등이 있다. 비유법으로 형성된 내심합성어와 외심합성어는 합성어는 품사별로 차이가 있지만 합성명사, 합성동사, 합성형용사에 모두 있다. 비유법을 적용함으로 해서 언어의 생동감을 향상시킬 수 있는 효과가

---

59) 김정은(1995) 중에 합성어에 대한 통계에 따른 것이다.

있기 때문이다. 비유법으로 형성된 합성어는 품사 간에 이질성이 보이고 중국어에는 합성명사, 합성동사, 합성형용사로 형성된 것이 모두 있지만 한국어에는 비유법으로 형성된 합성동사의 예를 찾을 수 없다. '蚕食, 鯨吞' 등처럼, 바로 비유법으로 이루어진 합성동사이다.

한국어 합성명사 중에 의미 핵어가 선행하는 경우가 없지만 합성동사와 합성형용사에 있다. 즉, '본용언+보조용언'으로 형성된 유형은 의미 핵어가 선행하는 경우이다. '써먹다, 갈라놓다, 좋아지다' 등 본용언과 보조동사의 구에서 굳어져 형성된 합성동사는 바로 의미 핵어가 선행하는 경우이다. 합성형용사 중에 좌핵어인 경우도 있다. 합성동사의 생성와 비슷하다. 주로 형용사와 보조용언으로 형성되고 후행보조용언은 선행형용사의 정도의 심함을 나타낸다. '약아빠지다, 늙어빠지다' 등처럼, '본용언+보조용언'으로 형성된 통사구에서 같이 쓰이기 때문에 한 단어로 굳어지지만 아직 보편성이라고 볼 수 없으므로 매우 제한적이고 생산성이 약하다.

의미 핵어가 후행하는 합성어의 의미 유형이 매우 다양하다. 한국어의 경우 주로 선행요소와 연결어미등과 같이 후행요소를 꾸며주고 중국어의 경우는 주로 합성어의 선행요소의 기능과 의미를 분석하여 합성어의 의미를 파악해야 한다.

[3] 종합관계

'종합관계'로 형성된 합성어는 의미구조를 도출하기 위해서는 심층의 통사관계를 살펴보아야 한다는 점을 특징으로 갖는다. 또한 이런 구성을 보이는 합성어들은 형성과정에서 구성 요소들 사이에 일정한 의미제약을 가지고 있음도 검토하였다. 물론 그러한 제약은 합성명사나 합성동사 또는 합성형용사 별로 서로 다르다.

주술관계로 형성된 합성어의 경우 두 언어에는 이질성보다 공통성이 많다. 주로 이런 구성의 합성어들이 구성 요소들 사이에 일정한 의미제약이 모두 동일하게 적용될 수 있었음을 살펴보았다. 선행 명사가 모두 〔-실체성〕인 경우가 많았으며 〔+실체성〕인 경우는 합성어 형성과정에서 추상성이 강화되어 〔-실체성〕으로 전환되는 특징을 보이는 것도 동일하다. 그러나 중국어의 경우 주술관계로 구성된 합성명사와 합성동사 가운데 구성 요소로 형용사가 쓰이기도 한다는 점은 중국어만의 특징이었다.

'목술관계/술목관계'로 형성된 합성어는 합성명사와 합성동사가 있다는 점은 공통적이지만 합성형용사의 경우 중국어에만 있고 한국어에는 없다는 점은 차이가 나는 점이다. 또한 언어 유형적 차이로 '목술/술목'의 어순차이를 보이는 점도 차이이다. 중국어에만 보이는 술목관계의 합성형용사는 모두 사동적인 의미특성과 함께 그런 성질이 있다는 형용사적 특성이 덧붙는다는 특징을 보인다.

3. 내심합성어의 형태·의미구조 특성

3장에서는 합성명사, 합성동사, 합성형용사를 중심으로 내심합성어는 형태적 과 의미적으로 두 측면에서 그들의 특징을 살펴보았다.

첫째, 본 장에서 논의한 내심적 합성어는 형태적 내심과 의미적 내심을 두 가지로 나누었다. 한국어 대부분 내심합성어는 우측핵심규칙을 적용한다. 이는 두 가지 사실에 의해 설명할 수 있는데, 하나는 합성어의 품사범주가 오른쪽 요소에 의해 결정되는 것이며, 다른 하나는 대부분의 합성어의 의미가 오른쪽 요소의 의미 속에 들어있다는 것이다. 이 점은 한국어는 '핵 뒤언어(head-final language)'라는 특징도 증명할 수 있다. '늦가을, 힘쓰다, 얕보다' 등의 구체적인 예를 통해 쉽게 알아볼 수 있다. 이 예들이 형태적 핵어와 의미적 핵어가 일치하는 경우이다.

둘째, 내심합성어는 형태와 의미 두 가지 측면에서 모두 내심인 경우는 대부분이지만, 형태적 핵어와 의미적 핵어가 불일치하는 경우가 있다. 예를 들어, '써먹다, 좋아하다, 두려워하다, 벗어나다, 밀려오다' 등처럼, 형태적 핵어와 의미적 핵어가 불일치하다. 형태적 핵어는 후행요소에 있다는 것은 후행 보조동사는 전체 합성어의 품사범주를 결정할 수 있다. 하지만, 의미를 따져볼 때, '본용언＋보조용언'으로 형성된 유형은 보조용언은 본용언의 의미를 보충하기 때문에 의미적 핵어가 선행요소에 있다고 할 수 있다. 앞에서 언급한 생략가능성으로 핵어를 판정할 수 있다. 즉, 한국어 내심적 합성어의 경우는 '본용언＋보조용언'으로 형성된 유형은 형태적 핵어와 의미적 핵어가 불일치하다.

중국어에도 형태적 핵어와 의미적 핵어가 불일치하는 다른 경우도 있는데 한국어보다 복잡하다. '司机, 开关' 등 같은 유형은 품사의 전성을 거쳐 형성된 유형들이 형태적 핵어가 없거나 형태적 핵어가 삼투하지 않는 경우가 있는데 의미적 핵어가 있다. 특히, 중국어에는 풍부하게 존재하는 품사의 전성현상이 있기 때문에 형태적 핵어가 없지만 의미적 핵어가 있는 경우가 많다.

특히, 중국어 대등관계로 형성된 의미적 내심합성어인 경우에 형태적 외심인 경우가 많다. 대등관계의 합성어는 구성 요소가 모두 의미핵이라고 할 수 있지만 구성 요소와 합성어의 품사가 일치하지 않는 경우가 많다.

셋째, 두 언어의 합성어는 대부분은 문장의 통사구조에 맞게 형성된 것이기 때문에 형태적 측면에서 합성어의 구성 요소의 관계를 따져보고 핵어를 정할 수 있다. 한국어는 교착어이기 때문에 합성어의 형성과정에서 관형사형 어미, 연결어미, 종결어미, 관형격조사, 전성어미, 명사의 파생형 등의 다양한 문법수단이 합성어의 형성과정에서 많이 참여하므로 합성어의 형태와 의미적 핵어를 판별할 때 도움을 줄 수 있다.

합성동사와 합성형용사에 구성 요소 간에 조사나 어미가 표층에 나타나지 않지만, 심층의 통사관계의 도출과정에서 이런 문법적 수단을 삽입시킬 수 있다. 즉, 한국어 합성어의 구성 요소의 형태구조와 의미구조 간에 일대일관계라고 할 수 있다. 물론, '고기잡이'의 같은 경우는 후행요소 '이'는 '행위'를 가리킬 수도 있고, '이런 동작을 행하는 사람'도 지칭할 수 있기 때문에 두 가지 뜻이 있지만 보기 드문 예이다.

이와 달리, 중국어는 고립어이므로 구성 요소 간에 통사관계를 나타내는 문법적 수단이 없고 같은 형태구조인 경우, 심층관계의 다름에 따라, 의미도 달라진다. 이 경우는 '동사+명사'와 '명사+명사'의 두 가지 경우를 나눌 수 있다. 중국어 합성어 중에 '동사+명사'인 경우는 '수식관계'와 '술목관계' 두 가지 통사관계를 형성할 수 있다. 예를 들어, '回信'처럼 핵어가 선행동사라면 '답장을 쓰다'로 해석하여 합성동사가 되고 핵어가 후행명사면 '회신(답장)'으로 해석되므로 합성명사로 볼 수 있다.

'명사+명사'로 구성한 유형도 수식관계와 대등관계로 해석될 수 있다.예를 들어 '鱼肉'의 경우는 대등관계로 해석하면 '생선과 고기'이고 수식관계로 해석하면 '생선의 고기'의 뜻이다. 명사가 직접 다른 명사를 수식할 수 있기 때문이다.

또한, 한 구성 요소의 품사가 둘 이상으로 다를 수 있기 때문에 이에 따라 의미가 달라질 수 있다. 예를 들어, '捕食'는 후행요소 '食'은 명사와 동사의 두 가지 품사범주를 갖고 있으므로 명사인 경우는 전자와 '술목관계'(먹이를 잡다)를 형성하고 동사인 경우는 '대등관계'(잡아먹다)로 해석되어 각각 뜻이 다른 합성동사가 된다.

넷째, 합성어 중에 모두 임시어로 형성된 유형이 있다. 중국어에서 비유법으로 명사가 임시적으로 동사나 형용사로 쓰이는 경우가 많고 이런 임시어를 많이 쓰다보면 새로운 의미가 생겨나므로 합성어도 새로운 품사를 갖게 된다. '鱼肉, 废话'는 바로 임시적으로 동사로 쓰였기 때문에 동사성을 갖게 되는 예이다. 한국어 합성명사 중에 '갈림길'처럼 선행요소가 동사어간에 파생접미사 'ㅁ'를 붙여서 '갈림'과 같은 임시어를 만들어 이런 임시어와 다른 명사와 결합하여 새로운 합성어를 형성하는 예가 많다. 이처럼 '임시어가 쓰여 합성어를 형성하는 방식은 제한된 숫자의 형태소를 이용하여 무한히 많은 합성어를 만들 수 있는 중요한 수단이다.

제4장
한국어와 중국어의 외심적 합성어

 본 장에서는 외심적 합성어의 형태적 또는 의미적 특성에 대하여 논의할 것이다. 3장에서 논의한 내심적 합성어의 경우와 달리 외심적 합성어는 구성 요소의 분석을 통하여 합성어의 특성이 직접적으로 도출되지 못하고 핵어로 기능하는 구성 요소를 설정할 수 없다.

 외심적 합성어의 경우도 내심적 합성어의 경우처럼 형태적인 경우와 의미적인 경우로 나누어 살펴볼 수 있는데 형태적 외심합성어란 구성 요소의 품사적 특성과 합성어의 품사적 특성이 서로 다른 합성어이고 의미적 외심합성어란 구성 요소 각각의 의미로부터 합성어의 의미를 도출할 수 없는 합성어를 말한다.

 형태적 외심합성어를 분석할 때에는 구성 요소의 품사적 특성과 합성어의 품사적 특성이 어떤 관계를 보이는지를 중심으로 품사 전성(conversion)이나 품사 통용 측면을 살필 것이고 의미적 외심합성어를 분석할 때에는 구성 요소의 의미와 합성어의 의미가 어떻게 다른지 또 어떤 방식으로 의미 전이가 이루어지는지 등에 중점을 둘 것이다.

1. 형태적 외심합성어

형태적 합성어의 형성과정을 비교해보면 한국어에서보다 중국어에서 외심적 합성어가 상대적으로 많은 양상을 볼 수 있다. 이런 차이의 근본적인 이유는 두 언어가 보이는 언어 유형적 차이에서 비롯되는 것으로 생각된다.

한국어 합성어는 대부분 우핵심을 지니는 구조로 구성되는 특성을 보인다. 한국어가 우핵심 언어라는 점을 고려할 때, 한국어에서 대부분의 합성어가 우핵심 규칙을 적용하여 형성되는 것은 자연스럽다. 그러므로 합성동사의 경우에는 후행 요소가 언제나 동사이므로 형태적 외심 합성동사가 없다. 합성명사와 합성형용사의 경우에도 합성어의 품사범주와 구성 요소 간에 품사범주가 불일치하는 예가 많지 않다.

그러나 이와 반대로 중국어는 고립어이기 때문에 형태적 변화 없이 품사 간의 전성이 비교적 활발하게 일어난다. 따라서 중국어의 합성어를 형성하는 과정에서도 이런 현상이 많이 일어난다. 즉 구성 요소의 품사 특성과 합성어의 품사 특성이 일치하지 않는 경우가 많다. 그러므로 지금까지 중국어의 합성어에 대한 연구에서는 품사 전성에 대한 연구가 많이 이루어졌다. 그러나 대부분의 선행연구는 주로 인지문법적 차원에서 품사 간의 전성을 논의하고 있을 뿐 품사 전성이 왜 일어나는지에 대한 연구는 상대적으로 부족한 상태이다. 여기에서는 합성어의 품사범주와 구성 요소의 품사범주가 일치하지 않은 경우에 주목하면서 그 원인을 어휘화라는 형성과정과 품사 전성 차원에서 논의해보고자 한다.

형태적 외심합성어를 합성명사, 합성동사, 합성형용사의 순서로 살펴볼 것이다.

1.1. 합성명사

먼저 한국어의 경우를 살펴보자. 한국어는 교착어이기 때문에 합성명사 역시 후행요소로는 명사가 나오는 것이 일반적이다. 따라서 대부분의 합성명사는 내심적 합성명사라고 할 수 있다. 한국어에서 구성 요소로서 특히 후행 구성 요소로서 명사를 가지지 않으면서도 합성명사를 이루고 있는 것은 '잘못'의 경우 하나뿐이다. '잘못'은 구성 요소가 '부사＋부사'의 구성을 보이는 것으로서 형태적 외심합성명사 구조를 가진다. 이를 제시하면 다음과 같다.

  (1) 부사＋부사 : 잘못

형태적 외심합성명사의 예로 '부사＋부사'의 구성을 취하는 것은 '잘못' 하나뿐이지만 명사와 부사로 통용되는 구성 요소로 이루어진 합성어가 합성명사 이외의 다른 품사로 사용되는 경우는 한국어에도 흔하다. '밤낮', '여기저기' 등이 그런 예이다. 이들은 형태적 내심합성명사이지만 합성부사로 사용될 수도 있기 때문이다. 이러한 현상은 한국어에서 명사와 부사가 많은 측면에서 유사성을 가지기 때문이다. 그리고 이러한 유사성은 문법적인 인접성과 의미의 유사성에서 비롯되는 것으로 생각된다. 이 때문에 명사에서 부사로 전성되는 어휘들이 많다. 특히, 시간명사와 장소명사는 부사로 쓰이는 경우가 많다. '오늘, 여기' 등 명사와 부사의 두 가지 품사범주로 모두 사전에 등재되어 있다. 합성어에 반영되는 것은 바로 합성명사와 합성부사가 두 가지 품사 범주를 갖는 경우이다.

다음은 중국어의 형태적 외심합성명사이다. 중국어 품사 간에 이동이
나 전성이 많이 일어나므로 구성 요소에 명사가 없어 형태적 핵어를 갖
지 못하는 경우나 비록 명사가 있더라도 그것이 핵어로 기능하지 못해
품사자질을 합성어에 삼투하지 못하는 경우가 많다. 중국어의 형태적
외심합성명사의 구조는 다음과 같이 일곱 가지로 구분할 수 있다.

   (2) ㄱ. 동사+동사 : 学问, 开关, 买卖, 动静, 出入
      ㄱ'. 동사+동사 : 领导, 报告, 希望, 穿戴
      ㄴ. 형용사+형용사 : 安危, 凹凸, 大小, 多寡
      ㄷ. 형용사+동사 : 主编, 总管, 主考, 统领
      ㄹ. 부사+동사 : 相知, 同学, 特护, 同谋
      ㅁ. 동사+형용사 : 跳高, 跳远, 附近
      ㅂ. 동사+명사 : 围脖, 司机, 将军, 化石, 搬家
      ㅅ. 명사+형용사 : 百忙

위의 예들은 모두 형태적 핵어가 없는 외심합성어이다. 이 유형들은
품사 전성을 거쳐 다른 품사로 기능한다. 특히, '명사+형용사'로 구성된
유형은 상대적으로 매우 제한적이다. 이들에 대하여 하나씩 분석해보자.
  (2ㄱ)은 '동사+동사'의 구조를 보이는 합성명사이다. '동사+동사'로
구성된 유형은 대부분 대등관계를 보이는 구성 요소끼리 결합하는 경우
이다. 상보관계로 형성된 동사끼리 결합하는 과정에서 품사의 전성을
거쳐 합성어로 굳어진 것으로 구성 요소의 동사성이 상실되고 명사성을
획득하게 된 것이다. 예를 들어 '学问'은 동사 '学'와 '问'이 결합하면서
합성명사로 기능하게 된 것이다. 나머지 '开关, 买卖, 动静, 出入' 등도
마찬가지이다. 중국어의 합성동사의 명사화 현상은 뚜렷한 비대칭성이

보인다. 곧, 구성 요소의 통사구조와 의미구조가 같은 합성어는 명사화하는 유형이 있고 명사화되지 않은 유형도 있다. 같은 '동사＋동사'의 유형인데 '敎授'는 동사와 명사의 품사자질을 갖고 있지만 '传授'는 동사성만 갖고 있다. 동사가 명사화하는 과정은 불균형성은 언어발전의 자의성에서 비롯된다고 할 수 있다.

그러나 (2ㄱ')의 경우는 조금 다르다. 비록 (2ㄱ)처럼 '동사＋동사'로 구성된 합성명사의 경우이지만 구성 요소가 상보관계를 보였던 (2ㄱ)과 달리 이 경우는 구성 요소가 근접관계를 보인다. 또 이렇게 구성된 합성명사는 언제나 합성명사로만 기능하는 (2ㄱ)과 달리 합성동사로서도 기능할 수 있다는 점에서 차이가 난다. 예를 들어, '领导'는 합성명사로서 '지도하는 사람 즉, 지도자'의 뜻으로 사용되기도 하지만 '他领导我们'과 같은 문장에서는 밑줄 친 '领导'가 합성동사로 쓰여 '지도하여 이끌다' 정도의 뜻으로 해석된다. 나머지 '报告, 希望, 穿戴' 등도 마찬가지이다.

(2ㄴ)은 '형용사＋형용사'로 구성된 경우이다. 이 경우의 구성 요소들은 서로 상보관계를 나타내는데 결합하면서 품사가 전성되어 단어로 굳어진 것이다. 상보관계를 나타내는 형용사끼리는 일반적으로 합성형용사를 형성할 수 없기 때문에 합성명사로의 품사 전성은 오히려 자연스러운 결과라고 할 수 있다.[1] 예를 들어, '安危'는 형용사 '安'과 '危'가 상보관계를 보이며 결합하고 있는데 합성형용사가 아니라 합성명사로 기능한다. 따라서 의미도 '안전하고 위험하다'가 아니라 '안전하거나 위험한 일' 정도로 해석될 수 있다. 나머지 '凹凸, 黑白, 粗细, 大小, 快慢' 등

---

[1] 형용사끼리의 결합으로 합성형용사를 만들기 어려운 이유에 대하여는 제3장 2.1.2 부분을 참조한다.

도 마찬가지이다.

(2ㄷ)~(2ㅂ)의 예들은 구성방식이 각각 다른 모습을 보여주지만 품사 전성의 방식이 동일하다는 특징을 보인다. 즉, 합성어의 구성 요소들은 (2ㄷ)~(2ㅂ)는 유형은 주로 합성동사에서 합성명사로 전성으로 형성된 유형이다. 인지문법과 인지의미론에서 언급하는 환유 등으로 설명할 수 있다. 이 방면에서 중국에 朱德熙(1984)는 인지문법적 차원에서 명사와 동사, 형용사의 기능을 자세히 분석하고, 이를 토대로 동사나 형용사의 명사화에 대해 몇 가지를 제시한 바 있다. 인지문법에서 동사와 그 논항 사이에 발생하는 관계로 인해 동사가 명사로 바뀌는 이유는 다음과 같다.

(3) 중국어 합성명사의 품사 전성의 유형
　　ㄱ. 동사가 동작을 행하는 동작주(agent)를 대신 가리킨다.
　　ㄴ. 동사가 동작을 행하는 수동자(patient)나 결과를 대신 가리킨다.
　　ㄷ. 동작을 행하는 동사부터 동작을 지칭하는 것을 가리킨다.
　　ㄹ. 동작이 결과를 대신 가리킨다.
　　ㅁ. 동작이 도구를 대신 가리킨다.
　　ㅂ. 동작이 시간이나 장소를 대신 가리킨다.

(3ㄱ)은 동사가 행위나 동작을 행하는 동작주(agent)를 대신 나타내는 유형이다. 예를 들어, (2ㄷ~2ㄹ)의 '형용사+동사'와 '부사+동사'로 구성된 합성명사 '主编, 总管, 统领' 등은 동사와 명사, 두 가지 문법범주를 모두 가지는 것이다. 합성명사로 쓰일 때 '主编'은 동사로 쓰일 때 '책을 엮다'는 뜻이지만, 명사로 쓰일 때는 '책을 엮는 사람'을 가리킨다. '부사+동사'의 경우도 동사가 동작주를 대신 나타내는 것으로 보인다.

예를 들어, '相知'의 구성 요소의 '相(서로)', '知'(알다/이해하다)로 각각 해석되지만 합성동사로 쓰일 때 '서로 잘 이해하다'의 뜻으로 해석하여 합성명사로 쓰일 때는 '사로 잘 아는 사람'의 뜻으로 해석된다. '主考, 特护, 同学, 同谋, 相知' 등도 마찬가지이다.

(3ㄷ)은 동작이나 행위를 행하는 동사의미로부터 동작이나 행위를 대신 나타내는 유형이다. (2ㄹ)의 '동사+형용사'로 형성된 '跳高'는 '높이 뛰다'라는 동사가 이런 행위를 대신 지칭하여 '높이뛰기'라는 합성명사를 형성한 예이다. '跳高, 跳远, 治安' 등은 이 유형에 속한다. 그리고 명사로 쓰일 때는 동사나 행위가 동작을 행하는 수동자(patient)나 결과를 대신 가리킬 수도 있다. '发明'은 동사로 쓰일 때 '발명하다'의 뜻이고 명사로 쓰일 때는 '발명한 작품'의 두 가지 뜻이 있다. '创作, 雕刻, 建筑, 沉淀, 选编, 传达' 등도 마찬가지이다.

(2ㅁ)은 동작이 도구를 대신 나타내는 경우이다. 이 경우는 주로 '동사+동사'로 구성하는 유형이다. '开关'의 구성 요소의 의미는 각각 '开'(열다)와 '关'(닫다)이고 합쳐져 합성명사로 전성되어 '개폐기'의 뜻으로 해석된다. '陪衬, 掩护, 装饰, 包装, 装潢' 등도 마찬가지이다.

(2ㅂ)의 경우는 중국어 술목관계의 유형은 형태적 핵어가 동사이지만 명사성을 가진 유형이다. 이 유형은 주로 구체적인 동작에서 '사람, 행위, 결과물, 도구, 시간'의 의미를 갖게 되므로 합성명사의 성질을 갖는다. (2ㅂ)의 경우는 각각 (3ㄷ~ㄹ)의 품사 전성의 방식으로 합성명사를 만든 것이다. '围脖(도구), 司机(사람), 化石(결과물), 搬家(행위), 当代(시간)' 등을 통해 설명할 수 있다.[2]

---

2) 중국어 '술목관계'의 합성명사 의미 유형은 제3장을 참조하기 바란다.

(2ㅅ)는 '수사＋형용사'의 경우는 '축약합성'의 방식으로 구성성된 유형이다. '축약합성'이란 두 단어를 합성하는 과정에서 양쪽의 일부분을 서로 떼어 내고 합치는 방식이다. 예를 들어, '百忙'의 선행요소는 '많다'는 뜻으로 나타내고 후행요소는 '바쁘다'의 뜻으로 해석하여 '많이 바쁘다'는 합성형용사에서 '바쁘다'는 상황을 나타내는 명사로 전성되어 합성명사를 만든 것이다.

1.2. 합성동사

앞에서 논의했듯이, 한국어와 중국어 합성동사 중에 큰 비중을 차지하는 것은 내심합성동사이다. 특히 한국어 합성동사의 경우, 한국어는 언제나 우핵심 규칙이 적용되는 언어이고 후행요소로는 언제나 동사만이 나올 수 있기 때문에 기본적으로 외심적 합성동사가 존재할 수 없다. 이와 달리 중국어에는 형태적 외심합성동사가 존재한다. 중국어는 특별히 우핵심규칙만 적용되지 않고 좌핵심규칙이 적용되는 경우도 있으며 비록 동일한 품사가 구성 요소로 나타나지 않더라도 품사 전성을 거쳐 합성어를 만들 수 있기 때문이다. 이는 한국어와 중국어의 외심적 합성어의 공통된 차이이다.

중국어의 형태적 외심합성동사는 '명사＋형용사', '형용사＋형용사', '명사＋명사'의 구성 방식을 보인다. 다음 예를 통해 이들의 구성방식을 살펴보자.

(4) ㄱ. 명사＋형용사 : 齒冷, 自便
　　ㄴ. 형용사＋형용사 : 健全, 貼近, 繁榮, 滋潤, 安慰, 冷淡

ㄷ. 명사+명사 : 形容, 牺牲, 鱼肉, 恩典, 物色, 油漆, 言语, 意思
ㄹ. 형용사+명사 : 正法, 满意, 短路

이 유형은 두 가지로 나눌 수 있다. (4ㄱ)는 합성동사로만 사용되는 유형이고 (4ㄴ~ㄹ)는 각각 합성동사뿐만 아니라 합성형용사((4ㄴ)의 경우)와 합성명사((4ㄷ, ㄹ)의 경우)로도 사용되는 유형이다. 이러한 차이는 (4ㄱ)의 구성 요소들은 서로 의미의 인접성을 보이는 데 비하여 (4ㄴ~ㄹ)의 구성 요소들은 품사의 전성을 거친 것이라는 점으로 설명할 수 있다.

(4ㄱ) 가운데 '齿冷'은 구성 요소가 '명사+형용사'로 이루어진 것으로서 원래 '너무 웃으면 이가 시리다' 정도의 의미였으나 이것이 전이를 거쳐 '남을 비웃다'로 해석됨으로써 합성동사가 된 것이다. '自便'도 마찬가지 경우인데 명사와 결합하는 과정에서 후행하는 형용사가 동사성을 갖게 되어 합성동사를 만든 것이다. 결국, 의미의 전이가 일어나면서 형용사성이 약해지고 동사성을 강화되어 합성동사가 되었다고 할 수 있다.

(4ㄴ)의 '형용사+형용사'로 형성된 합성동사는 선·후행요소가 주로 근접관계의 형용사끼리 결합하여 합성형용사를 형성한다. 동사로 전성하는 과정에서 사동적인 의미를 부여하여 합성동사를 형성한 것이다.[3] '健全'의 기본뜻은 '건강하고 안전하다'인데 이것이 합성동사로 쓰이면 '건강하고 안전하게 만들다'라는 의미가 된다.

그리고 사동적인 '형용사+형용사'로 구성한 유형은 형용사와 동사성을 갖는 유형은 모두 사동적인 의미를 갖지만 그 내용은 구체적으로 두

[3] 이런 관계를 보이는 형용사가 구성 요소로 쓰일 때 주로 의미상 근접관계를 보인다는 특성에 대하여는 제3장 2.1.3. 부분에서 논의한 바 있다.

가지 서로 다른 의미를 나타낸다. 하나는 구체적인 동작이 그 동작이 진행하는 상태를 나타내는 경우인데 '隱蔽, 貼近' 등이 이를 보여준다. 다른 한 가지는 추상적인 동작이 그 동작이 갖는 성질을 대신 나타내면서 형용사로 사용된다. '健全, 明白'가 그 예이다.

　(4ㄷ)의 '명사+명사'로 이루어진 합성동사는 '形容, 鱼肉, 圈点' 등으로 몇 개만 있고 특수한 합성과정이라고 할 수 있다. 예를 들어 '形容'는 통시적으로 고찰해야 하는 경우이다. '形容'의 구성 요소가 모두 대등관계로 이루어진 명사이고 明清시대까지 '形容'는 한 사람의 외모를 나타내는 명사로써 쓰였는데 언어가 발전하는 과정에서 사람이나 사물을 묘사하는 동사로 쓰이기도 하고 동사성을 갖게 되어 합성동사를 형성한다. '牺牲, 鱼肉'도 비슷한 경우이다.

　'명사+명사'로 형성된 유형은 모두 합성명사에서 전성을 거쳐 동사의 성질을 갖게 되어 합성명사와 합성동사 두 가지 품사범주를 갖는다. '명사+명사'로 형성된 합성명사가 동사로 전성하는 과정에서 다음 세 가지 의미 유형이 있다.

　　(4') ㄱ. 도구에서 동작을 대신 지칭하는 것이다. 油漆(칠/칠하다)
　　　　ㄴ. 대상에서 동작을 지칭하는 것이다. 废话(쓸데없는 말/쓸데없는
　　　　　　말을 하다)
　　　　ㄷ. 임시적으로 차용하다가 동사로 굳어진 유형이다. 鱼肉, 言语,
　　　　　　意思

　(4'ㄱ)의 '油漆'는 칠할 때 쓰는 재료나 도구이고 명사에서 이 동작을 진행하는 동사성을 갖게 된다. (4'ㄴ) '废话'는 명사로써 '쓸데없는 말'의 뜻이고 품사 전성을 거쳐 합성동사로 형성하고 나서 '쓸데없는 말을 하

다'로 해석하므로 동사성을 갖는다. '鱼肉, 言语'는 명사가 임시적으로 동사로 활용하다가 동사성을 굳어지는 유형으로 분석할 수 있다. '鱼肉'는 '생선과 고시'의 뜻으로 해석하고 '생선과 고기를 마구 대하다'는 비유적으로 쓰였다고 동사성을 갖게 되고 명사와 동사의 두 가지 품사성을 갖는다. 이 유형에 속하는 명사와 동사의 두 가지 품사를 갖는 예는 '油漆, 福利, 根据, 鱼肉, 便饭' 등이 있다.

(4ㄹ) '형용사+명사'형은 고대한어에서 형용사가 사동적인 의미를 지니면 뒤에 명사를 취할 수 있다. 현대한어에서 생산력이 떨어지지만 이렇게 쓰일 수 있는 유형이 남아있다. '正法'는 '법을 바르게 하다'로 해석하고 선행 형용사가 사동적인 의미를 가지므로 동사성을 갖게 되고 목적어를 취하여 합성동사로 굳어졌다.[4]

1.3. 합성형용사

한국어의 합성형용사 가운데는 두 구성 요소 중 형용사가 포함되지 않은 경우가 많다. 즉, 합성명사나 합성동사에 비해 형태적 외심 합성형용사가 많다. 중국어의 경우에도 합성형용사의 구성 요소 가운데 형용사가 없는 경우가 있다.

합성형용사를 구성 요소가 보이는 품사의 구성 방식에 따라 살펴보고 이에 따라 형태적 외심합성형용사의 특징을 살펴볼 것이다. 한국어와 중국어의 합성형용사에 모두 있는 형태적 외심합성형용사로는 '명사+

---

4) 이런 합성동사들의 구성 요소들이 의미상 서로 술목관계에 있는 특성을 보인다는 점은 이미 제3장 2.3.2에서 설명한 바 있다.

동사', '동사+동사'와 '부사+동사'의 유형이다. 또 한국어에는 없지만 중국어에만 합성형용사의 유형으로 '동사+명사' 구성과 '명사+명사' 구성이 있다.

[1] 명사+동사

'명사+동사' 구성으로 이루어진 외심 합성형용사는 일반적인 특성에서 벗어나는 경우라고 할 수 있다. 한국어의 경우 두 문법적 단위가 한 단위가 되는 합성어를 형성할 때 보통 우핵심규칙을 적용받기 때문에 우측에 있는 단어의 문법 범주가 삼투되는 것이 일반적이고 중국어의 경우에도 보통은 '명사+동사'로 이루어질 때 합성동사가 되는 것이 일반적이기 때문이다. 그럼에도 불구하고 아래의 경우처럼 후행하는 동사가 선행요소와 결합하면서 동사의 속성을 잃고 상태나 특성을 나타내게 되면서 전체 합성어의 품사가 형용사로 전성된 것으로 생각된다. 다음 예를 보자.

    (5) ㄱ. 맛나다, 힘있다, 동뜨다, 모나다
        ㄴ. 自得, 法定, 人为, 笔挺
        ㄷ. 家养, 内服, 电动, 野生

고광주(2002)의 설명에 따르면 능격동사는 행위자성을 기준으로 행위자성 동사와 非행위자성 동사로 구분되는데 이런 비행위성동사의 경우 선행명사와 결합하면 합성형용사가 된다고 한다. 예를 들어, (5ㄱ) '맛나다'의 후행동사 '나다'는 동작성이 강하지 않는 비대격동사이기 때문에 선행명사와 결합할 때 동작의 의미보다 성질이나 상태의 의미를 더 강하게 나타내게 된다는 것이다. 그 결과 합성형용사로 기능하게 된 것이다.

(5ㄴ)과 (5ㄷ)은 중국어의 합성형용사인데 (5ㄴ)은 '명사+동사'로 형성된 중국어 합성형용사로 후행요소가 능격동사는 아니지만 피동성이 있어 자동사와 유사하고 이것이 선행명사와 결합하면서 형용사성이 강해져 합성형용사를 형성한 것이다. (5ㄷ)은 '명사+동사'로 구성된 것인데 후행 동사가 명사와 결합하여 합성형용사를 만들 때, 이때 만들어진 합성형용사는 서술 기능을 하지 못한다. 오히려 속성 또는 성질을 나타내는 특수한 非谓形容词[5]로 기능한다. 예를 들어, '家养, 内服'는 각각 '집에서 기르는 것', '내복의'의 뜻으로 해석하여 어떤 성질만을 나타내는 관형어기능만 하는 비위형용사이다.

[2] 동사+동사

외심 합성형용사 가운데 '동사+동사'로 구성되는 유형은 두 언어에 모두 있다. 한국어에서 이런 유형이 나타나려면 동사와 동사가 연결어미 '아/어'로 결합되어야 한다. 이때 선·후행동사는 유의관계에 있는 자동사라는 특성이 있다. 반면에 중국어에서는 '동사+동사'로 이루어진 합성형용사 구성에서도 한국어와 다른 양상이 보이는데 예를 들면 자동사끼리의 결합도 가능하지만 타동사끼리의 결합으로 이루어진 합성형용사가 존재한다.

'동사+동사'가 합성형용사로 품사 전성이 일어난 이유에 대하여 이 책에서는 동사성이 강하지 못한 동사의 결합이 형용사성이 강화되어 품사의 전성이 일어났다고 본다. 비록 구성 요소 사이의 심층적 통사관계

---

5) 非谓形容词는 중국어에서 말 그대로 서술기능을 하지 못하고 관형어로만 쓰이는 특수한 형용사의 한 가지이다.

에서는 동사성이 유지되지만 합성의 과정에서 상태나 성질을 나타내는 의미가 강화되면서 합성형용사가 된 것이다.6) 다음 예를 보자.

    (6) ㄱ. 뛰어나다, 빼어나다, 솟아나다, 깎아지르다
       ㄴ. 保守, 夸张, 放荡, 做作, 拘束

    (6ㄱ)은 한국어의 외심 합성형용사의 예인데, '깎아지르다, 뛰어나다, 빼어나다'는 모두 구성 요소인 두 자동사가 결합하는 과정에서 동사성보다는 성질이나 상태의 의미를 더 많이 갖게 되면서 동사성이 약화되고 형용사성이 강해져 합성형용사를 만들게 된다. '솟아나다'는 동사가 형용사의 의미를 더 많이 갖고 있기 때문에 동사에서 형용사로 전성을 거쳐 합성형용사가 된 것이다.

    (6ㄴ)은 중국어의 외심 합성형용사의 예인데, '保守'의 경우 원래 구성 요소의 뜻은 '단속하거나 지키다'인데 단어화 과정에서 '너무 보수적이다'의 뜻이 생겨 형용사의 성질을 갖게 된 것이다. '夸张, 放荡, 做作'도 비슷한 생성으로 설명할 수 있다. '拘束'는 '솟아나다, 뛰어나다'와 비슷하게 합성동사에서 전성을 거쳐 형성된 것이다.

[3] 부사+동사

    외심 합성형용사 가운데 '부사+동사'로 구성한 경우 역시 구성상 일반적이지 않은 구성이다. '부사+동사'로 이루어질 때 일반적인 구성은

---

6) 이와 비슷한 견해는 김창섭(2008)에서도 찾아볼 수 있다. 여기에서는 동사와 형용사 간의 전성을 다루면서 이들의 전성은 각각 동사가 형용사의 의미를 더 많이 갖게 되거나 반대로 형용사가 동사의 성질을 강하게 갖게 되면서 품사 전성이 일어나고 있음을 강조하고 있다.

앞의 요소 '부사'가 뒤의 요소 '동사'를 수식하고 이 구성은 결과적으로 합성동사를 형성하는 것이 자연스럽기 때문이다. 다만, 한국어의 경우 이런 구성에서 후행동사로 사용되는 것이 '나다'나 '되다' 등 자체로 동사인지 형용사인지를 판단하는 것이 어려운 동사들이라는 점과 이들이 부사와 결합하는 과정에서 형용사성이 강화되었다고 생각된다. 중국어의 경우에도 '부사＋동사'유형은 보통 합성동사가 되는 것이 일반적이지만 후행동사가 선행부사와 결합하면서 형용사성이 강해지면 합성형용사로 사용된다. 다음 예를 보자.

(7) ㄱ. 잘나다, 못나다, 막되다, 덜되다
　　ㄴ. 偶发, 相符, 周到, 特邀

(7ㄱ) 가운데 '잘나다'는 '얼굴이 잘생기거나 예쁘다, 또는 똑똑하고 뛰어나다'의 뜻으로 해석되는데 이 경우는 '얼굴이나 됨됨이'의 특성을 지칭하므로 형용사성이 더욱 강하다. 이때는 주로 '나다, 되다' 등 비대격동사가 후행 요소로 나오고 이것이 부사와 결합하면서 동사성이 약화되고 형용사성이 강화되어 합성형용사를 만드는 것이다.

(7ㄴ)은 중국어에서 '부사＋동사'로 구성된 합성형용사의 예인데, 이 구성 역시 한국어의 합성형용사 생성과정과 비슷한 과정을 겪는다. 즉, 후행 동사로는 모두 동작성이 약한 비대격동사만 사용되는 특징이 있다. 예를 들어, (7ㄴ)의 '偶发'은 원래 구성 요소의 뜻은 '우연히 발생하다'인데 '우연히 발생한' 정도의 상태성이 강화되어 형용사성을 갖게 된 것이다. 이 때문에 이런 유형들의 합성형용사는 '명사＋동사'로 형성된 것과 비슷하게 어떤 속성을 나타내는 경우가 많다.

[4] '동사＋명사'와 '명사＋명사'

위의 두 구성 방식은 한국어에는 보이지 않는 구성이다. 중국어에만
보이는 외심 합성형용사의 구성방식인데 여기에서도 구성 요소로 참여
하는 동사의 동작성이나 명사의 〔＋지시성〕이 약화되면서 반대로 상태
나 성질의 특성 즉 형용사성이 강화되면서 합성형용사로 품사 전성이
이루어진 경우이다. 다음을 보자.

  (8) ㄱ. 동사＋명사 : 碍眼, 吃力, 保准
      ㄴ. 명사＋명사 : 点滴, 片面, 基本, 规矩. 体面

(8ㄱ)의 '碍眼'은 원래 구성 요소의 뜻은 '시선을 방해하다' 정도여서
동작성을 가지고 있던 것이었으나 명사와 결합하는 과정에서 동사성이
약화되고 오히려 '거슬리는 성질이 보이다' 정도의 상태성이 강화되어
합성형용사로 기능하게 된 것이다. '吃力, 保准'도 마찬가지이다.

(8ㄴ)은 '명사＋명사'로 형성된 유형인데 먼저 두 구성 요소가 결합하
여 합성명사로 사용되기도 하는데 거기에 〔－지시성〕(non-referential)이
덧붙게 되면서 형용사성을 갖게 되는 것이다. 예를 들어 '点滴'은 원래
두 구성 요소의 뜻 그대로 '방울이나 점'을 나타내는 합성명사로도 사용
된다. 그러나 여기에 이들 각각의 의미를 지시하는 특성이 사라지고 '조
금, 약간' 정도의 뜻으로 사용되면서 '조금 또는 사소하다'와 같은 형용
사로서의 의미를 갖게 된 것이다. 또 '片面'은 '조각과 쪽'의 뜻을 나타내
는 합성명사이기도 하지만 합쳐져서 '단편적이거나 일방적이다'의 성질
을 나타내는 합성형용사이기도 하다. 이런 유형의 합성명사는 대부분
뚜렷한 성질, 속성, 감정, 심리적인 의미를 갖고 있어서 형용사로의 전

성이 상대적으로 용이하다. '基本, 規矩. 体面' 등도 마찬가지이다.7)

위에서 논의한 한국어와 중국어의 형태적 외심합성어의 유형 및 생성 원인을 살펴보았고 분석해 보았다. 이를 통해 한국어에 비해 고립어인 중국어는 형태변화가 풍부하지 않은 언어이기 때문에 '명사, 동사, 형용사' 간의 품사 전성이나 이동이 많이 일어나는 것을 알 수 있었다.

지금까지 살펴본 한국어와 중국어의 형태적 외심합성어 구성을 정리하면 다음 〈표 7〉과 같다.

〈표 7〉 한국어와 중국어 형태적 외심합성어의 구조

구조／품사	형태구조	한국어		중국어	
			예		예
명사	부사+부사	○	잘못	×	
	동사+동사	×		○	领导, 斗争, 开关
	형용사+형용사	×		○	安危, 大小
	형용사+동사	×		○	主编
	동사+형용사	×		○	跳高, 传奇
	부사+동사	×		○	不测
	동사+명사	×		○	司机 (술목식)
동사	명사+형용사	×		○	齿冷, 自便
	형용사+형용사	×		○	健全, 端正,
	명사+명사	×		○	形容, 鱼肉
	형용사+명사	×		○	废话, 正法
형용사	명사+동사	○	맛나다, 동뜨다, 모나다	○	法定, 人为, 内服
	동사+동사	○	뛰어나다, 솟아나다	○	拘束, 保守／隐蔽, 贴近
	부사+동사	○	잘나다, 못나다, 못되다	○	相符, 特邀, 家养
	동사+명사	×		○	碍眼, 惊人, 乏力
	명사+명사	×		○	点滴, 利害, 规矩

---

7) 이에 대한 논의는 谭景春(1988)이나 张国宪(2006)에도 보인다. 이들에서는 합성명사가 합성형용사로 전성되는 이유를 제시하고 있는데 '형용사성의 강화'가 품사 전성의 주된 요인이라는 점을 지적하고 있다.

1.4. 형태적 외심합성어의 특성

지금까지 우리는 한국어와 중국어의 형태적 외심합성어에 대하여 구성 요소의 품사적 특성에 따른 구성 방식을 살펴보았고 그 과정에서 보이는 구성상 특성에 대하여 살펴보았다. 여기서는 그런 논의를 바탕으로 두 언어의 형태적 외심합성어의 특성을 종합하여 정리하면 다음과 같다.

먼저 한국어의 형태적 외심합성어에 대하여 살펴보자. 한국어나 중국어의 형태적 외심합성어에서 우선 주목되는 것은 이들이 품사간 통용이나 전성에서 비롯된 것이라는 점이다. 한국어에서 품사의 통용이나 전성에 대한 연구를 살피면 한국어에서 형태적 외심합성어에서 보이는 품사의 통용이나 전성도 일반적인 단어와 같은 모습임을 알 수 있다.

고영근·구본관(2008)에서는 한국어의 품사 간에 통용현상8)이 주로 '명사와 조사, 수사와 관형사, 형용사와 동사, 부사와 감탄사, 명사와 관형사, 명사/대명사와 부사, 명사와 감탄사, 조사와 부사' 사이에서 많이 일어나는데 이 가운데 형태적 외심합성어에도 동일하게 반영되는 유형으로 '합성명사와 합성부사, 합성형용사와 합성동사' 사이의 통용현상을 들 수 있다. 이들 사이의 통용 현상은 대부분 품사분류의 임의성이나 통시적인 변화과정 때문에 일어난 것이다. 특히 후자의 통시적 변화과정에서 비롯된 '합성형용사와 합성동사' 사이의 품사 통용은 중세 시대

---

8) 품사통용이 하나의 형태가 두 가지 품사로 쓰이는 현상에 대한 중립적인 처리이고 품사 전성과 영파생은 어떤 형태에 대한 기본적인 품사가 있고, 이를 바탕으로 다른 품사로 쓰인다고 보는 관점이다. 이 책에서 합성어간에 품사 통용현상은 품사의 전성으로 실현된다고 한다. 특히, 중국어 합성어간에 자주 일어나는 전성현상은 모두 기저형이 존재한다고 할 수 있다.

또는 그 이전 형용사와 동사가 덜 분화되어 서로 통용되어 사용되던 사실과 관련이 있는 것으로 생각된다.9)

물론 형태적 외심합성어에서는 언제나 형태적 핵어를 찾을 수 없다. 예를 들어, 합성명사 '잘못'의 경우, 합성어를 이루는 기저의 구성 요소 '잘'과 '못'은 모두 부사이다. 따라서 이들이 대등관계로 결합된다면 합성부사가 될 것이다. 즉, 합성부사 '잘못'은 내심적 합성어의 경우인데 이는 합성명사 '잘못'의 기저형이라고 할 수 있다. 그러나 이것이 '잘못을 용서하다.'와 같은 예에서 밑줄 친 '잘못'은 합성부사가 아니라 합성명사이다. 이때는 어떤 구성 요소도 핵어라고 할 수 없다. 따라서 이런 경우 합성명사 '잘못'은 결국 합성부사에서 품사 전성이 일어난 것으로 볼 수 있다.

합성형용사와 합성동사 사이에 품사 전성이 많은 이유는 동사와 형용사가 비슷한 문법자질을 공유하는 경우가 많기 때문이다. 게다가 어떤 합성어의 의미가 동작성과 상태성을 모두 가지고 있는 경우 합성동사와 합성형용사라는 두 가지 품사범주를 동시에 갖는다. 예를 들어 '솟아나다'는 합성동사인 경우도 있고 합성형용사10)인 경우도 있다. 물론 이러한 품사 간의 통용은 교착어인 한국어에서 일반적이지는 않다. '깎아지르다, 맛나다, 잘되다'처럼 원래 구성 요소가 모두 동사였던 것들도 동작성이 약화되고 상태성이 강화되면 합성형용사의 자격을 가지게 된다.

또한 합성어의 품사 통용과 달리 품사 전성이 일어난 경우 의미의 변

---

9) 이에 대한 자세한 논의는 고영근·구본관(2008) 제4장 참조.

10) 김창섭(2008)에서는 동사와 형용사 간에의 전성은 품사가 변한 것이 아니라 품사의 하위부류가 변한 것이라고 주장하지만 이 책에서는 품사의 전성을 거쳐 두 가지 품사자질을 갖게 된다고 보았다.

화가 전제되어 실현된다. 의미전이는 문법적 측면과 의미적 측면으로 나눌 수 있는데, 형태적 외심합성어는 형성과정에서 문법적 의미의 전이과정을 거쳐야 한다. 이 점은 한국어와 중국어 형태적 외심합성어에 모두 나타난다. 이는 '깎아지르다, 잘나다, 잘못'같은 예로 설명할 수 있다. 그러나 상대적으로 한국어에서는 품사 전성이 일어난 합성어를 찾기가 쉽지 않다. 한국어는 교착어여서 품사의 분류가 비교적 명확하기 때문이다. 특히, 가변어와 불변어의 분류상 명사, 동사, 형용사 간에는 품사 전성이 많이 이루어지지 않으며 기능상 인접성이 있는 품사 간에 주로 전성이 나타난다. 명사와 부사 간에, 동사와 형용사 간에 전성이 많이 보이는 것은 이것 때문이다.

다음은 중국어의 형태적 외심합성어에 대하여 살펴보자. 중국어의 외심합성어는 한국어에 비하여 상대적으로 많은 양을 차지한다. 그 이유는 중국어에서는 형태적 핵어가 없는 경우뿐만 아니라 핵어의 품사자질이 합성어에 삼투되지 않는 경우가 많기 때문이다. 예를 들어, 전자의 경우는 '开关(개폐기)'로 설명할 수 있다. '开关(개폐기)'는 구성 요소의 품사정보가 모두 동사인데 이것이 결합하여 합성명사를 만든다. 핵어가 없이 이루어진 외심합성어이다. 후자의 경우는 '回信(답장)'으로 설명할 수 있다. '回信'은 술목관계로 형성된 합성명사인데 이런 구성에서는 형태적 핵어가 동사이지만 그것이 합성어의 품사정보로 삼투되지 않고 오히려 합성명사가 된다.

중국어는 고립어이기 때문에 형태변화가 풍부하지 않기 때문에 형태변화 없이 그대로 품사 간의 통용이나 전성이 활발하게 일어난다. 张伯江(1994)는 이러한 중국어의 품사 전성과 통용 현상에 대해 기능이동(functional shifting)라는 개념을 적용하여 설명하고 있다. 특히, 중국어에서 명사와 동사, 형용사 등 주된 품사범주 간에 많은 전성이 나타나는데 이는 '임시적 변이형 → 변이형의 사용빈도 증가→품사 전성'의 변화과정을 거치는 것으로 설명하고 있다. 이 개념은 단일어뿐만 아니라 중국어의 형태적 외심합성동사에서 활발하게 발견되는 구성 방식에도 동일하게 적용할 수 있다고 생각된다.

예를 들어, 중국어에서 임시어로 형성된 합성동사가 명사로 전성하는 과정에도 적용할 수 있는데 '魚肉, 形容' 따위 합성동사는 구성 요소가 모두 명사로서 이것이 결합한 후 임시적으로 합성동사로 쓰이다가 동사성이 강화되어 합성동사로 굳어진 예이다. 또한 형용사끼리 결합하여 합성동사를 만드는 경우도 마찬가지인데 '健全, 寒喧, 明白' 등은 원래 형용사끼리 결합된 것이지만 임시적으로 사동적인 의미가 부여되어 쓰이다가 그것이 굳어져 합성동사로 전성된 경우이다.

2. 의미적 외심합성어

본 절에서 논의할 의미적 외심합성어는 공시적으로 분석할 때, 구성성분의 의미가 긴밀하게 융합되거나, 의미전이가 일어나 구성성분의 의미로부터 도출될 수 없는 제3의미를 생성하는 경우를 말한다. 즉, 구성성분 가운데 어느 성분도 의미상 핵어가 될 수 없는 합성명사를 말한다. 이러한 합성어에는 다음과 같은 것이 포함된다.

(8) 한국어와 중국어의 의미적 외심합성어 특성
   ㄱ. 합성 명사 : 바지저고리 ⇒ 〈무능력한 자〉; 骨肉 ⇒ 〈자식〉

ㄴ. 합성 동사 : 뜯어먹다11) ⇒ 〈남의 재물을 억지로 빼앗아 가지다〉
挂帥 ⇒ 〈지휘자역할을 담당하다〉
ㄷ. 합성형용사 : 개코같다 ⇒ 〈하찮고 보잘것없다〉
露骨 ⇒ 〈숨김없이 드러내는 것〉

위의 (8)은 각각 합성명사와 합성동사, 합성형용사가 의미적 외심합성어의 특성을 가지고 있음을 보여주는 예이다. 이들을 보면 합성어의 의미가 구성 요소의 의미 합으로 파악되지 않는다. 따라서 이런 의미적 외심합성어의 의미를 분석하려면 이들이 보이는 의미유형의 측면을 살피고 그것이 어떤 생성에서 비롯된 것인지를 밝히는 것이 필요하다. 여기서는 논리적 기준, 수사법적 기준, 사회·심리적 기준으로 나누어 유형화하고 의미전이가 일어나는 원인을 밝힐 것이다. 이를 바탕으로 한국어와 중국어 의미적 외심합성어의 공통점과 차이점을 추출해 보고자 한다.

2.1. 논리적 분류

의미구조와 의미변화 유형의 기준 가운데 논리적 분류는 주로 의미의 확대, 의미의 축소 그리고 의미의 전이에 따라 이루어진다. 이 기준을 한국어와 중국어의 외심적 합성어에 적용하여 분석하면 외심적 합성어의 의미는 의미의 확대를 나타내는 경우와 의미의 전이를 나타내는 경우로 구분할 수 있다. 의미의 확대는 단어가 지닌 개념적 내포가 감소되고 그 적용범위인 외연이 증가·확대되는 경우를 말하다. 부분에서 전

---

11) 서정수(1978)에서는 비유적 용법으로 쓰일 때는 '서'가 개입할 수 없다고 논의했다.

체로의 확대, 특수에서 일반으로의 확대, 의미 전이는 유사나 인접으로 인한 연상관계에 의해 한 의미에서 제3의 다른 의미로 옮아가는 현상을 말한다. 따라서 의미의 전이가 이루어진 경우 그 외심합성어가 나타내는 의미는 단일의미인 반면 의미의 확대가 일어난 외심합성어의 의미는 복합의미(다의)라고 볼 수 있다.

한국어와 중국어에서 합성어의 의미를 분석할 때 구성 요소의 의미가 축소되는 경우는 발견할 수 없다. 따라서 이 책에서는 의미의 확대와 의미의 전이 두 유형을 대상으로 그 의미변화 방식을 정밀하게 분석하기로 한다. 의미의 확대나 의미의 전이를 보이는 외심합성어에 대하여 합성명사, 합성동사, 합성형용사의 순서로 나누어 각각 살펴보기로 하자.

2.1.1. 의미의 확대

앞에서 논의했듯이, 의미의 확대는 단어가 지니는 기본의미와 변화된 의미가 의미상 연관성을 유지하면서 동시에 사용되는 것을 가리킨다. 의미의 확대는 특히 다의어를 생성하는 중요한 이유로 간주되어 왔다.

이양혜(2005)에서 합성어의 의미는 결합요소들의 관계를 통해 각 결합요소들의 원래 의미의 합을 먼저 규명하고 나서, 이차적, 삼차적 의미를 규명해 보아야 하는 것이라고 주장했다. 그래서 이 유형의 합성어를 다의적 합성어라고 부르기도 하였다. 그런데 여기서 확대된 의미는 기본의미에서 파생된 의미라고 볼 수 있다. 따라서 의미적 외심합성어를 다룰 때 의미의 확대 또는 확대된 의미란 구성 요소의 의미를 기본의미로 하고 거기에서 파생된 의미를 가리키는 것이다.

의미적 외심합성명사의 경우는 주로 확대, 전이로 제3의 의미를 생성하는데 확대나 전이하는 경로는 여러 가지이다. Heine(1991)에서는 의미 확장방향이 '사람, 대상, 활동, 공간, 시간, 질'의 순서로 이루어진다고 하며 이를 한국어에 적용한 임지룡(1996)에서는 '사람→짐승→생물→무생물, 구체성→추상성, 공간→시간, 물리적→사회적→심리적, 일반성→비유성→관용성, 내용어→기능어'와 같은 방식을 제시하고 있다.12) 이를 참고하여 한국어와 중국어의 외심합성어의 의미 확대 방식에 대해 분석해 보기로 한다. 다음 합성명사의 예를 먼저 살펴보자.

    (9) ㄱ. 피땀, 밤낮, 밥통
        ㄴ. 顶峰, 暗流, 包袱

  (9ㄱ)은 한국어에서 의미 확대로 이루어진 외심합성어인데 '피땀'은 기본의미는 '피와 땀'을 아울러 이르는 말이고 '무엇을 이루기 위하여 애쓰는 노력과 정성을' 비유적으로 쓰이고 있다. 의미의 확대로 생기는 의미는 구성 요소와의 의미가 직접적인 관련이 없으므로 외심합성명사로 볼 수 있다. 나머지 '밤낮, 밥통' 등도 마찬가지이다.
  (9ㄴ)은 중국어에서 의미 확대로 이루어진 외심합성어인데 '顶峰'의 기본의미는 '산의 정상'이지만 의미의 전이를 거쳐 '(어떤 분야의) 정상'의 의미를 갖게 되었다. 확대된 의미는 구성 요소의 의미와 별개의 의미로 쓰일 수 있으므로 외심적 합성명사라고 할 수 있다. '暗流, 包袱' 등도 마찬가지이다.
  이렇게 의미 확대를 거쳐 형성된 외심합성어는 한국어와 중국어에서 다의적 합성어를 형성하는 데 중요한 역할을 한다. '돌부처, 불장난, 뜬

---

12) 이런 의미 확대의 과정에 대하여는 종결(2010)에 자세히 논의되어 있다.

구름, 机关, 窟窿, 高潮 등도 이 같은 방식으로 형성된 예이다. 의미적 외심합성명사의 경우는 주로 '구체성 → 추상성'의 변화 방식을 보인다. 따라서 이런 유형의 외심합성어의 의미는, 통사구조로 환원할 수 있는 기본의미와 새로 파생된 비유적 의미가 모두 사전에 다의적으로 등재되고 있다는 특징을 보인다.

이 가운데 의미적 외심합성어를 다룰 때는 기본의미는 제외하고 구성 요소의 통사관계로 환원할 수 없는 제3의 의미, 즉 새로 파생된 비유적 의미만을 대상으로 한다.13) 이를 다음 합성동사의 예를 가지고 설명해 보자.

(10) ㄱ. 감싸다, 등지다, 바닥나다, 눈뜨다, 사로잡다
     ㄴ. 加油, 哺育, 筛选, 剪裁, 耕耘, 践踏, 动摇, 酝酿

(10ㄱ) 가운데 '감싸다'는 기본의미 외에 '흉이나 허물을 덮어 주다'라는 비유적 의미가 있고 적용하는 대상은 구체적인 동작부터 추상적인 것까지 확대한다. '손잡다'의 기본의미는 '손과 손을 마주 잡다'로서 통사구조로 환원할 수 있으므로 이 의미는 내심적 의미이다. 그러나 또 다른 의미인 '서로 힘을 합하여 함께 일하다/불편했던 관계를 청산하고 다시 친숙해지다'는 기본의미로부터 확대된 것으로서 외심적 의미라고 할 수 있다. '바닥나다'는 '바닥이 드러나다'의 기본의미부터 적용범위가 전이되어 '돈이나 물건 같은 것에 다 써버리다'는 의미를 확대한다. '등지

---

13) 심층의 통사관계로 확인할 수 있는 의미는 기본의미로서 이는 의미상 핵어를 찾을 수 있기 때문에 의미상 내심합성어라고 할 수 있다. 의미상 내심합성어에 대하여는 3.2 참조.

다'의 기본의미는 '등 뒤에 두다'이고, '관계를 끊고 멀리하거나 떠나다' 거나 '서로 사이가 나빠지다'의 뜻으로 쓰이며 구체적인 동작부터 추상적인 의미를 형성한다.

(10ㄴ)의 중국어도 그와 비슷하다. '加油'는 구성 요소들의 의미를 분석하면 '기름을 넣다' 정도의 기본의미를 찾을 수 있는데 이는 구체적인 동작을 나타내는 내심적 의미라고 할 수 있다. 그러나 여기에서 의미의 확대가 일어나 '힘을 내다, 가일층 노력하다' 등의 정신적인 차원까지 확대되면 전혀 별개의 제3 의미가 된다. 이때는 외심적 의미라고 할 수 있다. '哺育, 筛选, 剪裁' 등도 기본의미부터 확대되어 제3 의미로 붙여진 경우라고 볼 수 있다.

결국 의미의 확대로 이루어진 제3의 의미는 통사구조로부터 환원되는 기본의미와 함께 합성어의 다의적 의미를 형성하고 있다고 생각된다.

마지막으로 의미상 외심적 합성형용사의 경우를 생각해보자. 이 경우 의미의 확대경로는 주로 인지영역의 전이로 통해 의미의 확대가 이루어진다는 특징을 보인다. 구체적인 예를 통해 살펴보자.

(11) ㄱ. 눈부시다, 기차다, 멍들다, 모나다, 맛보다
ㄴ. 滋润, 坎坷, 苍白, 冷暖

(11ㄱ)의 '눈부시다'의 기본의미는 '빛이 아주 아름답고 황홀하다'인데 물리적인 것에서부터 적용범위가 확대되어 사회적으로 '활약이나 업적이 뛰어나다'는 의미를 갖게 되었다. 따라서 외심적 합성형용사가 된 것이라고 할 수 있다. '기차다'는 '기가 차있는 상태'부터 '비웃는 상태'로 전이되어 '하도 같잖고 우스워서 할 말이 안 나오다'를 의미하게 되었고

'멍들다'는 '상처가 되다'는 의미가 확대를 거쳐 '마음속에 쓰라린 고통의
흔적이 남다/일이 속으로 탈이 생기다'라는 심리적인 의미가 되었다. 그
런데 한국어에서 이 유형의 합성형용사는 형태적으로 '명사＋형용사'의
구조를 가지는 경우가 많다는 점도 특징이다.

(11ㄴ)은 중국어에서 의미상 외심 합성형용사의 예이다. '滋润'의 기
본의미는 '촉촉하다'로서 주로 환경이나 공기에 쓰이던 것이 적용범위가
정신적, 심리적으로 확대되어 '살림살이가 여유롭고 편안하며 사는 것
이 마음에 여유가 있다' 정도의 뜻으로 전이되고 있다. 외심합성어라고
할 수 있다. '坎坷'가 '길 또는 땅이 울퉁불퉁하다'라는 의미에서 인생에
적용되어 '뜻을 이루지 못하거나 불우하다'라는 비유적 의미를 갖는 것
이다. '肮脏'가 물건이나 환경이 '더럽다'는 뜻에서 확대되어 사회적이거
나 추상적으로 '交易'나 '灵魂' 등에 쓰여 '부정하거나 추악하다' 정도로
쓰이는 것도 마찬가지이다.

2.1.2. 의미의 전이

언어의 사용이 다양화되고 그만큼 새로운 어휘의 필요성이 증대될 때
새로운 어휘를 만드는 것과 함께 기존의 어휘를 활용하는 방식이 사용
된다. 이때 기존의 어휘는 기본의미를 확대 적용할 수도 있고 아예 제3
의 별도 의미로 전이되어 사용되기도 한다. 기본의미와는 별도로 완전
히 다른 제3의 의미를 가지는 경우를 의미의 전이라 한다.

일반적으로 의미의 전이는 유사성이나 인접성 같은 연상관계에 의해
한 의미에서 다른 의미로 옮아가는 현상이라고 할 수 있다. 그런데 이
때 새로운 의미에서 원래의 의미를 찾을 수 없다면 완전한 전이가 이루
어진 것이라고 할 수 있다. 이를 합성어에 적용한다면 구성 요소의 의

미가 기본의미가 되는데 이들 구성 요소의 의미에서 합성어의 의미를 찾을 수 없는 경우가 이에 해당한다. 이는 합성어의 의미상 핵어가 없는 경우라고 할 수 있고 따라서 이런 합성어는 의미적 외심합성어라고 할 수 있다.

한국어와 중국어에서 의미의 전이가 나타나는 의미적 외심합성어에는 합성명사와 합성동사 그리고 합성형용사가 모두 존재한다. 이 순서에 따라 하나씩 살펴보기로 하자.

(12) ㄱ. 풍년거지, 집안, 밤손님
ㄴ. 领袖, 要领, 骨肉, 手足

(12ㄱ)은 한국어에서 의미의 전이가 나타난 외심적 합성명사이다. '풍년거지'는 '모든 사람이 다 이익을 보는데 자기 혼자만 빠져서 이익을 보지 못하는 사람'을 비유적으로 가리킬 때 쓰이므로 구성 요소 '풍년'과 '거지'로부터 도출하기 어렵다. 따라서 의미가 전이된 외심합성명사라고 할 수 있다. '집안'은 '가족 구성원 또는 가족 공동체'의 뜻으로 사용되고 '밤손님'은 '도둑'을 뜻하므로 구성 요소의 의미에서 추출될 수 없는 외심합성명사의 예이다.

(12ㄴ)은 중국어에서 의미의 전이가 나타난 외심합성명사의 예이다. 이런 유형의 합성명사는 구성 요소가 구체성을 가진 명사일 때 이들이 결합하여 추상화와 의미 전이를 거쳐 어휘화된다. 예를 들어, '领袖'는 기본의미가 '깃과 소매'로서 옷의 가장 중요한 부분을 말하는 것에서부터 의미 전이가 발생하여 '국가나 단체의 지도자나 영수' 즉 지도자라는 제3의 의미를 갖게 되었으며 원래의 의미로는 거의 쓰이지 않게 되었

다. 따라서 의미의 전이가 일어난 외심합성명사인 것이다. '領袖, 要領, 骨肉, 手足' 등도 이와 같은 의미를 보이는 외심합성명사이다.

다음은 의미의 전이를 보이는 외심합성동사의 예이다.

> (13) ㄱ. 뜯어먹다, 구워먹다, 눈감다, 뺨치다
>   ㄴ. 漏网, 鞭策, 磨练, 煎熬, 摊牌, 闭锁, 碰壁

(13ㄱ)의 '뜯어먹다'는 '남의 재물 따위를 졸라서 얻거나 억지로 빼앗아 가지다'는 뜻으로 원래 심층의 통사관계에서 보이는 '구체적인 음식물을 뜯어서 먹다' 정도의 의미와는 완전히 달라졌다. 추상적이고 사회적인 의미를 갖게 된 것이다. 한국어 동사 '먹다'는 기본의미에서 여러 가지 의미로 확장되는 다의동사로서 '먹다'로 형성된 합성동사는 '먹다'의 확장된 추상적, 사회적이거나, 심리적인 의미로 많이 쓰이므로 전이된 의미를 많이 가진다. 이런 '먹다'류 의미적 외심합성동사로는 '갉아먹다, 긁어먹다, 까먹다, 누워먹다, 부려먹다, 빨아먹다' 등이 있다.14)

'눈감다'의 경우도 의미의 전이가 이루어진 예이다. 이것은 심층의 통사관계로부터 '눈을 감다'라는 구체적인 동작 의미를 추출할 수 있지만 합성어가 될 때는 전혀 다른 인지영역으로 전이되어 '사람의 목숨이 끊어지다.'는 의미가 된다. 그리고 나아가 '남의 잘못을 알고도 모르는 체하다' 같은 추상적 비유 의미로도 쓰인다. 외심적 합성동사로 사용되는 것이다.

이상의 분석을 통해 볼 때 이런 유형의 외심적 합성동사는 주로 후행 요소로 나타나는 동사가 '먹다, 보다, 감다, 잡다' 등 다의를 지니는 경

---

14) 한국어 '먹다'의 의미 확장 양상에 대하여는 종결(2010) 3장에 자세히 분석되어 있다.

우가 많으며 이들이 지닌 기본의미의 구체성이 사라지고 선행요소와 합해 추상적인 제3의 의미를 가지게 되는 경향을 보인다.

중국어도 이러한 적용범위의 전이로 의미가 변하는 경우가 많다. (13ㄴ)에서 '漏网'는 '(고기가) 그물에서 벗어나다'라는 기본의미로는 쓰이지 않고 '법망을 벗어나다, 벌을 피하다'라는 뜻으로 추상화되어 사용되고 있다. 그 대상도 물고기가 아니라 사람에게 적용된다. 따라서 기본의미와 완전히 다른 제3의 의미로 사용된 외심합성동사가 되었다. '鞭策'도 기본의미는 '달리는 말에 채찍질하다'이지만, 지금은 '편달(鞭撻)하다/격려하다'의 뜻으로만 쓰이고 있으므로 정신적인 의미로 추상화된 외심합성동사라고 할 수 있다. '摊牌, 出马, 煎熬, 闭锁, 碰壁, 堕落' 등도 같은 유형에 해당된다.

다음은 합성형용사에서 의미 전이가 일어나는 외심합성어의 경우이다.

(14) ㄱ. 턱없다, 입바르다, 멍들다, 앞차다
　　 ㄴ. 风流, 露骨, 棘手, 嘴硬, 心酸

(14ㄱ)의 '턱없다'는 원래 '얼굴에 턱이 없다'는 상태를 나타내는 것이었으나 의미가 전이되어 '이치에 닿지 아니하거나, 그럴 만한 근거가 전혀 없다. 또는 수준이나 분수에 맞지 아니하다' 정도의 비유적 의미만 쓰인다. 따라서 구성 요소로부터 합성어의 의미를 도출할 수 없으므로 외심합성형용사라고 할 수 있다. '입바르다'는 의미가 전이된 후, '입'이 '바른말'의 의미를 갖게 되어 '바른 말을 하다'의 의미를 갖게 됨으로써 외심합성형용사가 된다. '멍들다, 앞차다' 등도 마찬가지 의미를 보여준다.

(14ㄴ)에서 예시한 것처럼, 중국어 외심합성형용사의 대부분도 비유

법을 적용해서 형성된 것이라고 할 수 있다. '风流'는 사람의 성격이 '방탕하다. 음탕하다' 정도의 사회적 비유의미만으로 쓰여 원래의 '바람이 불다'라는 뜻과 완전히 다르다. 의미적 전이가 이루어진 외심합성어이다. '露骨'도 '뼈가 노출되다'라는 기본의미는 사용되지 않으며 '숨김없이 모든 것을 있는 그대로 드러내다'라는 비유적 의미로만 쓰게 되었다. 따라서 이들은 사전에서 전이된 제3의 의미만 등재되어 있는 의미적 외심합성형용사라고 볼 수 있다.

2.2. 수사법적 분류

외심합성어의 의미구조 유형을 수사법적 차원에서 구분할 수도 있다. 논리적인 분류가 주로 의미 영역의 크기(확대)와 이질성(전이)에 주목하는 분류였다면 수사법적 분류는 합성어의 의미 형성에 관여하는 수사 방식에 주목하는 것이다. 수사법은 종래에 문학 연구에서 많이 사용하는 분석방식이지만 의미의 변화와 관련해서는 언어학적 연구 방법으로도 많이 사용된다.15)

언어 연구에서 비유에 대한 의미론적 접근은 의미 확장이나 의미 전이의 원인을 밝히려는 데 많은 기여를 하였다. 비유의 방법이나 유형은 비유의 갈래 혹은 비유법의 종류 등으로 기술되어 왔는데, 이 책의 연구대상인 합성어의 의미구조를 분석할 때 적용할 수 있는 수사법적 기제

---

15) 문학연구에서 사용하는 수사법 분석이 주로 의미의 일회적, 순간적인 변용에 관여하는 수사법에 집중되어 있다면 언어학적 연구에서는 의미의 순간적 변이가 아니라 개념적, 지속적으로 이루어진 의미의 변화 과정에 적용된 수사법에 주목한다는 점에서 차이가 있다.

는 직유(simile), 은유(metaphor), 환유(metonymy),16) 과장(hyperbole)17)
등이 있다. 이를 하나씩 살펴보기로 하자.

2.2.1. 직유

의미적 유연성의 상실은 합성어의 구성성분들로부터 합성어의 의미
를 유도해 내기가 어렵고 의미간의 관련성이 없어지는 것이다. 외심합
성어의 의미를 따져볼 때, 유연성의 유무가 직유와 은유, 환유를 구분
하는 가장 큰 차이라고 할 수 있다. 직유법에 따른 합성어의 경우 구성
요소의 의미와 합성어의 의미 사이에 유연성이 아예 없다고 할 수 있으
며, 비유체(喩体)와 대상 사이의 형태적 유사(类似)에 근거하여 합성어를
만든 것이라고 할 수 있다.18)

    (15) ㄱ. 까치눈, 도둑놈의 갈고리
        ㄴ. 猴头, 鸡眼, 龙头

(15ㄱ)에서 보이듯이, 한국어 합성명사 중에 '까치눈'은 형태의 유사
성을 빌어 만든 합성어로 '발가락 밑바닥에 접힌 금에 살이 터져서 쓰라

---

16) 울만(1962 : 212)에서 비유 중 은유와 환유의 구별 기준을 '유사성'과 '인접성'에 둔
    것을 참조한 것이다.

17) 이종열(2003) 〈비유와 인지〉에 따르면 과장은 비유법의 한 가지라고 보고 본문은
    수사법의 한 가지로 본다.

18) 직유법으로 형성된 합성어는 의미의 전이가 일어나는 방식이 다른 수사법의 경우와
    다른 측면이 있다. 예를 들어 '까치눈'의 경우 이 단어의 의미는 '까치의 눈과 같은
    상처'인데 의미의 전이가 일어났다고 설명하기 어렵다. 그러나 '까치눈'이 '까치의 눈'
    을 가리키는 것이 아니라 결과적으로 '까치의 눈'과 모양이 비슷한 상처를 지칭한다
    는 점에서 구성요소로 단어의 의미를 합성할 수 없으므로 따라서 이 책에서는 여전
    히 이들을 의미적 외심합성어로 보기로 한다.

린 자리'를 의미한다. 까치의 눈처럼 가로로 길게 째진 흉터라는 점에서
형태상 유사성이 보이지만 의미의 측면에서 보면 까치와 전혀 관련이
없는 외심합성어이다. '도둑놈의 갈고리' 역시 마찬가지이다. 이는 꽃 이
름으로서 생김새가 도둑놈들이 쓰는 갈고리와 비슷하다고 해서 붙여진
이름이다.

(15ㄴ)의 '猴头'는 글자의 그대로 해석하면 '원숭이의 머리'라는 뜻이
지만 실제 이것의 의미는 버섯의 한 종류를 가리키는 것인데 그 모양이
원숭이의 머리처럼 생겼기 때문에 직유를 적용하여 이 의미를 나타낸
것이다. '兔唇, 佛手, 龙头, 仙人掌' 등도 마찬가지 방식으로 생성된 합성
어이다.

한국어와 중국어에는 이렇게 직유를 적용하여 만든 합성어들이 많은
데 이는 이러한 직유의 적용으로 예술성이나, 정보 전달의 효과를 높일
수 있기 때문인 것으로 생각된다. '검버섯' 등은 이 유형에 속한다.

다음은 직유가 적용되어 이루어진 합성동사에 대하여 살펴보자. 특
히, 직유가 적용된 합성동사는 한국어에서 발견되지 않으며 중국어의
경우에만 존재한다.

(16) ㄱ. 龟缩, 鹊起, 林立
ㄴ. 冰释, 瓦全, 蚕食, 鲸吞

중국어 합성어 가운데 직유에 의한 합성동사는 (16ㄱ)처럼 직유만 적
용되는 것과 (16ㄴ)처럼 직유와 은유가 함께 적용되는 것으로 나눌 수
있다. (16ㄱ)의 '龟缩'는 '(거북이처럼) 움츠리다/들어박히다'라는 뜻으
로, 직유법만 적용된 합성어이다. 의미상 거북이와 관련된 것이 아니라

거북이는 단지 비유 대상일 뿐이라는 점에서 외심합성어이다. '鵲起, 林立'도 마찬가지이다.

이에 비하여 (16ㄴ)의 '冰釋'는 '의혹이나 오해 따위가 (얼음 녹듯이) 풀리다'의 직유법으로 형성된 합성동사이다. '冰釋'는 '얼음이 녹듯이' 깨끗하게 사라지는 성질을 빌려서 '오해'가 풀린다는 뜻이므로 은유에 의한 전이도 함께 일어난다. '蠶食'는 '누에처럼 뭐인가를 먹다'의 기본의미에서 '누에가 먹이를 먹는 것처럼 조금씩 차지하다'의 뜻으로 해석하므로, '조금씩 차지하는 성질'을 빌려서 은유법으로 형성된 합성동사라고 볼 수 있다. '鯨呑, 玉碎, 瓦全' 등도 마찬가지이다.

2.2.2. 은유

인지의미론의 관점에서 은유는 경험의 한 영역, 즉 근원영역(source domain)에서부터 다른 경험의 영역 즉, 목표영역(target domain)[19]으로의 체계적인 인지사상(cognitive mapping)을 통해 투사하는 방법이다. 어떤 대상을 구체적으로 표현하기 위해 형성된 경우, 적당한 형용사가 있음에도 불구하고, 타 대상은 명칭을 통해 은유적으로 표현하는 경우가 많다. 즉, 표현하고자 하는 의미 내용이 타 대상의 속성 중에 내재해 있을 때, 그 사물로 대치시켜 표현함에 따라 의미 변화가 일어나는 것이다. 여기서는 이를 합성명사와 합성동사 및 합성형용사의 순서로 살펴보기로 한다.

먼저 합성명사의 경우, 은유에 의한 의미전이가 일어나는 대표적인 경우로서 본장에서는 근원영역과 목표영역의 유사성에 따라 원인별로

---

19) '근원영역(source domain)'과 '목표영역(target domain)'은 Langacker의 용어이다.

'형태, 속성, 기능, 위치' 등 네 가지로 분류해서 의미구조를 밝히기로
한다.

ㄱ. 형태 비유로 의미가 전이된 것

두 대상 간의 형태적인 유사로 인해서 하나의 명칭이 다른 대상을 명
명 표현할 때 단어의 의미가 전이된다.

> (17) ㄱ. 두꺼비집, 쥐뿔
> ㄴ. 豆芽菜, 落湯鸡

(17ㄱ)은 한국어의 경우인데 '두꺼비집'은 각 가정에 있는 안전 개폐
기를 지칭하는 단어로서, 그 모양과 기능을 생각하면 형성과정을 예측
할 수 있다. 즉 두꺼비와 모양이 유사하고 보관하는 기능을 가졌다는
것이 '집'의 기능과 유사하므로 이를 '두꺼비집'이라 명명하게 된 것이다.
'쥐뿔'은 '아주 작고 보잘 것 없는 것을 이르는 말'로서 쥐에는 뿔이 없으
나 만약 쥐에 뿔이 있다고 하여도 그것이 '뿔'로 기능할 수 없을 만큼 작
고 보잘 것 없다는 데에서 비유적으로 쓰인 것이다.

(17ㄴ)의 '豆芽菜'의 기본 의미는 '콩나물'이지만, 은유를 거쳐 지칭하
는 대상을 확대시킨 '키가 호리호리하여 너무 마른 체형'을 가진 사람을
비유한다. '落湯鸡'의 '닭(鸡)'은 헤엄을 치지 못해 물에 빠지는 낭패를
말한다. 이러한 점에 기대어 이를 사람에게 적용해서 '당황한 사람의 난
감한 꼴'을 비유한 것이다. '갈고랑쇠, 바지저고리, 墙头草, 不倒翁' 등도
비슷한 생성 방식으로 형성된 합성명사이다.

ㄴ. 속성 비유로 의미가 전이된 것

표현하고자 하는 의미 내용이 타 대상의 속성 중에 내재해 있을 때, 그 사물로 대치시켜 표현함에 따라 의미 변화가 일어나는 것이다. 이것도 형태 비유로 일어난 전이와 마찬가지로 생동감을 강화하고 신선한 느낌을 준다.

> (18) ㄱ. 가시방석, 밥통, 피땀, 풍년거지
> ㄴ. 血汗, 包袱, 棱角, 风雨, 蛇蝎, 皮毛

(18ㄱ)의 '가시방석'은 '불편스런 장소'를 비유적으로 표현하는 말이다. 그런데 '가시'라는 사물 속에서 '찌르다'는 속성이 있으므로 이를 개념화하여 '불편스러움', '괴로움' 등의 의미를 나타냈다. 또한 뒤 성분인 '방석'의 경우도 '깔고 앉는 것'이라는 의미 속성으로부터 '장소', '곳' 등의 의미로 확장되었다. '밥통, 풍년거지, 피땀'도 비슷하게 속성의 유사성으로 빌려서 은유법으로 만들어진 의미적 외심합성명사이다.

(18ㄴ)의 '血汗'도 같은 원리로 형성된 합성명사이다. '血'(피)과 '汗'(땀)은 서로 어울려 쓰이기 어려운 것이지만 합하여 '노력'이라는 전이된 의미를 나타내기 때문에 외심적 합성명사이다. '血'과 '汗'의 속성이 비유적인 의미로 사용되고 있는 것이다. '包袱'의 기본의미는 '보따리'인데 사람들이 꼭 져야 한다는 속성을 빌어 사람들이 부득이 져야 할 짐이나 부담의 의미가 되어버렸다. '棱角, 风雨, 蛇蝎, 皮毛' 등은 이 유형에 속한다.

ㄷ. 기능 비유로 의미가 전이된 것

A라는 사물을 명명하기 위하여 B라는 사물의 명칭을 전용하게 될 때, 두 사물 간의 기능적 유사성을 바탕으로 의미변화가 일어나는 경우이다.

(19) ㄱ. 기침쇠, 밥주머니
　　　ㄴ. 把柄, 栋梁

(19ㄱ) 가운데 '기침쇠'의 경우를 보자. 일반적으로 '잠글 때나 여는데 사용하는 쇠로 된 물건이나 기구'를 뜻할 때 '-쇠'라는 단어를 사용한다. 이 때 '쇠'는 철의 통칭으로서가 아니라 '기구' 정도의 의미로 사용된 것이다. 그런데 이런 '쇠'의 기능이 절에서 사용되는 종(钟)의 기능으로 전이하여 '기침쇠', 즉 '아침에 일어날 때에 절에서 치는 종'을 의미하게 되었다. '밥주머니'는 '밥이 담긴 주머니'로 쓸모가 없는 주머니의 기능이 사람의 됨됨이로 녹아 '아무 소용이 없는 사람'을 의미하게 되었다.

(19ㄴ) 가운데 '把柄'의 기본 의미는 '손잡이'이었으나, 기능의 비유에 의하여 '남에게 잡히기 쉬운 허점이나, 불충분하거나 허술한 점'의 의미로 쓰이게 되었다. '栋梁'은 '집을 지을 때 쓰는 좋은 대들보'이고 중요성을 빌려서 사람을 지칭할 때 '우수한 인재'를 지칭하게 되었다.

ㄹ. 위치 비유로 의미가 전이된 것

위치의 유사에 의해 의미가 전이된 경우는 두 대상 간에 '위치'에 있어서 유사성이 있을 때 하나의 명칭을 타 대상의 명명에 전용함으로써 위치의 의미가 전이되는 것이다. 여기에 해당하는 합성어는 양이 많지 않다.

(20) ㄱ. 속바람, 집사람
ㄴ. 病灶, 城府

(20ㄱ) 가운데 '속바람'은 '속에 있는 바람'이라는 깊이 든 바람의 위치가 몸 상태로 전이되어 '몸이 몹시 지칠 때에 호흡의 균형을 잃고 떨리는 현상'을 의미하게 되었다. '집사람'도 '집에 있는 사람'이라는 뜻이 일반적으로 집에 있는 사람인 '아내'를 지칭하게 되었다.

(20ㄴ) 가운데 '病灶'은 기본의미가 어떤 병이 발생하는 근원이지만, 위치의 뜻을 전이해서 '어떤 사회나 개인의 치유하기 어려운 부분이나 근본'을 뜻하게 된다. '城府'는 옛날 부자 집의 사저(私邸)로 들어가기 어렵다는 뜻으로 쓰였으나, 지금은 '사람의 속이 깊다'는 뜻으로 전이되었다. 상기 분류는 은유로 기본의미에서 새로운 의미가 부여된 외심합성어의 예이다.

다음은 은유로 이루어진 합성동사의 경우를 살펴보자. 특히, '명사와 동사'로 구성된 합성명사 가운데 은유가 적용되어 의미전이가 일어난 합성동사들이 많다. 명사와 동사가 결합하는 과정에서 명사의 형태나 성질의 유사성이 원인이 되어 의미의 전이가 일어나기 때문이다.[20]

(21) ㄱ. 뒤북치다, 엎어삶다, 눈감다, 맛보다
ㄴ. 搁浅, 开刀, 下海, 露馅, 吃醋

---

20) 합성동사와 합성형용사는 은유나 환유로 생기는 의미유형이 많지 않으므로 합성명사처럼 형태, 기능, 속성, 위치 등으로 나누어 기술하지 않고 통합하여 살피기로 한다.

(21ㄱ)에서 예시하는 것처럼, '뒷북치다'는 제때의 기능을 수행하지 못한 성질을 빌어 '뒤늦게 쓸데없이 수선을 떨다'라는 은유적인 의미를 갖게 된다. '엎어삶다'는 '그럴듯한 말로 남을 속이어 자기의 뜻대로 되게 하다'의 비유적 뜻으로 쓰인다. 이와 같이 비유에 의한 의미 전이가 나타난 예들은 현재 사전에 등재된 실재어로서, 그 사전적 의미도 구성적 의미가 나타나지 않고 오로지 비유적 의미로만 사용되는 어휘들도 있다. '엎어삶다, 눈감다, 맛보다' 등도 비슷한 방식의 의미구조를 나타낸다.

중국어 합성동사가 은유에 의해 의미가 전이되는 경우로 기본의미에서 비유적 의미를 파생하는 경우이다. (21ㄴ) 가운데 '擱淺'은 기본의미인 '(배가) 좌초하다'로 쓰이는 동시에 '배가 좌초하는 성질'을 즉 일을 중단하는 상태를 빌어 다른 의미역으로 전이됨으로써 '일이 (난관에 봉착되어) 진척되지 않다'의 뜻으로 쓰이기도 한다. '開刀'는 '목을 베다, 수술하다'의 기본의미와 '누구를 본보기로 징계하다/~부터 먼저 손을 대다/착수하다'라는 비유적 의미로도 쓰인다. '下海'는 '바다에 뛰어들다'다는 이 행동의 모험성을 빌어 '상업에 뛰어들다'라는 비유적 의미로 쓰인다. '露餡, 吃醋'도 마찬가지이다.

합성형용사 가운데 은유를 적용해서 형성된 예는 합성명사나 합성동사에 비해 많이 적은 편이다. 다음 예를 통해 알아보자.

(22) ㄱ. 알로까다, 개코같다, 장승같다
　　　ㄴ. 盲目, 棘手, 枝蔓, 露骨

(22ㄱ)의 '알로까다'는 '알로 깐' 상태의 특징이 사람의 성격으로 전이

되어 '매우 약다'는 뜻을 나타내고, '개코같다'는 개코처럼 보기 흔하고 소중하지 않은 성질을 빌어 '하찮고 보잘 것 없다'는 뜻으로 쓰인 외심적 합성형용사이다. '장승같다'도 마찬가지로, '장승'의 움직이지 않는 성질을 빌려서 '우두커니 멍한 채 있다'의 비유적으로 쓰인다. 한국어의 경우 은유법을 적용해서 형성된 합성형용사는 많지 않다.

중국어도 은유나 환유로 형성된 합성형용사의 수가 합성명사와 합성동사보다 적다. (22ㄴ)의 '盲目'은 '눈이 멀어서 보지 못하는 눈'이라는 기본의미 즉, '잘 보지 못하는 성질'을 빌어 '이성을 잃어 적절한 분별이나 판단을 못하는 일'이라는 은유적 의미로 쓰여 기본의미가 사라진 것이다. '棘手'는 '가시가 돋친 나무가 손을 찌르다'의 뜻이고 이런 성질을 빌려서 '일을 처리할 때 곤란하거나 까다롭다'는 비유적 의미로 쓰인다. 그런데 중국어에는 '명사+명사'로 이루어진 합성형용사 가운데 은유로 의미가 전이되는 예도 있다. 이 유형은 주로 명사의 성질을 빌어 합성형용사를 형성한다. '枝蔓' 구성 요소가 명사이고 명사가 가진 성질을 빌어 상태형용사를 형성하는 예이다. '枝蔓'의 기본 뜻은 '가지와 덩굴'이고 '가지와 덩굴'의 뜻에서 '잘 뻗어나가는' 성질을 빌려서 '번잡하다. 잡다하다'의 뜻으로 전이되었다. 이 밖에도 '辛辣, 动荡, 腐朽, 鬼祟, 一线, 刻板, 斧凿' 등이 이 유형에 속한다.

2.2.3. 환유

환유[21]는 '인접(contiguity)성'에 기초하는 인지 과정으로 '어떤 개체

---

21) 임지룡(1997)에서 환유의 유형에 대한 여러 학설을 살펴보면 다음과 같다. 울만 (1962) : '공간적 관계/시간적 관계/ 그릇—내용물/ 기원된 장소—음식물/ 의복—사람/ 특징적 자질—사람 및 사물/ 행위—결과'. George Lakoff and Mark Johnsen

와 관련된 동일영역의 개체를 지시하기 위해서 그 개체의 이름을 사용하는 것'이라고 할 수 있다. 즉, 동일물 내에서 주체와 기능이 인접되어 있을 때 기능이 그 주체를 대신하거나 또는 부분이 전체를 대신하여 나타낼 때 발생하는 의미변화이다.22) 여기서도 합성명사, 합성동사, 합성형용사의 순서로 분석해 볼 것이다.

ㄱ. 전체와 부분의 인접으로 의미가 전이된 것

전체의 일부를 가지고 전체를 가리키거나 전체를 가지고 일부를 지칭할 때 각각 확대지칭과 축소지칭이라고 한다. 어떤 사물의 가장 특징적인 면, 가장 지각하기 쉬운 면을 가지고 그 영역 전체를 나타내는 이러한 환유는 두 언어의 합성명사의 예들을 통해서 그 형성에 활발하게 참여하고 있음을 알 수 있다. 반면 한 영역의 전체를 가지고, 그 영역의 일부분을 나타내는 축소지칭의 환유가 작용하기도 한다. 이러한 축소지칭 환유는 언중간의 상호이해가 가능할 때 그 사용이 허용되며, 합성어로 형성되어 소멸되지 않고 사용되는 단어들은 언중의 인증을 받은 단어라 할 수 있다.

다음으로는 합성과정에서 환유가 작용하여 형성된 합성명사의 예를 살펴보도록 하자.

    (23) ㄱ. 밤낮, 콩밥
         ㄴ. 红颜, 铁窗

  (1980) : '생산자−생산품/ 물건−사용자/ 지배자−피지배자/ 기관−사람/ 장소−기관' 등의 환유로 정리했다.

22) 여기서 제유(synecdoche)를 환유의 특수한 경우로 포함시키고, 따로 다루지 않기로 한다.

(23ㄱ) 가운데 '밤낮'은 '밤+낮 = 하루⇒늘'로 그 의미가 확대되는데 이는 여러 날을 이루는 '하루'라는 시간상의 일부를 통하여 '늘, 언제나'라는 의미 사용된 것으로, 부분을 통하여 전체를 나타낸 확대지칭의 환유의 예라고 할 수 있다. '콩밥'은 교도소에서 먹는 특색이 있는 밥으로 나중에 '콩밥'은 그 의미가 확대되어 '감옥생활'의 전체를 확대 지칭한 환유의 예라고 볼 수 있다.

중국어의 경우 (23ㄴ) 가운데 '红颜'은 '예쁜 여자의 얼굴'을 의미하지만 나중에는 '예쁜 여자'를 확대 지칭하게 되었다. '铁窗'은 본래 '철로 만든 창문'이란 기본 뜻이었지만, 교도소나 감옥에 철로 만든 창문이 많이 쓰여 지금은 '감옥'을 대신 지칭하게 되었다. 중국어에는 사람이나 물건의 특징으로 그 사람이나 사물을 대신 지칭하는 합성어의 예가 비교적 많다. 이밖에도 '皮毛, 白骨, 巾帼, 须眉, 风骚, 밥벌이' 등이 이 유형에 속한다.

ㄴ. [구체성]과 [추상성]의 인접으로 의미가 전이된 것

    (24) ㄱ. 치맛바람
          ㄴ. 巾帼, 伯乐, 丹青, 口舌, 水火

(24ㄱ) 가운데 '치맛바람'을 보면 '치마'라는 여자들이 입는 옷이라는 구체성이 '여자 전체' 혹은 '어머니'라는 추상성을 획득하면서 '환유'가 적용된 것이다.

(24ㄴ) 가운데 '巾帼'은 구체적인 의복이나 옷차림으로 사람을 대신 지칭하는 예인데 그 기본 의미는 구체적으로 '여자들이 머리에 쓰는 수건'이었으나, 나중에 추상화되어 일반적인 '여자'를 대신 지칭하는 말로

쓰였다. '伯乐'와 '红娘'은 특정한 구체적인 인물이 나중에 추상화 되어, '인재를 잘 고르는 사람'과 중간에서 남녀사이의 연분을 맺어주는 '중매 쟁이'로 쓰이게 된 것도 마찬가지이다.

환유는 명사의미가 전이되는 데 많이 쓰이는 생성이지만 합성동사의 의미 전이는 많지 않고 다음의 몇 개가 보일 뿐이다.

(25) ㄱ. 거울삼다, 뒤구르다
    ㄴ. 踏青, 悬壶, 改口, 跋涉, 称臣, 出阁, 挂牌

(25ㄱ) '거울삼다'는 '남의 일이나 지나간 일을 보아 본받거나 경계하 다'의 뜻으로 해석한다. '거울'은 구체적으로 쓰이는 거울의 기본의미를 쓰이지 않고, '어떤 사실을 그대로 드러내거나 보여 주는 것을 비유적으 로 이르는 말'의 의미로 쓰일 수 있으므로, 구체적인 것이 추상적으로 쓰이는 환유과정을 거쳐 의미가 전이되었다. '뒤구르다'는 '말썽이 없도 록 일의 뒤끝을 단단히 다지다'를 의미하는데, 구성 요소 '뒤'는 구체적 인 의미로부터 환유를 거쳐 추상적 의미를 갖게 된다.

(25ㄴ) 중국어 '踏青'은 '봄날 청명절(清明节) 전후에 교외로 나가 산보 하며 즐기다'는 뜻으로 해석하는데, 구성 요소 중에 '青(푸를 청)'의 기본 의미는 '青草(풀)'이고 환유를 거쳐 '봄(청명절)'을 확대 지칭했다. '悬壶'는 고대에 의사사업을 할 때 '간판을 걸다'는 의미였으나, 지금은 '의사 노 릇을 시작하다'의 의미로 구체적인 동작으로 '의사의 사업을 하다'의 추 상적인 의미를 대신하게 된 것이다. 환유를 거쳐 형성된 합성동사는 양 이 많지 않고 일반적으로 구성 요소 중에 명사인 부분이 구체적인 것은 추상적으로, 부분의 것을 전체를 대신 지칭하여 합성동사가 환유적인

의미를 갖게 되는 경우가 대부분이다.

한국어 형용사 중에 주로 '명사＋형용사'로 구성하는 유형이 많고 그 중에 명사가 근원영역과 목표영역의 인접성 때문에 환유를 적용하는 경우가 많지만 중국어는 합성형용사가 전체의 인접성 때문에 환유를 적용한다.

(26) ㄱ. 앞차다, 손쉽다, 입바르다, 색다르다
ㄴ. 长足, 炎凉, 机械, 体面, 肮脏, 尖锐, 茂盛

(26ㄱ) 가운데 '앞차다'는 앞이 차있는 상태의 특징이 사람의 성격으로 전이되어 '앞이 굳고 튼튼하여 믿음성이 있다'를 의미하고, 구성 요소 중 '앞'은 구체적인 의미로 추상적인 내용을 대신 지칭하며 환유를 적용하여 외심적 의미를 갖게 되었다. '입바르다, 손쉽다'도 '입, 손'은 인접성 때문에 인지역은 구체적인 것부터 추상적으로 전이되어 합성어의 전체의미도 전이되었다.

중국어에도 명사와 동사보다 합성형용사의 의미가 전이하는 예도 적은 편이다. (26ㄴ)의 '长足'는 기본의미는 '발이 길다'이고 '장족적이다'의 비유적인 의미를 갖게 된다. 여기서는 '足'은 구체적인 것으로부터 환유를 거쳐 추상적인 의미를 갖는 것이다. '炎凉'은 '덥고 시원하다'는 뜻의 신체의 감각을 나타내는 기본의미에서 인지영역은 사회로 전이되어 인생이나 태도의 상태를 나타내는 의미적 외심이 형성된다.

2.2.4. 환유와 은유

앞에서 은유와 환유가 각각 적용되는 외심합성어에 대하여 살펴보았으나 한국어와 중국어의 합성어 가운데는 이런 수사법이 함께 적용되는 의미상 외심합성어도 존재한다. 다음이 그런 경우이다.

　(27) ㄱ. 치맛바람, 보릿고개
　　　 ㄴ. 牺牲, 规矩

　(27ㄱ)의 '치맛바람'을 보면 '치마'라는 여자들이 입는 옷을 사용하여 '여자 전체' 혹은 '어머니'를 표현하는데 사용하였으므로 '환유'가 사용되었음을 알 수 있다. 또한 자연 '바람'은 '치맛바람'이라는 합성명사가 형성되는 과정에서 '흔들리는 속성'이라는 유사성에 근거하여 '바람'이라는 단어가 사용되고, '은유'에 의한 합성이 일어났음을 알 수 있다.

　중국어에서도 이런 유형이 있다. (27ㄴ) 중에 '牺牲'의 '제사용의 양이나 소가 죽음을 당하다'는 의미로부터 손해를 보는 일이나 그런 사람을 비유한 것이고, 환유과정은 특정한 죽음을 당한 소나 양으로부터 그와 관련된 동작이나 행위까지 확장되어 명사뿐만 아니라 동사의 의미까지도 생성되게 된 것이라 할 수 있다. 현재는 합성어의 전이된 현재 의미를 많이 사용하다보니, 기본 의미가 모호하게 되거나, 기본 의미의 흔적이 거의 안 보이게 되는 경우도 있다.

　합성동사와 합성형용사에는 비유법을 적용해서 형성된 예가 많지 않고 은유와 환유를 같이 형성된 예는 아직 보이지 않는다.

2.2.5. 과장법

　과장법(hyperbole)은 전달하고 싶은 뜻을 강조하거나 익살스러운 효과를 내기 위해 일부러 과장하여 표현하는 수사법의 한가지이다. 과장은 지시물을 실제보다 과장하여 이에 대한 표현 기교와 효과를 도모하는 것으로 향대과장(向大夸张)과 향소과장(向小夸张)이 있다. 한국어의 합성어 가운데는 과장법이 적용되어 만들어진 경우를 찾을 수 없다.23) 중국어의 경우도 이런 유형의 합성어는 많지 않다. 다만, 중국어에서 이런 유형의 합성어는 말하는 사람의 태도나 마음을 제대로 전달하기 위해 과장법을 사용된 경우가 많다. 다음은 과장법이 적용된 합성명사의 경우이다.

    (28) 千张

    (28)의 '千张'은 글자 그대로 '천장의 종이'라는 뜻이 아니고, 중국 민간에서 먹는 '아주 얇고 많이 쌓여 있는 밀가루 음식'을 과장의 수사법으로 표현한 그 음식의 특색을 나타낸 것이다. 이러한 과장법을 사용한 합성어의 형태는 한국어에서 아직 발견되지 않고 있다.

    (29) 冲天, 一线

    (29)는 과장법이 적용된 합성동사의 경우인데 중국어에서 과장법으로 형성된 합성동사는 합성명사보다도 더 제한적이다. (29) 중에 '冲天'는 글자 그대로 '하늘로 솟아오르다'라는 글자 그대로의 뜻이 거의 안 쓰이고 '화기나, 일하는 의욕이 매우 강하다'의 뜻으로 쓰인다. 이는 과

---

23) '쥐뿔'이 작은 것, 보잘 것 없는 것 정도의 뜻으로 쓰여 그 크기나 쓰임을 과장하여 표현한 것으로 볼 수 있다. 그러나 이 경우는 '쥐의 뿔'이라는 형태적 작음이라는 속성을 비유한 것이라는 점에서 은유가 적용된 외심합성어로 보인다. 이에 대하여는 '형태 비유로 의미가 전이된 것' 부분 참조.

장법으로 형성된 합성동사로 이해할 수 있다. 한국어에는 과장법으로 형성된 합성동사의 예가 보이지 않는다.

합성형용사는 '一线' 정도가 과장법이 적용된 것으로 생각된다. '아주 사소하고 보잘것없는 것'이란 뜻으로 작음을 과장하여 형성된 합성형용사이다.

2.3. 사회・심리적 분류

S. Ullman(1962)은 언어의 의미변화를 심리적 요인과 사회의 공통된 의식 내지 감정에 의한 것으로 분류하고 있다. 이 역시 합성어의 의미 변화를 설명하는 데 유용하게 적용할 수 있다.

사회・심리적 분류는 더 좋은 전달 효과를 도모하려는 인간의 의도에 의해 사회적인 영향과 심리적인 요소 때문에 의미의 변화와 전이가 발생하는 경우에 대한 분류이다. 그런데 사회 심리적인 원인은 매우 다양하고 복잡하다. 이 책에서는 비교적 뚜렷하게 그 특징을 찾을 수 있는 금기어에 의한 의미 전이, 단축에 의한 의미 전이, 사회 가치관에 의한 의미 전이, 경어에 의한 의미 전이 등 4가지로 나누어 살펴보기로 한다.

2.3.1. 금기어(Taboo)

한국어와 중국어는 예의를 중요시하는 두 나라의 사회문화적 가치관을 내포하는 어휘 표현이 많다. 그 가운데 하나가 금기어(Taboo)의 사용이다. 금기어는 크게 두 가지 방향에서 사용된다. 하나는 어떤 대상에 대한 불쾌감, 공포감, 수치심 등 부정적인 감정을 덜고자 사용하는 것이고, 다른 하나는 대상에 대한 신비감, 경외심 등 긍정적인 감정을

드러내고자 사용하는 것이다. 먼저 한국어와 중국어 합성명사 가운데
이런 금기어로 형성된 경우를 살펴보자.

(30) ㄱ. 작은일, 몸엣것, 밤손님
    ㄴ. 口条, 净桶

(30ㄱ)의 '작은일'은 '소변'을 직접 표현하는 것이 불쾌함을 주기 때문
에 그런 감정을 덜기 위해 대신 쓰는 말이다. '몸엣것'이 여성의 생리를,
'밤손님'이 도둑을 지칭하기 위하여 사용되는 것도 같은 방식의 의미구
조 때문이다.

(30ㄴ)의 '口条'도 마찬가지이다. 이는 원래 돼지의 혀를 직접 가리키
는 것이 감정적으로 불편하기 때문에 '입 안의 긴 조각' 정도인 이 단어
를 사용하는 것이다. '净桶'(깨끗한 통)도 '변기'를 직접 가리키는 것을 꺼
려하는 데서 '净'(깨끗하다)과 '桶'(통)을 사용하여 완곡하게 표현한 것이
다. '后事(죽은 후에 해야 하는 일), 短见(자살), 百年(돌아가심)' 등도 이런
유형에 속하는 합성어이다.

합성동사 중에도 금기어 때문에 형성된 외심합성동사가 있다.

(31) ㄱ. 눈감다, 돌아가시다,24) 뒤보다
    ㄴ. 挂花, 长眠, 安息, 永眠, 方便, 有喜

(31ㄱ)의 '눈감다'와 '돌아가시다'는 모두 죽은 사람에 대한 존경을 표

---

24) '돌아가시다'는 단독적으로 쓰일 수 있는 단어로 『표준국어대사전』에서 등재되지 않
   지만 합성어의 변별기준을 따져보면 합성동사의 자격을 충분히 가지고 있다. 여기
   서 합성동사로 보고 논의한다.

현하기 위해 '죽다' 대신에 사용되는 완곡한 표현이다. '뒤보다'는 '대변 보다'라는 말이 우아한 표현으로 기피하고 완곡하게 표현하는 불쾌감을 완화하게 되는 것이다.

(31ㄴ)은 중국어의 경우인데 '挂花'는 글자 그대로 '꽃을 매달다'라는 뜻이지만 '부상하여 피를 흘리다'를 나타낸다. '부상하여 피를 흘리는' 경우를 직접적으로 표현하는 대신 우회적인 표현으로 나타낸 것이다. '安息, 永眠'은 '편히 잠들다(죽은 사람을 추념하는 말)'로 구성 요소의 기본의미와 떨어져서 완곡적 표현으로 의미가 전이된다.[25]

2.3.2. 단축

언어의 경제적 심리에 의한 단축이 의미 변화를 일으키는 경우도 있다. 단축(shortening)[26]이란 언어사용에 있어서, 경제적 효율성을 도모하려는 심리에 의해서 언어의 일부분을 생략시켜 전체를 나타내는 경우를 말한다. 그런데 언어 사용에서 가능하면 간단한 언어를 사용하여 뜻을 표현하려는 노력은 다양한 차원에서 단축이 나타날 수 있으나 대부분은 음운상, 철자상의 축약을 통해서 나타난다. 즉, 기본적인 의미나 통사상의 변화 없이 단지 사용되는 단어를 축약함으로써 다소 비형식적 용법이나 구어체 환경 등에서 사용되는 것이다.

이 유형에 따른 합성명사들은 고전 문헌에서 독립된 문장 중에 중요한 한두 글자를 따서 새로운 합성어를 만든 경우가 있다. 한국어와 중국어의 외심합성어 중에는 이러한 '단축'을 보이는 경우가 있는데 이때

---

25) 합동형용사에서도 금기에 의한 의미전이가 나타날 것으로 예상되지만 한국어 중국어 모두에서 그 예를 발견하지 못했다. 좀 더 세심한 관찰이 필요하다.

26) 다른 말로 축약(clipping)이나 약어(abbreviation)라고도 한다.

구성 요소의 의미로부터 전체 합성어의 의미를 예측할 수 없다. 원래의 구성 요소가 가진 결합에서부터 형태적이거나 통사적인 단축이 일어났기 때문에 의미 전이는 더욱 확고해진다.

> (32) ㄱ. 쥘손, 하늘소
> ㄴ. 弱冠, 木耳

(32ㄱ)의 '쥘손'은 어떤 물건을 들 때에, '손으로 쥐는 데 편리하게 된 부분'이란 뜻이지만, 그 형태는 '쥘 수 있는 손잡이'가 '쥘손'으로 단축되어 나타나고 있어 원래 구성 요소의 의미를 예측하기가 더 어려워졌다. '하늘소'[27]도 원래는 '하늘에서 나는 소'인데 이것이 진짜 소가 아니고 모양새가 소처럼 생긴 곤충을 지칭하면서 의미적 외심합성어가 된다. 더욱이 구성의 일부요소가 생략되고 단축형으로 사용됨으로써 그 의미를 추출하기가 더욱 어려워진 것이다. 그만큼 의미의 전이는 확고해진다.

(32ㄴ)의 '弱冠'은 중국 옛날 문헌 『礼记·曲礼上』에서 나온 말인데 '二十曰弱, 冠' 즉, '스무 살 되면 아직 완전한 성인이 아니(弱, 약하다)지만 冠(모자)'를 쓸 만하다'는 말로서, 성인식(成人儀式)을 거행한다는 의미로 바뀌게 되었다. 원래의 많은 통사 구성이 단축되어 본래의 의미를 추출하기가 어려워진 것이다. '木耳'도 마찬가지이다. 나무에서 자라는 사람의 귀처럼 생긴 버섯의 한 종류를 가리키는데 그 구성 요소를 생략함으로써 의미의 전이가 이루어진 경우이다.

다음 합성동사의 경우인데 한국어에서는 없고 중국어에만 보인다.

---

27) 중국어로도 하늘소를 '天牛'라고 하는데 생성 방식도 '하늘소'와 동일하다.

(33) 谢幕, 雷同

(33)은 통사적 구성 가운데 중요한 두 글자를 떼어내어 만든 합성동사인데 글자만으로는 합성어의 의미를 추출할 수 없으므로 외심적 합성동사로 볼 수 있다. '谢幕'는 '연출이 끝날 때, 연출자들이 관중들에게 인사하면서 감사(謝)의 뜻을 표현하여 연극의 막이 내려가다'는 문장에서 중요한 글자를 떼어내서 형성된 예이다. '雷同'도 '하늘에서 우레(雷)가 치면 땅도 함께(同) 흔들리다'는 구성의 두 글자를 떼어내어 '자기의 주장 없이 무조건 남의 생각이나 주장을 따르다'라는 전이된 뜻으로 사용된다.

2.3.3. 사회 가치관

언어는 그 사회문화 및 언중들의 의식 구조를 반영하기 때문에, 그 사회의 언중이 지닌 특정 가치관에 의하여 단어의 사용 의미가 영향을 받는다. 따라서 이런 사회 가치관이 반영되어 의미의 전이가 나타나는 합성어가 존재한다.

한국어나 중국어의 합성어 가운데 개와 관련된 단어들이 상당히 많은데 모두 '형편없거나 하찮은 것' 등의 부정적 의미를 담고 있는 것으로 나타나는 것은 '개'라는 단어가 한국과 중국의 특정 사회 가치관을 반영하여 의미가 전이된 것으로 생각된다. 이것은 개를 사랑하여 개에 대한 긍정적 의미를 가지고 있는 서양 사람들의 사회 가치관과는 매우 다른 한국인들의 정서를 반영하고 있는 것이다. 또한 '보리'도 한국사회에서는 가난한 시절에 쌀을 대신하여 끼니를 때우기 위해 먹는 곡식이었기 때문에 '가난함' 또는 '어려움'을 상징한다. 다음 예를 보자.

(34) ㄱ. 개차반, 개새끼, 보릿고개, 치맛바람
     ㄴ. 狗腿子, 落水狗

(34ㄱ)의 '개차반'은 구성 요소의 의미로는 '개가 먹는 차반'이지만 실제 이 합성어의 의미는 '똥처럼 하찮은 것'을 뜻한다. 개를 천시하는 경향 때문에 개가 인간에게 비유될 때 '체면도 없고 막된 사람'의 의미로 쓰였으며, 사물로 비유될 때에는 '나쁜 것이나 하찮은 것'의 의미로 쓰였다. 따라서 개가 먹는 '차반', 즉 음식 역시 똥처럼 하찮은 것을 가리키게 된 것이다. 한국인의 사회 가치관을 동원해야 그 의미의 전이를 설명할 수 있는 것이다.

'보릿고개'도 글자 그대로 '보리의 고개'가 아니라 '햇보리가 나올 때까지의 넘기 힘든 고개'라는 뜻을 담고 있다. 묵은 곡식은 거의 떨어지고 보리는 아직 여물지 않아 피폐한 농촌의 사정을 가리키는 말로 가장 어려운 때를 비유적으로 표현한 것이다. 따라서 '보릿고개'의 전이된 의미 역시 한국인의 사회 가치관을 고려해야 이해할 수 있다. '치맛바람'은 '여성의 극성스러운 활동을 비유적으로 이르는 말'인데 한국 사회에서 적극적으로 활동하는 여성의 모습이 반영된 말이다.

중국어의 경우도 비슷한 합성어가 존재한다. (34ㄴ)의 '狗腿子'의 기본 의미는 '개의 다리'였으나, 나중에는 '나쁜 사람이나 악한 세력을 의지하여 행패를 부리는 사람'을 가리키게 되었다. 중국에서 개는 항상 주인을 따라 다니며 복종하는 동물이기 때문에 이것이 반영되어 악한 주인을 따라 다니며 주인에 의지하여 악행을 저지르는 개와 같은 사람을 가리키게 되었다. 역시 중국인의 사회 가치관을 고려해야 이 합성어의 의미 전이를 이해할 수 있다. '落水狗' 역시 마찬가지이다. 구성 요소의 의미는 '물에 빠진 개'이지만 중국인이 생각하는 개의 이미지가 반영되어 '세력을 잃은 악한 사람' 정도의 뜻으로 의미가 전이되었다. 한국어 '개새끼'도 마찬가지고 같은 동양나라의 한국도 개를 천시하는 경향을 엿볼 수 있다. '地头蛇(한 구역을 담당하는 깡패 두목), 老狐狸(교활한 사람), 替罪羊(억울하게 누명을 쓴 사람)' 등도 각각 '蛇(뱀), 狐狸(여우), 羊(양)'에 대한 중국인의 사회 가치관이 반영되어 있다.28)

사회 가치관을 담아서 형성된 합성형용사도 있으나 합성명사처럼 많지는 않다.

(35) ㄱ. 개코같다, 장승같다
     ㄴ. 狼藉, 狼狈

(35ㄱ)의 경우에도 '개새끼, 개차반' 등의 합성명사에서처럼, 개를 천시하는 사회 가치관이 반영되어 있다. '개코같다' 역시 '개코처럼 흔하고 보잘것없다'라는 전이된 의미를 알기 위해서는 개에 대한 사회 가치관을 이해해야 한다. '장승같다'는 한국의 특수한 사회 현상 가운데 하나인 장승 문화를 알아야 한다. 장승은 한국 사회에서 여러 가지 의미를 지닐 수 있으나 합성어에 반영된 경우 대부분 부정적인 의미를 나타낸다. 즉, '키만 크고 힘이 없다'나 '우두커니 멍하게 서 있다' 정도로 쓰인다. 따라서 '장승같다'도 그렇게 힘없이 멍청한 상태라는 부정적인 의미를 나타낸다.

---

28) 이런 분석을 보면 한국어과 중국 두 나라가 같은 동양 문화권에 속하기 때문에 어휘에도 비슷한 문화요소가 담겨있음을 알 수 있다. 물론 각 나라 나름대로 특유한 문화로 인해 생긴 어휘도 있다. '보릿고개'는 한국문화를 올바르게 이해해야 정확한 의미를 파악할 수 있는 합성어이다.

(35ㄴ)의 경우에도 '狼藉', '狼狽' 등처럼, 중국 사람들이 '狼'를 싫어하는 정소를 담고 있다. '狼藉'는 구성 요소의 의미로는 '늑대가 잡초 속에서 자는 모양'을 뜻하지만 실제 이 합성어의 의미는 '난잡하게 어질러지다'의 뜻이므로 의미적 외심합성형용사이다. '狼狽'는 구성 요소의 의미는 '늑대와 이리'의 뜻이지만 합성어의 의미는 '궁지에 빠져 있다/매우 난처하다'이고 구성 요소로 의미를 도출할 수 없는 외심합성형용사이다.

2.3.4. 경어(敬语)

상대방에게 존경을 나타낼 때 쓰는 경어(敬语)나 겸어(谦语)29) 중에서도 의미적 외심합성어가 존재한다. 의미의 전이가 일어나 합성어가 가진 경어나 겸어의 의미를 원래 구성 요소의 의미에서 도출할 수 없기 때문이다.

합성명사부터 살펴보자. 한국어의 경우 경어나 겸어는 주로 한자어를 이용하기 때문에 고유어 합성어에서는 이런 구성이 보이지 않는다.

(36) 閣下, 千金, 足下, 鼎力, 刍荛, 不谷, 绵薄

위에 든 예는 중국어의 특유한 경어와 겸어인데 구성 요소만으로는 합성어의 의미가 가진 경어 또는 겸어로서의 의미를 찾을 수 없으므로 외심합성명사라고 할 수 있다. '閣下'는 글자 그대로 '집 아래'라는 뜻이 아니고, 상대방을 극도로 존경하고 지칭할 때 쓰는 말이다. '刍荛'의 기본 의미는 '풀을 베거나 풀을 베는 사람'을 가리키는데, 겸어로 쓰일 때는 상

---

29) 이 책에서는 겸어는 경어 중의 한 가지로 간주하고 따로 분류하지 않는다.

대방에게 조언을 할 때 자신의 조언을 낮추어서 부르는 말로 쓰인다.

　다음 합성동사의 경우를 살펴보자.

　　(37) ㄱ. 돌아가시다
　　　　ㄴ. 有喜

　(37ㄱ)의 '돌아가시다'는 '죽다' 대신 사용되는 경어로서 죽은 사람이 존경을 받을 수 있는 존재임을 표현하기 위해 사용된 것이다. 중국어에서도 존댓말은 주로 명사를 이용하여 표현하므로 합성동사가 경어나 겸어로 쓰이는 경우는 많지 않다. '有喜'는 주로 '임신하다'를 높여 지칭할 때 사용하는 말이다.

2.4. 의미적 외심합성어의 특성

　한국어와 중국어 합성어 가운데 의미적 외심합성어가 모두 풍부하게 존재한다. 이러한 의미적 외심합성어에는 논리적 차원에서 보면 의미가 확대되는 경우와 의미가 전이되는 경우가 모두 있는 반면 의미가 축소되어 나타나는 경우는 찾을 수 없다. 그밖에 의미적 외심합성어는 수사법적 차원의 비유적 의미에 따라 의미가 확대되거나 전이되어 새로운 의미를 갖게 되기도 하고 그것을 사용하는 언중의 사회·심리적 요소에 따라 다양한 의미를 갖기도 한다.

　외심적 합성명사의 형성과정에도 이런 수사법과 사회·심리적 요소가 반영되어 있는데 수사법 차원에서 볼 때 특히, 직유나 은유 및 환유 등이 많이 적용되었다. 이는 한국어와 중국어에 모두 공통된 특성으로서 이러한 사실은 한국인과 중국인의 인지 방식이 비슷하다는 것을 말하는 것으로 생각된다.

사회·심리적 요소가 반영되는 외심합성어는 특히 두 나라의 문화적, 사회적 생활 방식이나 인식 태도를 드러내기도 한다. 예를 들어 한국어와 중국어의 외심합성어에는 특히 '개'를 구성 요소로 하는 합성어들이 많은데(개차반, 개새끼 등 ; 狗腿子, 落水狗 등) 이들은 두 나라 사람들이 '개'를 하찮은 것, 소용없는 것 등으로 인식하는 사회문화적 태도를 공통적으로 반영하고 있는 것이다. 반면 각 언어마다 독특한 것들도 존재하는데 예를 들면 '치맛바람, 보릿고개' 따위는 한국 사회의 문화적 측면을 반영하고 '地头蛇, 替罪羊' 등은 중국 사회의 문화적 측면을 반영하는 합성명사이다.

외심적 합성동사와 외심적 합성형용사에서도 두 언어의 공통성과 이질성을 확인할 수 있다. 수사법적 측면에서 볼 때 이런 외심적 합성동사와 외심적 합성형용사는 외심적 합성명사보다 적다는 점이 먼저 지적되어야 한다. 특히, 한국어의 경우 외심적 합성동사 가운데 수사법이 적용되는 경우가 거의 없다는 점과 중국어의 경우 선행하는 명사가 비유적으로 부사어로 기능하며 후행동사를 수식하는 합성동사가 많다는 점도 특징이다(林立, 龟缩, 蚕食, 鲸吞 등).

그러나 외심적 합성형용사에는 비유법이 적용되는 경우가 두 언어 모두에서 발견되는데(개코같다, 장승같다 등 ; 狼藉, 狼狈 등) 이는 수사법의 적용이 한국어와 중국어 모두에서 외심적 합성형용사를 만드는 중요한 기제임을 말해 준다.

한 가지 더 언급할 것은 사회·심리적 차원에서 경어로 사용되는 외심합성어를 분석할 때 드러나는 두 언어의 특성에 대해서이다. 중국어에

는 경어로 사용되는 합성명사가 많이 있는 반면 한국어에서는 그런 합
성명사가 발견되지 않는데 이는 한국어에서 경어로 사용되는 합성명사
가 대부분 한자어를 이용하는 것과 관련된다. 다만, 합성동사의 경우
제한적으로 고유어 합성동사가 사용되기도 한다(돌아가시다, 눈감다, 뒤보
다 등).

3. 외심합성어의 형태·의미구조 특성

  본 장에서는 한국어와 중국어의 외심합성어를 합성명사, 합성동사,
합성형용사로 나누어 형태적 측면과 의미적 측면을 살펴보았다. 형태적
외심합성어는 구성 요소 가운데 형태적 핵어가 없는 합성어이고 의미적
외심합성어는 구성 요소의 의미로부터 합성어의 의미를 도출할 수 없
는, 즉 의미적 핵어가 없는 합성어를 말한다. 외심적 합성어의 구조 분
석을 통해 알게 된 사실을 정리하면 다음과 같다.
  먼저 형태적 외심합성어에 대하여 특징적인 것은 한국어 합성어의 구
성 양상에 비해서 중국어 합성어는 다양한 구성 방식을 가지고 있다는
점이다. 중국어에서는 주된 품사범주인 '명사, 동사, 형용사'가 거의 모
든 합성어의 구성에 참여할 수 있기 때문이다. 즉 합성어의 품사정보와
구성 요소들의 품사정보 사이에 직접적인 관계가 없기 때문인데 이는
중국어가 품사 전성이 자유로운 고립어의 특징을 가지고 있는 데에서
비롯된다고 할 수 있다. 특히 외심적 합성명사는 비록 구성 요소가 명
사인 경우가 대부분이지만 동사나 형용사가 구성 요소로 참여하여 합성
명사를 형성하는 경우도 많다. 그러나 명사가 아닌 요소가 결합하여 합

성명사를 구성하는 한국어 외심합성명사는 '잘못' 하나밖에 발견되지 않는다.

외심적 합성동사와 외심적 합성형용사도 마찬가지이다. 한국어는 형태적 외심 합성동사는 발견되지 않으며 형태적 외심합성형용사도 매우 제한적이다(깎아지르다, 솟아나다, 뛰어나다). 이에 비하여 중국어의 경우는 비록 형태적 외심합성명사보다는 상대적으로 적지만 그래도 명사, 동사, 형용사 등이 구성 요소로 적극 참여해서 이루어진 외심합성동사, 외심합성형용사가 적지 않다. 이것 역시 조사나 어미 같은 문법 수단이 없어 품사 전성이 비교적 자유로운 중국어의 특성 때문으로 생각된다.

그리고 형태적 외심합성어를 다루면서 발견되는 또 다른 특징은 중국어의 외심합성어는 빈번한 품사 전성에 기대는 경우가 많다는 점이다. 예를 들어 '領導'는 합성동사와 합성명사의 두 가지 품사로 사용되는데 구성 요소인 '領'이나 '導'는 모두 동사이기 때문에 합성명사로 쓰이는 경우는 외심적 합성명사가 된다. 이처럼 품사 전성이 일어나는 경우 형태적 외심합성어가 이루어진다. 그에 비해 한국어에서는 구성 요소로 동사나 형용사를 이용하여 합성명사를 만드는 경우라도 먼저 이들 동사나 형용사에 명사파생접사 '-이, -기' 등이 붙어 명사를 파생한 후 결합하기 때문에 형태적 외심합성어를 만들기가 쉽지 않다. 이는 한국어가 접사나 어미 등을 자유롭게 사용할 수 있는 교착어의 특성을 지니는 데에서 비롯된 것이라고 할 수 있다.

의미적 외심합성어의 의미구조를 분석하면서 먼저 지적할 것은 논리적 분류나 수사적 분류 그리고 사회·심리적 분류가 서로 배타적인 기준이 아니라는 점이다. 의미적 외심합성어는 그 구분 기준에 따라 논리적 외심합성어와 수사적 외심합성어 그리고 사회·심리적 외심합성어로 구분할 수 있는데 이는 외심합성어의 절대적 기준이 아니라 상호 보완적 기준임을 말한다. 즉, 논리적 기준에 따라 의미의 확대나 전이가 이루어진 외심합성어들은 수사적 기준에 따르면 직유나 은유 또는 환유가 적용된 외심합성어이기도 하고 사회・심리적 기준에 따라 금기어나 경어이기도 하고 단축된 합성어나 사회 가치관이 반영된 합성어이기도 하다는 것이다.

또 의미적 외심합성어를 분석하면서 특징적인 점은 이것과 형태적 외심합성어사이에 불일치가 나타나는 경우가 있으며 이는 두 언어 모두에 나타나는 현상이라는 것이다. 예를 들어 한국어의 '두꺼비집'〔전기개폐기〕은 의미적으로는 구성 요소로부터 완전히 전이되어 의미적 외심합성명사이지만 형태적으로 보면 구성 요소가 모두 명사이기 때문에 내심합성명사이다. 또 중국어의 '开关'〔여닫이〕은 구성 요소의 의미로부터 합성어의 의미를 도출할 수 있으므로 의미적 내심합성명사이지만 구성 요소 '开'와 '关'이 모두 동사임에도 합성어는 합성명사가 되므로 형태적 외심합성명사이다. 이처럼 의미상 핵어와 형태상 핵어가 언제나 일치되는 것이 아니라는 점이 두 언어 모두에서 나타난다.

논리적 외심합성어는 의미의 확대가 나타나는 경우와 의미의 전이가 나타나는 경우가 있는데 전자의 경우는 대부분 다의를 지니는 외심합성어여서 구성 요소에서 도출할 수 있는 기본의미와 도출이 어려운 확대 의미가 공존한다(피땀, 감싸다, 눈부시다 등 ; 顶峰, 加油, 滋润 등). 반면에 후자의 경우는 언제나 구성 요소로부터 의미를 찾을 수 없이 전이된 제3의 의미만 나타낸다(풍년거지, 뜯어먹다, 턱없다 등 ; 领袖, 漏网, 风流 등). 특히 한국어의 의미적 외심합성동사는 주로 구성 요소에 주로 다의를 지니는 동사가 많이 사용되어 의미의 확대가 나타나는 경우가 많은 점도 특징적이다.

수사적 외심합성어의 분석에서는 무엇보다 품사별로 합성어 형성에 차이를 보인다는 점이 특징적이다. 즉, 수사적 외심합성어 가운데 한국어와 중국어는 모두 직유법이 적용된 합성명사는 존재하지만 합성동사의 경우는 중국어에는 보이지만 한국어에는 보이지 않으며 합성형용사의 경우에는 두 언어 모두에서 예를 찾기 어렵다. 은유와 환유 역시 의미적 외심합성명사 가운데 중요한 수사적 적용방식이지만 합성동사와 합성형용사 가운데 이런 수사법이 적용된 것들은 많지 않다. 중국어에는 과장법이 적용된 외심합성명사나 외심합성동사가 있지만 고유어로 형성된 한국어 합성어에는 이런 경우가 없다는 점도 특징이다.

사회·심리적 외심합성어에도 두 언어 사이에 공통성과 이질성이 모두 존재한다. 한국과 중국이 모두 예의를 중시하는 동양의 전통을 유지하고 있다는 사회문화적 특성으로 인해 금기어나 완곡어로 기능하는 합성어들이 많다는 점은 공통적 특성이라 할 수 있다. 그러나 특정의 사회·심리적 외심합성어들은 두 사회의 독특한 가치관을 반영하고 있는 것들도 존재하는데 '치맛바람, 보릿고개, 狗腿子, 替罪羊' 등이 그런 예에 해당된다.

제5장

합성어 구조와 어휘화

이 장에서는 지금까지 다루어 온 한국어와 중국어 합성어의 형태구조와 의미구조에 대한 분석 내용을 간단하게 요약하고 이를 바탕으로 합성어의 어휘화 정도를 논의해 보기로 한다. 그리고 남는 문제를 통해 앞으로의 추가 연구 방향을 제시하기로 한다.

1. 요약

이 책은 한국어와 중국어의 합성어를 대상으로 형태 구조와 의미구조를 살피는 것에 중점을 두고 연구를 진행하였다. 합성어에 대한 구체적인 분석을 진행하기에 앞서 먼저 1장에서는 합성어가 무엇인지 그 개념을 정의하였으며 한국어와 중국어의 합성어 연구 경향을 분석하여 이 책의 연구에 기초를 삼았다. 특히, 합성어의 개념과 관련해서는 한국어와 중국어에서 각기 다른 의미로 사용되는 합성어의 개념을 세밀하게 비교하여 하나의 정의를 제시하였고 그에 바탕하여 이 책의 분석 대상을 확정하였다.

제2장에서는 합성어를 분석하는 데 도구로 활용될 여러 이론에 대하여 제시하고 그것을 어떻게 한국어와 중국어의 합성어 분석에 적용할지 검토하였다. 특히 '내심구조 및 외심구조' 이론과 '핵어' 개념의 활용 가능성을 중심적인 이론으로 검토하였는데 이는 한국어와 중국어의 합성어 분석에서 형태구조와 의미구조 모두에 적용될 수 있음을 증명하였다. 또한 합성어의 형태구조 분석을 위해서는 자질삼투규약 이론을, 합성어의 의미구조 분석을 위해서는 구성 요소 사이의 의미관계와 의미변화 유형을 추가적으로 적용할 수 있다는 것도 분명히 하였다.

제3장과 제4장은 본격적인 연구를 다루고 있는 부분인데 제3장에서는 내심적 합성어에 대하여 살폈고 제4장에서는 외심적 합성어에 대하여 살폈다. 먼저 제3장에서는 한국어와 중국어의 내심적 합성어가 보이는 형태구조 특징과 의미구조 특징을 분석하였는데 한국어와 중국어의 형태적 내심합성어의 특징은 다음과 같았다.

무엇보다 합성어의 형태구조에 대한 분석을 통해 확인할 수 있었던 것은 한국어가 핵뒤 언어(head-final language)라는 사실의 증명이었다. 한국어의 내심합성어는 예외 없이 형태구조에서 우핵심규칙이 적용되었기 때문이다. 그러나 중국어의 내심합성어는 이와 달리 합성어의 핵어 위치가 정해져 있지 않고 선행요소가 핵어가 되는 경우(春分, 好看, 裁员 등)가 존재한다는 사실을 확인할 수 있었다. 이러한 사실은 내심합성명사나 내심합성동사, 내심합성형용사 등에서 모두 확인된다.

또한 한국어의 내심합성어는 형태구조를 분석하는 데 있어서 그것을 구성하는 구성 요소의 심층적 통사관계가 언제나 동일하게 분석되는 일

대일의 대응관계를 보이지만 중국어의 내심합성어에서는 형태적 핵어
가 어떤 것으로 정해지느냐에 따라 합성어의 형태구조가 여러 가지로
해석될 수 있고 그에 따라 전체 합성어의 품사범주가 달라질 수 있다.
예를 들어 '回信'의 심층적 통사관계가 술목관계인 경우에는 내심적 합
성동사가 되지만, 수식관계인 경우에는 내심적 합성명사로 이해된다.
이와 같은 중국어 내심합성어의 동형이구(同型异构) 현상 때문에 중국어
에서는 형태구조와 구성 요소 분석이 일대다(一对多)의 관계를 보인다고
할 수 있다.

　의미적 내심합성어의 분석을 통해 한국어와 중국어는 대부분은 의미
적 우핵어를 지니고 있음을 확인할 수 있었다. 그러나 의미상 좌핵어를
지니는 내심합성어도 존재하는데 중국어의 경우는 이것이 내심합성명
사와 내심합성동사, 내심합성형용사에 모두 존재하지만 한국어의 경우
에는 내심합성명사에는 오히려 없고 내심합성동사와 내심합성형용사에
만 그것도 제한적으로 존재하여 차이를 드러내고 있다. 예를 들어 '갈라
놓다, 약아빠지다'처럼 본용언과 보조용언으로 구성된 합성동사나 합성
형용사 따위가 그런 경우이다.

　의미적 내심합성어의 분석에서 확인할 수 있었던 또 다른 특징은 구
성 요소 사이의 의미관계에 따라 두 언어에 모두 발견되는 유형도 있지
만 어떤 유형은 한국어나 중국어 가운데 한 언어에만 보이고 다른 언어
에서는 발견되지 않는 것도 있다는 점이다. 구성 요소의 의미관계가 대
등관계일 때 일반적으로는 형태구조 역시 내심인 경우가 많지만 중국어
의 합성어 분석에서는 외심적 형태구조를 보이는 합성어들도 많은 특성
을 보인다. 이는 고립어로서 품사 전성이 상대적으로 자유로운 중국어
의 유형적 특성에서 비롯된 것으로 교착어인 한국어에서는 상대적으로

이런 방식, 즉 의미상 내심합성어이지만 외심적 형태구조를 보이는 경우는 발견되지 않는다.

종속관계로 형성된 내심합성어에서는 비유법으로 형성된 합성어가 많은데 특히 이 유형의 합성어는 한국어와 중국어 모두에서 살필 수 있는 것으로서 두 언어 화자의 인지 방법이 비슷하다는 사실을 증명하는 것이다. 또한 종합관계를 보이는 내심합성어는 특히 구성 요소가 '목술관계/술목관계'를 나타내는 합성어에서 발견되는데 이런 구조를 보이는 내심합성명사와 내심합성동사는 두 언어에서 모두 발견되지만 이런 구조를 취하는 내심합성형용사는 중국어에만 보인다. 그런 내심합성형용사는 통시적인 변화의 과정을 겪은 것으로서 사동적인 의미가 부여되는 과정과 그런 특성을 가지게 되는 과정을 거쳐 형성된 특수한 유형이다.

한국어의 내심합성명사에서 보이는 '사이시옷'을 통한 합성어는 한국어에만 보이는 구성방식으로서 이때의 사이시옷은 역사적으로 속격 조사의 기능을 하는 통사적인 장치였으나 현대한국어에서는 그런 기능을 잃고 합성어를 만드는 형태론적 요소가 된 것이다.

제4장에서는 한국어와 중국어의 외심합성어의 구조에 대한 분석을 다루었다. 여기서도 외심합성어의 형태구조와 의미구조를 구별하여 살피고 있는데 먼저 형태적 외심합성어의 분석을 통하여 확인할 수 있었던 것은 다음과 같다.

무엇보다 형태적 외심합성어의 분석에서 확인할 수 있었던 것은 한국어의 경우 외심합성어가 제한적이라는 점이다. 이는 합성어의 품사 간 전성이나 통용현상이 많지 않은 한국어의 특성에서 비롯된 것으로 외심합성명사로는 '잘못' 하나만 보이고 외심합성동사는 발견되지 않는다. 그러나 상대적으로 외심합성형용사의 경우에는 '맛나다, 막되다, 깎아지

르다' 등 다양한 구성 방식을 보인다. 중국어의 경우에는 합성어의 품사
간 전성이나 통용이 한국어에 비해 자유롭기 때문에 형태적 외심합성어
가 다양하게 나타나는 특징을 보인다.

　의미적 외심합성어에 대한 분석을 통해서는 논리적 분류 기준을 적용
했을 때 구성 요소로부터 의미의 확대와 전이가 나타나는 합성어가 대
부분이며 의미의 축소를 보이는 합성어는 확인되지 않았다. 수사법 기
준에서 살펴볼 때 대부분의 합성어는 다양한 수사법이 적용되어 형성된
것을 확인할 수 있었는데 그 가운데에서도 한국어에 수사법이 적용된
합성동사가 없다는 점은 특이한 것이었다. 또한 사회·심리적 기준에서
외심합성어는 한국과 중국에서 공통적인 사회문화적 특성을 반영하기
도 하고 각각 고유한 특성을 반영하는 경우도 확인할 수 있었다. 따라
서 이러한 외심합성어를 이해하기 위해서는 무엇보다 그 사회의 문화적
속성에 대한 이해가 중요하다는 점도 아울러 확인하였다.

2. 합성어의 구조와 어휘화 정도

　합성어의 형태구조와 의미구조를 분석하여 그 특성을 종합하면 합성
어의 어휘화가 어느 정도 이루어졌는지를 추론해볼 수 있다. 내심구조
를 보이는 합성어는 구성 요소와 그만큼 밀접하고 구성 요소로 이루어
진 통사적 구성에서 크게 달라지지 않았기 때문에 어휘화의 정도가 크
지 않다고 할 수 있기 때문이다. 그러나 외심구조를 보이는 합성어는
내심구조를 보이는 합성어보다 어휘화가 더 많이 진행된 것으로 볼 수
있다. 왜냐하면 외심구조는 구성 요소와 형태적 품사정보도 다르고 의

미도 전이를 통해 제3의 의미를 나타내기 때문에 그만큼 구성 요소와
독립된 별도의 어휘가 되었다고 할 수 있기 때문이다. 따라서 각 합성
어의 구조가 어떤 구조를 나타내는지를 분석하면 합성어의 어휘화 정도
를 판단할 수 있다. 이 책의 제3장과 제4장의 논의를 종합하여 품사별
로 합성어의 형태구조와 의미구조를 밝혀 제시하면 다음과 같다.

〈표 8〉 합성명사의 형태구조와 의미구조

구조\품사	구성유형	예		형태 내심(+)/외심(-)	의미 내심(+)/외심(-)
		한국어	중국어		
합성명사	명사+명사	손발, 논밭	花草	+	+
			船只, 宅院	+	+
			窗户, 国家	+	+
		산울림, 낯가림		+	+
		나무집, 갈림길	皮包, 带鱼, 柳眉	+	+
		고깃배		+	+
		피땀, 바지저고리	血汗, 领袖	+	-
		까치눈, 검버섯	猴头, 鸡眼	+	-
		두꺼비집, 뒷간	红颜, 铁窗, 牺牲	+	-
	동사+명사	걱쇠, 뜬눈, 날짐승	飞机, 流水, 烤鱼	+	+
			司机, 化石	-	+
	형용사+명사	잔꾀, 검버섯	繁星, 长笛	+	+
		큰집	顶峰, 暗流	+	-
			惊人, 便民, 平价	+	+
	부사+명사	부슬비, 막말	悄悄话, 不轨	+	+
	관형사+명사	첫차, 본뜻		+	+
	명사+속격+명사	쇠고기, 스승의날		+	+
		꿩의밥		+	-
	불규칙어근+명사	삽살개, 까막눈		+	+
	명사+형용사		蛋白, 口红	+	+

구조\품사	구성유형	예		형태	의미
		한국어	중국어	내심(+)/외심(-)	내심(+)/외심(-)
합성명사	명사+동사 (좌핵어)		笔供	+	+
			春分, 事变	+	+
	부사+부사	잘못, 서로서로		-	+
	형용사+동사		主编, 总管	-	+
	동사+형용사		跳高, 特长	-	+
	부사+동사		相知, 不测	-	+
	동사+동사		领导, 开关	-	+
	형용+형용사		安危, 大小	-	+
	수사+동사		二审	-	+
	수사+형용사		百忙	-	+

〈표 9〉 합성동사의 형태구조와 의미구조

구조\품사	구성유형	예		형태	의미
		한국어	중국어	내심(+)/외심(-)	내심(+)/외심(-)
합성동사	동사+동사	꿰매다, 어녹다, 여닫다	生产, 解放, 研究	+	+
			挨打, 回顾, 误解	+	+
		감싸다	推敲, 斟酌, 煎熬	+	-
			忘记, 睡觉, 得失	+	+
	형용사+동사	같지다, 무르녹다	渴求, 周游, 干笑, 热爱	+	+
	명사+동사	겁나다, 맥보다	肩负, 心疼, 地震	+	+
		끝닿다	意译, 声援	+	+
		바닥나다, 눈뜨다 애먹다, 욕먹다	龟缩, 蚕食, 鲸吞	+	-
	부사+동사	곧이듣다, 마주보다	徒劳, 不乏, 酷爱	+	+
	동사연결형+동사	빌어먹다, 타고나다		+	+
		뜯어먹다		+	-
	형용사연결형+동사	좋아지다, 두려워하다		+	+

구조 품사	구성유형	예		형태	의미
		한국어	중국어	내심(+)/ 외심(−)	내심(+)/ 외심(−)
합성 동사	불규칙어근+ 동사	마주대다, 주저앉다		+	+
	동사+명사		动员, 雪耻	+	+
			加油, 漏网, 露馅	+	−
			冲喜, 托梦, 卧病	+	+
	동사+형용사		吃香, 比美	+	+
			提高, 指明, 冲淡	+	+
	형용사+형용사		健全, 满足, 宽大	−	+
	명사+명사		形容, 鱼肉		
	명사+형용사		眼红, 面熟, 齿冷	−	+
	형용사+명사		废话, 正法	−	+

〈표 10〉 합성형용사의 형태구조와 의미구조

구조 품사	구성유형	예		형태	의미
		한국어	중국어	내심(+)/ 외심(−)	내심(+)/ 외심(−)
합성 형용사	명사+형용사	경황없다, 힘세다	面熟, 年轻	+	+
			油亮, 笔直, 冰凉	+	+
		눈부시다, 기차다, 모 나다	嘴硬, 心酸	+	−
	형용사(어간) +형용사	감노르다, 굳세다, 높 푸르다, 약빠르다, 희 맑다	干净, 鲜艳	+	+
			狂热, 早熟	+	+
			炎凉, 滋润, 腐朽	+	−
	부사+형용사	더하다, 덜하다, 다시 없다	精忠, 绝好, 相宜, 相符, 不便	+	+
	형용사+연결 어미+형용사	쓰디쓰다, 크나크다		+	+
	형용사+동사		好看, 平装, 精装 好吃, 沉陷	+	+

구조\품사	구성유형	예		형태	의미
		한국어	중국어	내심(+)/외심(−)	내심(+)/외심(−)
합성 형용사	형용사＋명사		诚心, 博学	＋	＋
			烦人, 爽口	＋	＋
			长足, 盲目	＋	−
	명사＋동사	맛나다, 동뜨다	电动, 家养	−	＋
			人为, 法定	−	＋
			风流, 棘手	−	−
	동사＋동사	깎아지르다, 뛰어나다, 솟아나다	拘束, 夸张, 做作	−	−
	부사＋동사	잘나다, 못나다, 막되다	特制, 偶发, 相仿, 不适	−	＋
	동사＋명사		碍眼, 拗口 失望, 缺德	−	＋
			棘手, 露骨	−	−
	명사＋명사		枝蔓, 机械, 狼狈	−	−
			点滴, 片面	−	＋

　　이상의 표를 통해서 합성어의 형태·의미의 구조를 잘 알 수 있다. 이를 바탕으로 내심적 합성어와 외심적 합성어라는 구조와 의미적 측면에서 합성어의 형성단계에 대하여 간단히 언급할 필요가 있다. 앞에서 논의했던 합성법에 의해 단일어를 합성어로 확대하는 것은 단문을 복문으로 확대하는 것과 비슷하다. 확대된 언어표현이 의미, 기능면에서 새로운 특성을 획득한다는 점에서 그러하다. 이러한 점 때문에 한국어와 중국어 두 언어의 연구에서 합성법은 중요한 관심사였다. 여기서는 이를 구체적으로 종합하여 합성어의 형태·의미구조의 측면에서 내심과 외심구조를 중심으로, 몇 단계로 나누어 합성어의 융합도(融合度)를 판단할 수 있으리라 생각된다.

우선, 1차적 합성단계는 형태구조와 의미구조가 모두 내심구조인 경우이다. 이는 합성어의 형성과정에서 가장 기본적인 단계로 볼 수 있다. 같은 문법범주의 단어나 어기들이 결합하여 합성어를 형성하는 것은 조어법 차원에서 가장 쉬운 방법으로 이해할 수 있다. '논밭, 여녹다, 굳세다, 곧잘, 花草, 解放, 干净, 全都' 등이 이에 해당한다. 이런 예를 통해 알 수 있듯이, '명사+명사', '동사+동사', '형용사+형용사'는 두 언어 합성어에 모두 볼 수 있는 가장 기본적인 합성어 형성수단이다.

2차적 형성단계는 형태가 외심적 구조이고 의미가 내심적 구조인 경우이다. 품사 전성으로 인해 발생한 의미전이는 문법적 측면에서 일어나는 의미전이로 볼 수 있으며, '잘못, 깎아지르다, 领导, 开关, 安危' 등이 이 유형에 속한다. 특히, 중국어는 형태변화가 없으므로 각 품사 간에 빈번하게 일어나는 품사 전성으로 형성된 합성어가 많다.

3차적 형성단계는 형태구조가 내심이적 구조이지만 의미구조가 외심적인 경우이다. 의미구조가 외심인 경우는 주로 추상성, 의미의 확대, 전이, 은유, 환유를 적용해서 구성 요소로서 의미를 도출할 수 없는 의미의 특수화과정은 어휘화정도가 강하고 합성어의 형성단계도 높은 단계로 볼 수 있다. '감투, 눈엣가시, 顶峰, 暗流, 领袖, 红颜' 등이 이에 해당한다. '눈엣가시'는 형태적 내심합성명사인데 구성 요소로 형성된 기본의미가 사라지고 전이되는 의미만 쓰이기 때문에 합성어 형성의 높은 단계로 볼 수 있다.

이 책에서 제시한 합성어형성의 가장 높은 4단계는 형태, 의미적으로 모두 외심적인 경우이다. 이 유형은 품사의 전성을 거치는 과정이 있는 동시에 의미의 전이가 발생하는 과정이 있기 때문에 수량이 많지 않다. '모나다, 狼狈' 등과 같은 예는 우선 품사의 전성을 거치고 의미확대나 전이도 발생하므로 가장 높은 단계로 볼 수 있다.

3. 남은 문제

이 책은 한국어와 중국어의 합성어에 대하여 형태구조와 의미구조를 바탕으로 그 특성을 분석하는 것이었다. 그러나 이 글은 전체적인 특징에 주목하여 연구를 진행하였기 때문에 두 언어의 세밀한 어휘 자료를 활용하지 못한 측면이 있다. 즉, 기존의 연구에서 다룬 전형적 사례를 중심으로 논의를 전개하여, 미처 다루지 못한 예들도 있을 것이다. 특히 합성동사와 합성형용사의 경우는 유형분류도 복잡하고, 의미적 유형화도 어려워 구체적으로 대조하는 접점을 찾지 못한 부분도 있다.

또 합성어의 의미구조, 특히 의미적 외심합성어의 구성을 논의할 때, 이 책은 주로 공시적인 차원에서 논의를 했다. 그러나 합성어는 어휘화 과정에서 의미의 특수화, 단일화를 겪기 때문에 통시적인 연구 역시 꼭 필요하다고 생각한다. 이 책에서는 공시적인 합성어의 구성은 많이 다루었으나 통시적인 합성어의 생성 과정은 제대로 다루지 못해 아쉽다. 내심과 외심합성어를 분류하고 분석하는 과정에서 필자의 능력의 한계로 분석이 미진한 부분도 있었다.

이 책에서는 합성어의 형성을 다루는 측면에서 이 책의 논의는 합성어의 '뼈있다'처럼 단어형성차원에서 이미 의미의 전이가 이루어지고 형태론적으로 구성성분이 밀착된 경우 합성어의 자격이 부여될 가능성이 있음을 말하고 있다. 다만, 이것이 완전히 합성어로 사용되는지에 대한 면밀한 분석 과정에 대하여는 본격적으로 다루지 못하고 있다. 아울러 이 책은 이미 합성어로 굳어진 것을 대상으로 논의하고 있어 향후 생성될 합성어의 형성 가능성이나 그 구성 방식에 대한 고려도 충분하지 않다.

궁극적으로 이 연구는 합성어의 대조에 치중하고 있어 한국어와 중국어의 어휘구조 전반에 대한 대조를 설명하기에는 여전히 부족하다. 한국어와 중국어의 어휘 구조 전반에 대한 대조 분석을 위해서는 다른 어휘 부류 즉, 파생어도 살펴야 하고 이들 복합어가 단일어와 이루는 관계에 대해서도 대조하여야 한다. 파생과 합성이 섞여 있는 이른바 혼성의 특성을 보이는 어휘들도 깊이 있게 검토해야 한다.

위에서 지적했듯이 이 연구는 아직 부족한 부분이 많다. 다만 지금 단계에서 이 책의 연구는 앞으로 이어질 그런 연구의 기초가 될 수 있으리라 생각한다. 앞으로 한국어와 중국어의 어휘 구조에 대하여 지속적인 연구가 이어지기를 기대한다.

참고문헌

[1] 한국어문헌

고영근(1989), 국어 형태론 연구, 서울대출판부.

고영근・구본관(2008), 우리말 문법론, 집문당.

고영근・남기심(2011), 표준국어문법론, 탑출판사, 제3판.

고재설(1992), '구두닦이'형 합성명사에 대하여, 西江語文第8輯.

고재호(1993), 국어 단어 형성에서의형태, 통사에 대한연구, 서강대 박사논문.

김계곤(1996), 현대국어의 조어법 연구, 박이정.

고광주(2002), '명사＋동사'형 합성동사의 형성원리, 어문논집, Vol.19 No.

김광해(1988), 이차 어휘교육에 대하여, 선청어문, Vol. 16 No1.

김광해(1993), 국어 어휘론 개설, 집문당.

김규선(1970), 국어의 복합어에 대한 연구, 어문학, 23.

김기혁(1988), 국어문법에서 통사구조와 의미구조, 언어연구 제8집.

김기혁(1995), 국어 문법연구-형태・통어론, 박이정.

김병규(2004), 국어 합성명사 의미형성에 관한 연구, 경북대학교 석사학위논문.

김상윤(2003), 국어 어휘화 현상 연구, 중앙대학교 박사학위논문.

김승곤(1986), 한국어 통어론, 아시아문화사.

김용석・이상억(1992), 현대형태로, 학연사.

김은혜(2001), 현대국어 합성명사의 의미연구-은유표현을 중심으로-, 서울대석사논문.

김인택(2003), 동사 어근 구성 합성어 형성의 특징, 韓民族語文學 第43輯.

김일병(2000), 국어 합성어 연구, 역락.

김정은(1995), 국어 단어형성법 연구, 박이정.

김종택(1992), 국어 어휘론, 탑출판사.

김지형(2002), 語彙의 化石化와 語源 研究, 한국어 의미학.

김창섭(1996), 국어의 단어 형성과 단어구조 연구, 태학사.

김창섭(2001), 합성어, 새 국어 생활, 제11권 제1호.

김창섭(2008), 한국어 형태론 연구, 태학사.

김태현(1996), 동사성 합성어의 구조분석, 경희대학교 석사학위논문.

김혜정(2000), 현대국어의 통사적 합선동사 연구, 인천대학교 석사학위논문

나은미(2006), 어휘부의 존재 방식과 단어 형성, 한국어 의미학 20.

나은미(2007), 합성어 구성성분의 의미 결합양상 : 합성명사를 중심으로, 한성대학교
　　　　　　출판부.

남수경(2011), 품사 통용의 몇 문제, 개신어문학회, 제33집.

노대규(1982), 국어의 복합어 구성법칙, 인문논총4.

박호관(2001), 국어 명사구의 통사 구조와 의미, 대구대학교 박사학위논문.

방향옥(2011), 한국 한자어와 중국어의 파생어 대조, 역락.

서정수(1990), 국어문법의 연구2, 한국문화사.

성광수(1988), 합성어 구성에 대한 검토, 한글 201·202.

송원용(2005), 국어 어휘부와 단어 형성, 태학사.

송원용(2005), 신어의 어휘부 등재 시점 연구, 국어학 46.

송철의(1992), 국어의 파생법형성 연구, 태학사.

시정곤(1998), 국어의 단어 형성 원리(수정판), 한국문화사.

신순자(1996), 현대 국어의 형용사 연구, 숙명여자대학교 박사학위논문.

신희삼(1995), 합성명사의 합성에 관하여, 국어국문학 114.

신희삼(2007), 합성어 기능에 따른 합성명사의 형성 원리, 한국어 의미학 22.

신희삼(2008), N1+N2의 의미구조 연구, 한국어 의미학 26.

안민수(1988), 복합명사의 통사·의미론적 연구, 이화여자대학교 석사학위논문.

안상철(1998), 형태론, 민음사.

양태식(1992), 국어 구조의미론, 우리말 밝히기(2), 서광자료사

연재훈(2001), 이른바 '고기잡이'류 통합합성어의 단어합성에 대한 문제, 형태론, 집문당.

오충신(2010), 한국어와 한어의 합성어 대비 연구, 건국대학교 박사학위논문.

윤석민(2000), 현대국어의 문장종결법 연구, 집문당.

윤석민(2004), 텍스트언어학과 문학작품 분석, 한국어학25.

윤석민(2005), 웃음의 의미론적 분석, 국어문학40.

윤평현(2009), 국어의미론, 역락.

이광호(2004), 국어어휘의미론, 월인.

이민우(2011), '명사+명사' 합성어 구성 요소의 의미관계 연구, 한국어 의미학 34.

이병근·채완·김창섭(1991), 형태, 국어학강좌3, 태학사.

이석주(1989), 국어형태론, 한샘.

이양혜(2006), 인지언어학적 접근방법에 따른 합성어의 의미변화연구, 우리말연구17.

이용주·이길록(1982), 국어학신강, 개문사.

이익섭(1965), 국어 복합명사의 IC분석, 국어국문학 30호.

이익섭(1986), 국어학개설, 학연사.

이익섭 · 임홍빈(1983), 국어문법론, 학연사.

이정훈(2006), 합성동사 형성 규칙과 범주통용, 어문학91.

이종열 (2003), 비유와 인지, 한국문화사.

임지룡(1997), 인지의미론, 탑출판사.

임지룡(2007), 국어의미론, 탑출판사.

장 승(2010), 한 · 중 합성명사의 구조 대조연구, 선문대학교 석사학위논문.

전상범 역, Sergio Scalise(1987), 생성형태론, 한신문화사.

전상범(1999), 형태론, 한신문화사.

전상범 · 김영석 · 김진형(공역)(1993), 형태론, 한신문화사.

정동환(1991), 국어 복합어의 의미 연구, 서광학술자료사.

정원수(1994), 국어의 단어 형성론, 한신문화사.

정정덕(1994), 합성명사의 의미론적 연구-N1 · N2구조를 중심으로-, 한글학회.

조남호 · 윤석민(2012), 언어와 의미, 한국 방송통신대학교출판부

종 결(2011), 한국어 '먹다'와 중국어 '吃(chi)'의 의미확장비교, 국어문학, 51집.

종 결(2012), 한국어와 중국어의 합성어 구조 연구, 전북대학교 박사학위논문.

채현식(1994), 합성명사의 의미전이와 관습화, 한국언어문학, 제58집.

채현식(2003), 유추에 의한 복합명사 형성 연구, 국어학회.

채현식(2010), 정보의처리와 표상의 측면에서 본 괄호매김역설, 한국언어문학회

최규일(1989), 한국어 어휘형성에 관한 연구, 성균관대학교 대학원 박사학위논문.

최미경(2001), 합성동사의 의미관계 연구, 이화여자대학교 석사학위논문.

최상진(1994), 합성어의 의미적 공기관계에 관한 연구, 語文論文2.

최지훈(1998), 전의(轉義)합성명사의 인지의미론적 연구, 이화여자대 석사학위논문

최현배(1978), 우리말본, 정음사.

최형용(2003), 국어 단어의 형태와 통사-통사적 결합어를 중심으로-국어학회.

최창렬 · 심재기 · 성광수(1994), 국어의미론, 개문사.

함희진(2010), 국어 합성동사의 형성과 발달-'V1-어+V2'형 합성동사를 중심으로-
　　　　　　고려대학교 박사학위논문.

허 웅(1995), 20세기 우리말의 형태론, 샘문화사.

허철구(1997), 국어의 합성동사 형성과 어기분리, 서강대학교 박사학위논문.

황병순(1986), 국어 복합동사에 대하여, 한민족어문학, Vol.7 No

황화상(2001), 국어 형태 단위의 의미와 단어 형성, 월인.

[2] 중국어문헌

葛本儀(1988), '論合成詞素', 山東大學學報 (哲學社會科學版) 第3期.

顧介鑫(2007), '轉換生成語言學背景下的漢語複合詞硏究', 外語硏究 第六期.

顧陽・沈陽(2001), '漢語合成複合詞的構造過程', 中國語文 第2期.

郭銳(1996), 現代漢語詞類硏究, 北京商務印書館.

郭振紅(2008), '名謂型複合詞的成詞條件', ≪語文硏究≫ 第4期.

羅竹蓮(2005),'詞類活用與詞的兼類論析', 南華大學學報(社會科學版) 第6卷第2期.

魯川・林杏光(1989), 現代漢語語法的格關係, 漢語學習 第5期.

譚學純・肖莉(2008), 比喩義釋義模式及其認知理據, 語言敎學與硏究 第1期.

戴昭銘(1988), 現代漢語合成詞的內部結構與外部功能的關係, ≪語文硏究≫ 第4期.

董秀芳(2002), 主謂式複合詞成詞的條件限制, 西南民族學院學報,第12期.

董秀芳(2009), 漢語的句法演變與詞彙化, 中國語文 第5期.

董秀芳(2011), 詞彙化-漢語雙音詞的衍生和發展, 商務印書館.

董爲光(2009), 漢語複合詞結構分析若干問題, 語言硏究 第29卷第3期.

杜純梓(2004), 論"偏義副詞", 古漢語硏究 第3期.

鄧思穎(2008), 漢語複合詞的論元結構, 語言敎學與硏究 第4期.

麻愛民(2011), 偏義复合詞 '窗戶'探源, 內江師范學院學報 26卷, 第一期.

朴愛陽(2000), 漢韓雙語素複合詞的差異, 漢語學習, 第6期.

史錫堯(1996), 名詞比喩造詞, 中國語文 第6期.

石毓智(2004), 論漢語的構詞法與句法之關係, 漢語學報 第1期.

石定栩(2002), 合詞語短語的句法地位, 語法硏究和探索 北京商務印書館.

石定栩(2007), '向心結構與離心結構新探', 外語敎學與硏究, 第39卷第4期.

蕭世民(2001), 'N+V偏正結構構詞考察', 井岡山師範學院學報, 第22卷第4期.

施春宏(2003), '比喩義的生成基礎及理解策略', ≪語文硏究≫ 第4期.

沈家煊(1999), '轉指和轉喩', ≪當代語言學≫ 第1卷第1期.

沈壞興(1998), '漢語偏正式構詞探微', 中國語文 第3期.

沈 陽(1997), '現代漢語複合詞的動態類型', 語言敎學與硏究 第2期.

安美娜(2010), 現代漢語高頻語素複合詞硏究, 西南大學博士學位論文.

顔紅菊(2007), 現代漢語複合詞語義結構硏究, 首都師範大學, 博士學位論文.

顔紅菊(2008), '離心結構複合詞的語義認知動因', 首都師範大學學報, 第4期.

顔紅菊(2008), '複合詞構詞隱喩的隱喩結構類型', 佛山科技學院報, 第26卷第2期.

顔紅菊(2010), '從義素與語素義的對應關係看義素的分類', 社會科學家 第3期.

楊 梅(2006), 現代漢語合成詞構詞硏究, 南京師範大學, 博士學位論文.

楊錫彭(2002), '論複合詞結構的語法屬性', 南京大學學報(哲學·人文·社會) 第1期.

楊潤陸(2004), '由比喩造詞形成的語素義', 中國語文 第6期.

吳禮權(2008), '比喩造詞與中國人的思維特點', 復旦學報(社會科學版) 第2期.

吳先文(2007), '雙音義産生的認知分析', 合肥學院學報 第24卷第5期.

王　琨(2010), '漢語語義結構的"向心性"和"離心性"', 重慶廣播電大學報 第22卷第6期.

王　軍(2005), '論漢語N+N結構里中心詞的位置', 語言教學與研究 第6期.

王　寧(2008), 漢語雙音合成詞結構的非句法特徵, 江蘇大學學報, 第10卷第1期.

王冬梅(2001), 現代漢語動名互轉認知研究, 中國社科院研究生院, 博士學位論文.

王紹新(1987), '談漢語複合詞內部的語義構成', 語言教學與研究 第3期.

王樹齋(1993), 漢語複合詞詞素義和詞義的關係, 漢語學習第2期.

王政紅(1998), '複合詞結構的語法屬性問題', 蘇州大學學報, 第2期.

王希杰(2002), '複合詞的深層結構和表層結構及其據性', 揚州大學學報, 第6卷.

饒　勤(1993), '從句法結構看複合詞中的一種新的構詞方式－－連動式構詞', 漢語學習 第6期.

廖秋忠(1991), '也談形式主義與功能主義', 國外語言學 第2期.

劉又辛·張博(2002), '漢語同族複合詞的構成規律及特點', 《語言研究》 第1期.

劉正光·劉潤淸(2004), 'N+N概念合成名詞的認知發生機制', 外國語 第1期.

劉天瑞(1997), '試論現代漢語中詞的兼類與詞的活用', 四川師範學院學報, 第1期.

俞理明(2006), '語義標記和漢語構詞的不對稱現象', 漢語學習 第6期.

陸檢明(1994), '關於詞的兼類問題', 中國語文 第1期.

陸丙甫(1993), '核心推導語法', 上海教育出版社.

殷國光(2002), '謂詞性向心結構向非向心結構變換的考察', 《語言研究》 第2期.

應雨田(1982), '比喩義及其釋義', 《辭書研究》 第3期.

李樹新(2003), '論漢語比喩義的文化特徵', 內蒙古社會科學(漢文版)第24卷 第5期.

李亞培(2011), '概念隱喩在漢語N+N合成詞中的應用', 語文學刊·外語教育 第4期.

李宗江(1991), '漢語中的向心結構與離心結構', 解放軍外語學院學報 第4期.

李行健(1982), '漢語構詞法研究中的一個問題', 《語文研究》 第2輯.

張江麗(2010), '詞義與語素義之間的關係對詞義猜測的影響', 語言教學與研究 第3期

張靈秀(1997), '漢語複合詞結構類型及其判定', 天津外國語學院學報 第1期.

張伯江(1994), '詞類活用的功能解釋', 中國語文 第5期.

張新紅(2005), '現代漢語同素反序詞論析', 伊犁師範學院學報 第4期.

鄭厚堯(2006), 漢語雙音複合詞的詞義與語素義關係研究, 華中師範大學, 博士學位論文.

周國光(2005), '修辭手法和語義變異', 廣州大學學報(社會科學版) 第4卷第11期.

朱德熙(1962), '句法結構', 《中國語文》 第8、9期合刊, 原題爲 《論語法結構》.

朱德熙(1984), '關於向心結構的定義', ≪中國語文≫ 第6期.

朱德熙(2005), 語法講義, 商務印書館

周　源(2002), '試論漢語詞的兼類問題', 雲南民族學院學報(哲學社會科學版) 第19卷 第2期.

朱志平(2005), 漢語雙音複合詞屬性研究, 北京大學出版社

周　薦(1992), '幾種特殊結構類型的複合詞', 世界漢語教學 第2期.

周　薦(1993), '比喩詞語和詞語的比喩義', 語言教學與研究 第4期.

周　薦(1994), 詞語的意義和結構, 天津古籍出版社.

周　薦(2004), 漢語詞彙結構論, 上海辭書出版社

朱　彦(2003), 漢語複合詞構詞法研究, 華東師範大學, 博士學位論文.

仲崇山(2010), '複合詞構詞方式分析的兩個相關問題', 漢字文化 第2期.

陳光磊(2001), 漢語詞法論, 學林出版社.

肖模艶(2008), 現代漢語比喩造詞研究, 廈門大學, 博士學位論文.

鄒立志(2003), '詞義比喩引申的語言心理基礎分析', 首都師大學報, 總第155期.

彭迎喜(1995), '幾種新擬設立的漢語複合詞結構類型', 清華學報, 第10卷第2期.

韓陳其(1981), '詞的借代義', 徐州師範學院學報(哲學社會科學版) 第2期.

韓春梅(2010), 漢韓複合名詞構詞法研究, 延邊大學碩士學位論文

胡明揚(1999), '說 "詞語"', 語言文字應用 第3期.

黃月圓(1995), '複合詞研究', 國外語言學 第2期.

侯友蘭(1997), '比喩詞補議', 漢語學習 第4期.

[3] 영어문헌

Aronoff, Mark(1976), *Word-Formation in Generative Grammar*, The MIT Press, Massachusetts.

Aronoff, M. & Kirsten Fudeman/김경란 옮김(2005), *What is Morphology?*

Bloomfeild, L.(1933), *Language*, New York : Holt.

Chao, Y.R.(1968), *A Grammar of Spoken Chinese*, University of California Press.

Chomsky, N.(1965), *Aspects of the Theory of Syntax*, MIT Press, Cambridge.

Cronk, N.E.(1994), *The Encyclopedia of language and linguistics*, Pergamon Press.

Lakoff, G. & M. Johnson(2003), *Metaphors we live by*, the University of Chicago Press.

Lees, R.(1960), *The Grammar of English Nominalizations*, The Hague : Mouton.

Nida, E.A.(1949), *Morphology*, The University of Michigan Press

Sweet, H.(1891), *A New English Grammar : Logical and Historical*, 2vols, London : Oxford : Clarendon Press.

Stern, G.(1931), *Meaning and Change of Meaning*, Indiana Univ. Press.

Selkirk. E.(1982), *The Syntax of Words*, Cambridge, MA : MIT Press.

Ullmann, S.(1962), *Semantics : An Introduction to Science of Meaning*, Oxford : Basil Blackwell.

Williams, E.(1981), *"On the notions 'lexically related' and 'head of a word'"*, *Linguistic Inquiry* 12.

저자 종 결(鍾 潔)

中国 山东省 潍坊市 出生(1977.8)
中国 山东师范大学 韩国语系 文学学士(2000.6)
中国 延边大学 朝语系 文学硕士(2003.6)
韩国 全北大学校 大学院 国语学 文学博士(2012.8)
中国 山东师范大学 韩国语系 专任讲师(2003.7~현재)

주요 논저
「'하다'의 의미와 문법적인 기능에 대한 탐구」, 한국어 교육 연구, 2008년 6호.
「'-도, -까지, -마저, -조차'의 의미 특징 연구」, 산동대학교 한국학 연구총서, 1.
「한국어 '먹다'와 한어 '吃'의 의미 확장 대조」, 국어문학, 51.
「의미론적으로 한·중 외심적 합성명사의 생성기제 연구」, 국어문학, 55.
「한·중 대등합성어의 의미 유형과 문화정보」, 한·중 경제문화연구, 1호 외 다수.
『산동 관광 한국어』(2006).
『韩国语会话技巧与实践』(2009).
『职场韩国语2』(2009).
『现在就开始学习经济知识』(2012).

한국어와 중국어의 합성어 구조 연구

초판 인쇄 2014년 10월 17일
초판 발행 2014년 10월 27일

지은이 종 결
펴낸이 이대현
편 집 이소희
펴낸곳 도서출판 역락
　　　　서울 서초구 동광로 46길 6-6 문창빌딩 2층
　　　　전화 02-3409-2058(영업부), 2060(편집부)
　　　　팩시밀리 02-3409-2059
　　　　이메일 youkrack@hanmail.net
　　　　등록 1999년 4월 19일 제303-2002-000014호

ISBN 979-11-5686-093-8 93700
정 가 17,000원

* 파본은 구입처에서 교환해 드립니다.

이 도서의 국립중앙도서관 출판예정도서목록(CIP)은 서지정보유통지원시스템 홈페이지(http://seoji.nl.go.kr)와 국가자료공동목록시스템(http://www.nl.go.kr/kolisnet)에서 이용하실 수 있습니다.(CIP제어번호 : CIP2014029638)